**A tortura como arma de guerra**

*Leneide Duarte-Plon*

# A tortura como arma de guerra
## Da Argélia ao Brasil
Como os militares franceses exportaram os esquadrões da morte e o terrorismo de Estado

**Prefácio de**
Vladimir Safatle

1ª edição

CIVILIZAÇÃO BRASILEIRA
Rio de Janeiro
2016

© Leneide Duarte-Plon, 2016

*Capa e encarte*: COPA | Rodrigo Moreira e Steffania Paola
*Foto de orelha*: Autora e Paul Aussaresses. Arquivo de Leneide Duarte-Plon

Todos os esforços foram feitos para localizar os fotógrafos das imagens reproduzidas neste livro. A Editora compromete-se a dar os devidos créditos na próxima edição, caso os autores as reconheçam e possam provar sua autoria. Nossa intenção é divulgar o material iconográfico, de maneira a ilustrar as ideias aqui publicadas, sem qualquer intuito de violar direitos de terceiros.

CIP-BRASIL. CATALOGAÇÃO NA FONTE
SINDICATO NACIONAL DOS EDITORES DE LIVROS, RJ

D872t
Duarte-Plon, Leneide
A tortura como arma de guerra – Da Argélia ao Brasil: Como os militares franceses exportaram os esquadrões da morte e o terrorismo de Estado / Leneide Duarte-Plon. – 1ª ed. – Rio de Janeiro: Civilização Brasileira, 2016.
294p.: il.; 23cm.

Inclui bibliografia
ISBN 978-85-200-1302-1

1. Aussaresses, Paul, 1918-2013 – Entrevista. 2. Tortura – Brasil – História – Séc. XX. 3. Terrorismo de Estado – Brasil – História – Séc. XX. 4. Brasil – Política e governo – 1964-1985. I. Título.

16-32187

CDD: 981.063
CDU: 94(81)'1964/1985'

Todos os direitos reservados. É proibido reproduzir, armazenar ou transmitir partes deste livro, através de quaisquer meios, sem prévia autorização por escrito.

Texto revisado segundo o novo Acordo Ortográfico da Língua Portuguesa.

Direitos desta edição adquiridos pela
EDITORA CIVILIZAÇÃO BRASILEIRA
Um selo da
EDITORA JOSÉ OLYMPIO LTDA.
Rua Argentina, 171 – Rio de Janeiro, RJ – 20921-380 – Tel.: (21) 2585-2000

Seja um leitor preferencial Record.
Cadastre-se e receba informações sobre nossos lançamentos e nossas promoções.

Atendimento e venda direta ao leitor:
mdireto@record.com.br ou (21) 2585-2002

Impresso no Brasil
2016

A Michel,
A Silo, Clarisse, Viviana e Ágata,
A Augusto Boal, que, em Paris, em março de 2009, aceitou relatar neste livro sua passagem pelas salas de tortura da ditadura. Não deu tempo. A "indesejada das gentes" veio encontrá-lo logo depois. "O ser humano é urgente, pois que é mortal e a morte não espera" (*Hamlet e o filho do padeiro*, de Augusto Boal).

A todos os que, em todo o mundo, combateram pela justiça e pela liberdade e morreram sob tortura.

## Lista de siglas

Ação Libertadora Nacional – ALN
Ação Popular Marxista-Leninista – APML
Action des Chrétiens pour l'Abolition de la Torture [Ação dos Cristãos pela Abolição da Tortura] – Acat
Agência Brasileira de Inteligência – Abin
Aliança Renovadora Nacional – Arena
Ato Institucional – AI
Cadastro Nacional do Serviço Nacional de Informação – Cada
Central Intelligence Agency [Agência de Inteligência] – CIA
Centre de Coordination Interarmées [Centro de Coordenação Integrado] – CCI
Centro de Instrução de Guerra na Selva – CIGS
Centro de Operações de Defesa Interna – Codi
Comissão Nacional da Verdade – CNV
Comissão Parlamentar de Inquérito – CPI
Delegacia Especial de Segurança Política e Social – DESPS
Departamento Estadual de Ordem Política e Social de São Paulo – Deops
Destacamento de Operações Internas – DOI
Détachements Opérationnels de Protection [Destacamento Operacional de Proteção] – DOP
Direção de Material – DAI
Dirección de Inteligencia Nacional [Diretório de Inteligência Nacional chileno] – Dina

Direction Centrale du Renseignement Intérieur [Direção Central de Informação Interna] – DCRI
Direction de la Surveillance du Territoire [Direção de Controle do Território] – DST
Direction Générale de la Sécurité Extérieure [Direção Geral da Segurança Externa] – DGSE
Direction Générale de la Sécurité Intérieure [Direção Geral da Segurança Interna] – DGSI
Escola Nacional de Informação – Esni
Escola Superior de Guerra – ESG
Força Aérea Brasileira – FAB
Força Expedicionária Brasileira – FEB
Frente Brasileira de Informação – FBI
Front de Libération Nationale [Frente de Libertação Nacional] – FLN
Front National [Frente Nacional] – FN
Geheime Staatspolizei [Polícia Secreta do Estado] – Gestapo
Groupement de Commandos Mixtes Aéroportés [Grupamento dos Comandos Mistos Aerotransportados] – GCMA
Instituto Brasileiro de Ação Democrática – Ibad
Instituto de Pesquisas e Estudos Sociais – Ipes
Jeunesse Universitaire Catholique [Juventude Universitária Católica] – JUC
Komitet Gosudarstvennoi Bezopasnosti [Comitê de Segurança do Estado] – KGB
Lei de Segurança Nacional – LSN
Mouvement contre le Racism et pour l'Amitié entre les Peuples [Movimento contra o Racismo e pela Amizade entre os Povos] – MRAP
Movimento Revolucionário Oito de Outubro – MR-8
Movimiento de Izquierda Revolucionaria [Movimento de Esquerda Revolucionária] – MIR
Organisation de l'Armée Secrète [Organização do Exército Secreto] – OAS

Organização das Nações Unidas – ONU
Organisation de Traité de l'Atlantique Nord [Organização do Tratado do Atlântico Norte – OTAN
Parti Communiste Algérien [Partido Comunista Argelino] – PCA
Partido Comunista Brasileiro – PCB
Pelotão de Investigação Criminal – PIC
Produto Nacional Bruto – PNB
Renseignement, Action, Protection [Informação, Ação, Proteção] – RAP
Service de Documentation Extérieur et de Contre-Espionnage [Serviço de Documentação Externa e de Contraespionagem] – SDECE
Serviço Nacional de Informação – SNI
Vanguarda Armada Revolucionária Palmares – VAR-Palmares

# Sumário

PREFÁCIO 15
Vladimir Safatle

CRONOLOGIA DA GUERRA DA ARGÉLIA (1954-1962) 19

INTRODUÇÃO 25

### PARTE I

1. A doutrina francesa no Brasil – A tortura como arma
   de combate 37
   Escola Superior de Guerra de Paris 40
   Mal menor ou arma legítima? 41
   Pedidos de "documentação francesa" 45
   A Batalha de Argel 47
   Guerra civil 50
   Esquadrões da morte, escola francesa 52
   O golpe visto pelo adido francês 56
   Adido militar era também "vendedor" das armas francesas 61
   No Centro de Instrução de Guerra na Selva 63
   De heróis da Resistência a torturadores na "guerra moderna" 65
   Tortura como política de Estado 67

2. Rubens Paiva e Vladimir Herzog – A escola francesa ... 79
   General Paiva Chaves desqualifica a Comissão Nacional
   da Verdade ... 83

3. O primado da informação ... 95
   Interrogar "com insistência" ... 102
   A formação do torturador ... 105
   Ameaça de sequestro do embaixador francês ... 107

4. Diplomacia e armas ... 113
   Fronteiras do Sul e petróleo ... 114
   A doutrina francesa na Argentina ... 118

5. Kennedy, a teoria dos dominós e o "inimigo interno" ... 127

6. "Era a primeira vez que eu torturava alguém. (...) Eu não
   deveria me arrepender" ... 137
   Rompendo o silêncio protegido pela lei de anistia ... 142

7. "Sem remorso nem arrependimento", Aussaresses sai
   da sombra ... 147
   O torturador Le Pen ... 152

8. Na Alsácia ... 155

9. Janeiro de 2014 – A verdade sobre a morte de
   Maurice Audin ... 161

PARTE II – ENTREVISTA COM O GENERAL FRANCÊS PAUL AUSSARESSES

10. Enfrentar um tabu e assumir a tortura – "Toda verdade
    merece ser dita" ... 169
    Professor do CIGS, em Manaus ... 170

11. Casos Herzog e Paiva – "Fuga" e "suicídio": os métodos
dos militares na Argélia     189
Vladimir Herzog – São Paulo, 25 de outubro de 1975     192
Maurice Audin – Argel, 11 de junho de 1957     195
Rubens Paiva – Rio de Janeiro, 20 de janeiro de 1971     199

12. Os voos da morte – "Todas as polícias do mundo utilizam
a tortura"     205

13. Aussaresses se torna vendedor de armas – Franceses na
Operação Condor     209

14. O controle dos exilados brasileiros na França     221
O francês Tupamaro morto no Brasil     230

15. A Igreja sob a ditadura     235
Católico e anticomunista – "Não podíamos fazer outra coisa" 237
Homem de direita, pró-americano e definitivamente
anticomunista     242
"A subversão mata. Então é preciso matar"     244

## ANEXOS

"Mas então se tortura no Brasil?" – Depoimento inédito de
Cecília Viveiros de Castro     257
Entrevista com Henri Alleg     267
Entrevista com Josette Audin     279

NOTAS     283
REFERÊNCIAS BIBLIOGRÁFICAS     291

## Prefácio

Vladimir Safatle

> "É assim que o mundo termina,
> Não com um estrondo, mas com um lamento."
> T. S. Eliot

"O que é expulso do Simbólico retorna no Real." Quando enunciou esta fórmula, o psicanalista Jacques Lacan tinha em mente a maneira com que psicóticos, incapazes de simbolizar experiências marcadas por conflitos e antagonismos, viam tais experiências retornarem sob a forma preferencial de delírios e alucinações. Mas todo grande clínico é sempre um perspicaz, mesmo que involuntário, crítico social. Lacan não era uma exceção. Sua fórmula não descrevia apenas o modo psicótico de lidar com conflitos psíquicos. Mesmo que o psicanalista francês não percebesse, sua fórmula descrevia também a maneira com que sociedades incapazes de reconhecer simbolicamente seus conflitos, incapazes de inscrever seus antagonismos nas sendas da narrativa histórica são assombradas pelo retorno bruto de uma violência real. Não se constrói nada através do esquecimento, e o preço a pagar por esquecimentos forçados sempre será trágico, patológico.

A ideia de "retorno" presente na fórmula de Lacan é fundamental. Tal como psicóticos, corpos sociais podem ser palcos de retornos que destroem seus consensos supostos, que destroem acordos que pareciam, até então, inaugurar tempos de anistias silenciosas construídas sobre reconciliações extorquidas. Tudo isso porque tais corpos não foram capazes de encarar de forma crua a violência de um passado que não foi devidamente elaborado. Eles não foram capazes de nomear tal violência, mostrar seus rostos, denunciar a perpetuação de sua lógica.

Leneide Duarte-Plon, jornalista que une em sua escrita o olhar sistemático de historiadora e a sensibilidade crítica de psicanalista que não se deixa levar por falsos acordos, tem há anos exposto aquilo que muitos no Brasil gostariam de sequer nomear. Seus livros são atualmente peça fundamental de uma história não oficial da violência perpetrada por um governo ilegal que comandou o país durante vinte anos. Uma violência nunca realmente elaborada e que agora retorna no Real em suas formas delirantes, como manifestações gritando por intervenção militar e pela caça aos comunistas em uma época na qual não há mais comunistas, ou em suas formas claramente cínicas, como golpes de Estado tramados nos bastidores do poder por oligarquias corruptas à procura de sobrevivência.

Por isso, os livros de Leneide são não apenas atuais e capazes de preencher lacunas na historiografia nacional. São profundamente necessários e urgentes. Não têm apenas a força política da denúncia do que clama por reparações justas. Têm a força clínica da exploração da presença atual de sintomas que denunciam como o passado ainda não passou.

Isso explica em grande parte a escolha do tema que guia este *A tortura como arma de guerra*. Ao centrar sua análise na história do general francês Paul Aussaresses, responsável pela repressão à luta dos argelinos pela independência, Leneide deixou evidente uma conexão nunca antes explorada de forma sistemática, a saber, os vínculos entre os crimes contra a humanidade cometidos pelas ditaduras latino-americanas e a lógica da "guerra contrarrevolucionária" desenvolvida no combate colonialista contra o direito de autodeterminação dos povos.

## PREFÁCIO

Mas esses vínculos não mostram apenas como se desenvolveu a generalização de práticas de violação dos direitos humanos a partir de uma triangulação entre França, EUA e América Latina. Na verdade, mostram como o colonialismo serviu de laboratório para o modelo de Estado imposto em países como o Brasil durante a ditadura militar. Mais do que isso, foi o campo da consolidação de uma verdadeira "política de governo", se quisermos falar como Michel Foucault. Campo de verdadeira *governamentalidade*, baseada não apenas na exploração econômica metropolitana, mas principalmente na gestão ordinária da tortura, do desaparecimento, da destruição moral, da execução sumária para não "sobrecarregar o poder judiciário" e da morte sem traços. Não uma administração disciplinar das condições da vida com vista ao fortalecimento da unidade do corpo social, como se estivéssemos em uma biopolítica autoritária. Mas uma governamentalidade de "esquadrões da morte", que faz a gestão da morte e do desaparecimento dos corpos condição de governo, como se estivéssemos em uma verdadeira tanatopolítica. Por trás da luta contra o comunismo, o que se viu foi a consolidação de um paradigma mundial de governo.

De fato, essa governamentalidade funciona como um verdadeiro paradigma, aplicado de maneira simétrica seja na Argélia francesa, seja no Brasil. Até as formas de esconder assassinatos, os discursos oficiais, os regimes de desaparecimento de corpos são os mesmos. Se lembrarmos que, no Brasil, tortura-se mais hoje do que na época da ditadura militar (segundo estudos da socióloga norte-americana Kathryn Sikkink), ficará claro como tal tanatopolítica é base normal de nossos modos de governo mesmo para além de situações explícitas de ditadura. Ela se baseia em uma concepção de tortura que não é vista sob a ótica moral, mas como uma "arma de guerra" como outra qualquer no interior de uma batalha cujo inimigo interno é composto por setores da própria população. A genealogia dessa prática de governo é, de certa forma, esclarecida pela primeira vez em um dos seus eixos centrais, através da extensa pesquisa que dá forma a este livro.

Ao centrar sua análise na figura de Paul Aussaresses, *A tortura como arma de guerra* opera com a estratégia da explicitação de um sintoma. No começo do século XXI, a imprensa francesa foi pega de surpresa com as declarações deste general octogenário que decidira ocupar a esfera pública com relatos detalhados sobre torturas perpetradas sistematicamente na Guerra da Argélia. A consternação era clara, já que a França nunca assumira tais práticas. Tentou-se desqualificar de toda forma seu discurso, feito por alguém que não mostrava arrependimento algum e revelou o que sempre se soube: não haveria qualquer condenação, pois segundo as leis não escritas que regem o verdadeiro funcionamento do poder, em situações excepcionais a tortura não é crime, mesmo que as situações excepcionais sejam cada vez mais normais.

Essa modalidade de silêncio social e consternação, essa impotência da verdade quando enunciada, era algo que todo bom conhecedor da realidade brasileira conhecia muito bem. Mas as coincidências não terminavam aqui. Como disse o próprio Aussaresses: "Os serviços secretos franceses trabalhavam de braços dados com os brasileiros desde o início", colaborando inclusive na montagem da Operação Condor. Por trás de uma reação social que parecia mimetizar o silêncio brasileiro, havia também a cumplicidade de governos, com a única diferença de que os brasileiros faziam com outros brasileiros aquilo que os franceses faziam com seus colonizados. Entre democracias consolidadas, como a francesa, e semidemocracias, como a brasileira, quando o assunto são os caminhos de imposição da Doutrina de Segurança como prática de governo, a proximidade mostra-se muito maior do que poderíamos imaginar.

Dessa forma, explorando todos os meandros de uma história até então nunca contada, Leneide ajuda a esclarecer importantes matrizes da violência política a que estamos submetidos.

## Cronologia da Guerra da Argélia (1954-1962)

1830   A Argélia foi invadida por tropas francesas em junho. Início da colonização.

1848   A nova Constituição francesa proclamou a Argélia território francês.

1870   O Decreto Crémieux reconheceu como cidadãos franceses "os israelitas indígenas dos departamentos da Argélia".

1945   Em 8 de maio, fim da Segunda Guerra Mundial, os argelinos muçulmanos desfilaram em diversas cidades com o slogan "abaixo o fascismo e o colonialismo". A violenta repressão policial ficou para a história como "o massacre de Sétif". Houve 103 mortos e 110 feridos entre os cidadãos de origem europeia. Entre os muçulmanos independentistas o número de mortos varia de 5 mil (número das autoridades francesas) a 45 mil (número oficial argelino). Houve massacres em Sétif, Guelma e Kherrata.

1954   No dia 1º de novembro, trinta atentados a bomba foram realizados no território argelino pelo recém-criado Front de Libération Nationale [Frente de Libertação Nacional] – FLN. Esses ataques provocaram a morte de sete pessoas. O ministro do Interior, François Mitterrand, decidiu o envio de seiscentos militares para o que ainda não era visto como o início de uma guerra mas como operações de "manutenção da ordem".

1955   A tortura já era praticada pela Polícia na Argélia colonial. Com a guerra, ela se acentuou. Como ministro do Interior e depois da Justiça, Mitterrand negou a graça a condenados à pena capital. Um total de 222 pessoas foram executadas durante a guerra.

1956   A Assemblée Nationale [Assembleia Nacional] votou plenos poderes ao governo do primeiro-ministro Guy Mollet (cargo então chamado presidente do conselho). Ele endureceu a repressão na Argélia.

1957   Em janeiro, o poder civil da metrópole deu poder de polícia ao general Jacques Massu. Juntamente com Paul Aussaresses, Marcel Bigeard e outros militares, Massu introduziu a tortura nos interrogatórios dos prisioneiros políticos. De janeiro a outubro teve lugar a Batalha de Argel. Multiplicaram-se as prisões, torturas e execuções sumárias. Por sua posição firme contra a tortura, o general Pâris de Bollardière foi destituído de seu comando e encarcerado. Em junho daquele ano, o jovem professor de matemática Maurice Audin foi preso e desapareceu. Henri Alleg, ligado ao Parti Communiste Algérien [Partido Comunista Argelino – PCA], como Audin, foi também preso e torturado. Na prisão, escreveu o livro *La question*, publicado no ano seguinte. O testemunho de Alleg se tornou a prova mais eloquente do uso da tortura na Argélia.

1958   Charles de Gaulle assume o poder em 1° de junho como presidente do conselho (atualmente, primeiro-ministro).

No mesmo mês visita a Argélia. Em julho, De Gaulle volta a Argel.

Em 21 de dezembro de 1958, De Gaulle é eleito presidente da República e a França inaugura a Quinta República, com nova Constituição, que instaurou o presidencialismo, criticado por muitos como "monarquista", pois o presidente detém um enorme poder.

1959   No dia 16 de setembro De Gaulle anuncia o recurso à autodeterminação para os argelinos.

1960   O "Manifesto dos 121" é assinado por intelectuais defendendo "o direito à insubmissão na Guerra da Argélia". Jean-Paul Sartre, André Breton, Pierre Vidal-Naquet, François Truffaut, entre outros, assinaram o manifesto. Em novembro, De Gaulle se referiu à "República argelina".

1961   Em fevereiro a Organisation de l'Armée Secrète [Organização do Exército Secreto – OAS] é criada em Madri.

Em abril quatro generais tentam um golpe para impedir que De Gaulle avance no projeto de autodeterminação da Argélia. No mesmo mês, em entrevista coletiva o presidente se declara certo de que a Argélia será "um Estado soberano".

Com o fracasso do golpe dos generais da OAS, o movimento passa aos atos de terrorismo na metrópole e na Argélia. As bombas da extrema direita fizeram mais de 2 mil vítimas. De Gaulle escapou a três atentados organizados pelos militares da OAS.

Dia 17 de outubro, uma manifestação pacífica de argelinos é reprimida brutalmente pela Polícia parisiense. Houve dezenas de mortos, mas o balanço oficial noticiou 3 mortos e 64 feridos.

1962   Em 18 de março são assinados os acordos de cessar-fogo na cidade de Evian. Os decretos de 22 de março e 14 de abril de 1962 garantiam a anistia aos "fatos cometidos no contexto das operações de manutenção da ordem dirigidas contra a insurreição argelina".

Dia 1º de julho – o referendo sobre a autodeterminação na Argélia foi aprovado por imensa maioria. Dia 3 de julho, a França reconheceu a independência e Ahmed Ben Bella se tornou o primeiro presidente da Argélia.

1968   A lei de 31 de julho de 1968 anistiou "as infrações cometidas em relação com os acontecimentos da Argélia". Segundo juristas que contestam essa lei de anistia, ela cobre crimes tidos como imprescritíveis para o direito internacional francês, constituído pelas convenções internacionais.

1999   A Assemblée Nationale votou o reconhecimento oficial da Guerra da Argélia como tal. Até então a França se referia oficialmente aos "acontecimentos" da Argélia.

"Ninguém será submetido a tortura, nem a penas ou tratamentos cruéis, desumanos ou degradantes."

(Declaração Universal dos Direitos Humanos, de 1948, artigo 5º e Constituição Federal do Brasil, art. 5º, inciso III)

## Introdução

3 de dezembro de 2013. De passagem pelo Rio de Janeiro, recebo um SMS de Paris: "*Aussaresses est mort.*"

Em três palavras meu marido dava a notícia da morte do general francês Paul Aussaresses, nascido em 14 de novembro de 1918, que entrevistei em viagens feitas à Alsácia e sobre quem preparava este livro. As entrevistas com o general, seus livros publicados, os arquivos secretos do Ministério da Defesa da França, livros de autores franceses, artigos de pesquisadores brasileiros, além de arquivos de jornais franceses e entrevistas feitas pela autora são as principais fontes deste trabalho. No Brasil, Aussaresses é quase desconhecido embora tenha tido um papel relevante na origem das técnicas de interrogatórios sob tortura praticados durante a ditadura (1964-1985).

No seu primeiro livro, *Services spéciaux – Algérie 1955-1957* [Serviços especiais – Argélia 1955-1957],[1] publicado em 2001, Paul Aussaresses reafirma a convicção de toda sua vida: a tortura pode ser uma arma de combate eficaz. Ele dá detalhes de seu uso intensivo nos interrogatórios de prisioneiros na Argélia, conta como aconteciam as execuções sumárias, o que era e como funcionava o esquadrão da morte e como os militares assassinaram friamente alguns dos líderes do Front de Libération Nationale [Frente de Libertação Nacional – FLN]. O relato caiu como uma bomba numa França que pensava já ter virado a página e ajustado suas contas com aquele passado recente.

Pela primeira vez, um militar com a patente de general reconhecia que o Exército francês praticara torturas na Argélia, durante o que autoridades francesas civis e militares apresentavam como *"les événements d'Algérie"* [os acontecimentos da Argélia], qualificando a atuação da França como ações de *"pacification"* [pacificação] ou "manutenção da ordem". O reconhecimento dos *acontecimentos* como uma guerra foi uma vitória importante para os historiadores franceses. A França só passou a chamar oficialmente aquele conflito de guerra em 18 de outubro de 1999, 45 anos depois. Os historiadores argelinos batizaram-no de Revolução Argelina.

O general Aussaresses revelou o uso da tortura em larga escala pelos militares brasileiros no livro *Escadrons de la mort, l'école française* [Esquadrões da morte, a escola francesa], da jornalista Marie-Monique Robin,[2] que se tornou imediatamente uma bíblia para historiadores e pesquisadores que investigavam a importância da doutrina francesa nas ditaduras latino-americanas. Essa doutrina foi teorizada durante a Guerra da Argélia e usada no combate aos focos de "guerra revolucionária" surgidos no mundo inteiro. Nessas guerras de guerrilha, os combatentes não usam uniformes e se misturam às populações civis.

Por meio dos livros e da imprensa francesa, fui me familiarizando com o personagem complexo que foi o general Paul Aussaresses, típico *homme de l'ombre* [homem da sombra]. Esses militares devem deter o maior volume possível de informações, mas falar e aparecer pouco. Contudo, no ano 2000, tanto ele quanto o general Jacques Massu – que comandou a repressão na Argélia – saíram da sombra e reacenderam o debate em torno da Guerra da Argélia, através de entrevistas ao jornal *Le Monde*.

Ao descobrir em 2004, no livro de Robin, a conexão das ditaduras latino-americanas com a chamada "escola francesa" ou "doutrina francesa", procurei contato com o general Aussaresses para uma entrevista, pela importância de seu depoimento para a história do Brasil. O acesso a ele foi impossível naquele ano. Somente em 2008 pude conversar com ele para propor uma entrevista, por ocasião do lançamento de seu segundo livro, *Je n'ai pas tout dit* [Eu não disse tudo], assinado com o jornalista Jean-Charles Deniau.

Além das entrevistas realizadas com o general em 2008, pesquisei os relatórios secretos do então coronel Aussaresses, enviados do Brasil de 1973 a 1975, arquivados no Château de Vincennes. Para isso, recebi autorização especial do Ministério da Defesa. Durante várias semanas pude ler relatórios enviados por adidos militares que o precederam. Na Salle de Lecture Louis XIV do Service Historique de la Défense [Sala de Leitura Luís XIV do Serviço Histórico da Defesa], que se encontra no Centre Historique des Archives [Centro Histórico dos Arquivos], tive acesso a relatórios secretos de 1960 a 1975, sem permissão nem de fotografar nem de fotocopiar. Tudo que interessasse à minha pesquisa devia ser copiado a lápis, em um caderno, diante dos olhos vigilantes de um funcionário.

Curiosamente, o ano de 1964 tinha muitas lacunas nos arquivos disponíveis para a pesquisa. Justamente o ano do golpe e o da visita, em outubro, do general De Gaulle, recebido pelo novo presidente, general Humberto de Alencar Castelo Branco. A diplomacia francesa ignorou o estupro à democracia que foi a deposição de um presidente eleito. Com a visita, o *país dos direitos humanos* estreitava laços com a recém-instalada ditadura. O pragmatismo e o anticomunismo, comuns aos dois regimes, se impuseram. O gigante do Sul tinha potenciais que interessavam aos franceses.

O que me levou a procurar o velho general, de quase 90 anos, em 2008? Sobretudo sua passagem como adido militar no Brasil, período sobre o qual ele aceitou falar sem reservas, revelando inclusive detalhes picantes de sua proximidade com o então chefe do Serviço Nacional de Informação (SNI), João Batista Figueiredo, que lhe emprestava sua *garçonnière* de Brasília para encontros amorosos. Na primeira vez, o apartamento estava preparado com uma garrafa de champanhe para receber o francês e sua acompanhante. Cortesia de Figueiredo, que também emprestava ao amigo seu cavalo favorito.

"Tínhamos o hábito de fazer longos passeios a cavalo. Como sou bom cavaleiro, ele me emprestava, o que não fazia com outros amigos, seu cavalo alazão Comanche", contou o general.

Paul Aussaresses teve uma vida longa, participou de muitas guerras e se declarava anticomunista até o fim da vida, muitos anos depois da queda do muro de Berlim e do fim da União Soviética.

O jovem Paul Aussaresses servira durante dez anos como um agente do Service de Documentation Extérieur et de Contre-Espionnage [Serviço de Documentação Externa e de Contraespionagem – SDECE] aureolado por sua conduta heroica durante a Segunda Guerra Mundial, quando participou de uma unidade mítica de paraquedistas, precursora de todas as forças especiais do mundo: o comando Jedburgh.

Na Guerra da Indochina (hoje Vietnã), ele foi incorporado ao Groupement de Commandos Mixtes Aéroportés [Grupamento dos Comandos Mistos Aerotransportados – GCMA], uma unidade do SDECE dirigida pelo então tenente-coronel Roger Trinquier, que depois se tornaria o principal teórico da "guerra contrarrevolucionária".

"Trinquier é a cabeça e Paul Aussaresses, as pernas", resumiu em entrevista a Marie-Monique Robin o ex-ministro da Defesa Pierre Messmer, referindo-se a Roger Trinquier como o cérebro da doutrina francesa e a Aussaresses como um mero executor.

Ex-combatente da Segunda Guerra Mundial, das guerras da Indochina (1946-1954) e da Argélia (1954-1962), o militar fora enviado aos Estados Unidos, em 1961, juntamente com outros veteranos dessas guerras, para ensinar a militares americanos e latino-americanos a "guerra contrarrevolucionária", teorizada pelos franceses a partir da "guerra revolucionária" dos escritos de Mao Tsé-tung. Nos fortes Bragg e Benning, eles transmitiram as lições que tiraram de duas guerras coloniais, onde haviam enfrentado um novo tipo de inimigo e uma nova forma de guerra: a guerrilha rural e urbana. Aussaresses também fez parte da expedição de 1956, coordenada por britânicos, franceses e israelenses, que ocupou o canal de Suez, nacionalizado

INTRODUÇÃO

pelo presidente egípcio Gamal Abdel Nasser, que apoiava, inclusive com armas, os nacionalistas argelinos. Aussaresses voltou à Argélia no ano seguinte para ser o braço direito do general Massu na sangrenta e brutal Batalha de Argel, que durou todo o primeiro semestre de 1957.

De 1973 a 1975, como coronel do Exército francês, Aussaresses foi adido militar em Brasília. Nessa temporada brasileira, no final do governo Médici e início do governo Geisel, tornou-se amigo do general Figueiredo e foi próximo do então coronel Carlos Alfredo Malan de Paiva Chaves. Em Brasília, o coronel francês fez palestras na Escola Nacional de Informação (Esni) e, em Manaus, deu aulas regulares no Centro de Instrução de Guerra na Selva (CIGS). Sua eleição para a presidência da Associação dos Adidos Militares no Brasil deveu-se, certamente, ao reconhecimento de sua experiência e do prestígio junto aos colegas fardados que governavam o país.

O general Paul Aussaresses fora agente secreto, *un homme de l'ombre* do serviço de informação francês, o Direction Générale de la Sécurité Extérieure [Direção Geral da Segurança Externa – DGSE] denominado antes Service de Documentation Extérieure et de Contre-Espionnage.

Os "homens da sombra" não costumam aparecer nos jornais. São discretos e gostam do sigilo. Fui a única jornalista do Brasil a quem o general Aussaresses concedeu uma entrevista em toda a sua vida, pois em sua passagem pelo país ele teve um comportamento digno de um 007 fardado: só convivia com militares, defendia os interesses da França junto ao governo brasileiro e, de sua embaixada em Brasília, redigia relatórios secretos ao Ministério da Defesa francês dando conta do que se passava nos meandros da política externa e interna.

O sigilo e a discrição sempre pautaram a vida do militar. Ele contou em seu livro seu engajamento ao lado do general De Gaulle, em 1942:

> Eu tinha 36 anos e era o que se chama um agente secreto, embora não goste da expressão. Quando me perguntavam o que eu fazia, eu dizia que era capitão do Exército francês e,

> se quisessem saber mais, acrescentava que pertencia à infantaria de paraquedismo. (...) Após optar pela carreira militar e por Charles de Gaulle, em 1942, entrei nos serviços especiais [no serviço secreto]. Eu ia realizar, no interesse do meu país e na clandestinidade, ações reprovadas pela moral ordinária, muitas vezes fora da lei e, por isso, cobertas pelo segredo: roubar, assassinar, vandalizar, terrorizar. (...) Tudo isso pela França.[3]

Na sua missão na Guerra da Argélia, o general vivia o mais discretamente possível para evitar ataques do inimigo:

> Nunca fui visado por atentados. Meu nome não aparecia nos jornais, não dava entrevistas, evitava os fotógrafos e vivia na maior discrição. De dia, passava por um burocrata. Salvo os mais próximos colaboradores do general Massu, além de um punhado de oficiais da nossa divisão de paraquedistas, a 10ª DP, ninguém jamais suspeitou que eu era o maestro do contraterror.[4]

Na capital federal, o coronel francês frequentava o Clube das Nações e, com o amigo Figueiredo, compartilhava a paixão pela equitação e o interesse pelo sexo feminino. Nos momentos de trabalho, falavam de interrogatórios "reforçados", luta contra a subversão, "guerra contrarrevolucionária". Por reconhecerem leais serviços prestados, os ditadores brasileiros condecoraram o francês com a Medalha da República Federativa do Brasil, do Mérito Militar, além da medalha de Comendador da Ordem de Rio Branco, que ele sempre guardou com orgulho, juntamente com a Légion d'Honneur, que recebera por sua participação na Segunda Guerra.

Os militares golpistas, apoiados por empresários e políticos, derrubaram o presidente João Goulart com o apoio logístico e financeiro dos Estados Unidos, como já foi largamente demonstrado por historiadores e cientistas políticos americanos e brasileiros, como

## INTRODUÇÃO

René Armand Dreifuss e Luiz Alberto de Vianna Moniz Bandeira. Depois do golpe, todos os oficiais nacionalistas e comunistas das Forças Armadas foram presos, reformados, julgados em inquéritos militares. A influência dos EUA continuou prevalecendo na definição das políticas externa e interna, pois o Brasil era um aliado incondicional de Washington.

Este livro foi estruturado em duas partes: a primeira mostra como e em que circunstâncias a doutrina militar teorizada na Guerra da Argélia pelos franceses influenciou os militares sul-americanos, depois de passar pelas escolas de oficiais americanos, no início da década de 1960.

A segunda parte traz as entrevistas que fiz com o general Paul Aussaresses em sua casa na Alsácia, em diversas viagens no ano de 2008. Entre uma pergunta e outra, um pequeno texto esclarece e contextualiza as respostas do general.

# PARTE I

"A tortura em certos casos é necessária para obter confissões."

(general Ernesto Geisel)


"Os serviços secretos franceses trabalhavam de braços dados com os brasileiros. Mas isso era sigiloso. Os serviços de polícia franceses informavam aos serviços de informação brasileiros que tal terrorista procurado no Brasil estava em Paris e estava hospedado na casa de alguém, que estava sendo controlado."

(general Paul Aussaresses)

## 1. A doutrina francesa no Brasil

A tortura como arma de combate

A influência dos franceses no pensamento militar brasileiro é muito menos conhecida que a americana. E, no entanto, os militares franceses estão no DNA das ditaduras latino-americanas, a começar pela brasileira, a primeira a se instalar e a que durou mais tempo (1964-1985).

Foi a doutrina francesa que serviu de alicerce ao edifício teórico que elaborou a tese do *inimigo interno* e redesenhou a Doutrina de Segurança Nacional.[1] Segundo essa teoria militar, o adversário a ser combatido é o *inimigo interno*, representado por comunistas, intelectuais, operários, camponeses, líderes sindicais, estudantes e artistas, simpatizantes de ideias consideradas *subversivas*. Para lutar contra o inimigo interno, os militares brasileiros criaram a Lei de Segurança Nacional (LSN).

O golpe de 1964 transformou o Brasil em "laboratório da Doutrina de Segurança Nacional", segundo Marie-Monique Robin, por ter sido o primeiro da série de ditaduras sangrentas implantadas na América do Sul. Alguns de seus entrevistados dizem que o Brasil foi uma cópia exata do Estado de Segurança Nacional, redefinido por John Kennedy, graças à experiência francesa. O modelo vai ser depois transplantado ao Chile, à Argentina e ao Uruguai.

Em discurso proferido em Caracas, quando comandante do Estado-Maior do Exército, em 1973, o general Breno Borges Fortes deixou claro quem os militares brasileiros viam como inimigo:

> Ele se disfarça de sacerdote ou professor, de aluno ou de camponês, de vigilante defensor da democracia ou de intelectual avançado, de piedoso ou de extremado protestante; vai ao campo, às escolas, às fábricas e às igrejas, à cátedra e à magistratura; usará, se necessário, o uniforme ou o traje civil; enfim, desempenhará qualquer papel que considerar conveniente para enganar, mentir e conquistar a boa-fé dos povos ocidentais. Daí por que a preocupação dos exércitos em termos de segurança interna frente ao inimigo principal: este inimigo para o Brasil continua sendo a subversão provocada e alimentada pelo movimento comunista internacional.[2]

As principais vítimas das ditaduras que foram se implantando na América do Sul eram, pois, membros do Partido Comunista (PC), de partidos de esquerda e até mesmo teólogos da Libertação. O Brasil foi também um modelo do exercício do poder controlado pelos militares. Todos os postos importantes eram ocupados por oficiais das Forças Armadas, com a missão de fazer grandes obras públicas. Eles controlavam toda a vida política e econômica.

O primado dos serviços de informação, o controle das populações civis, os interrogatórios "coercitivos" em centros clandestinos, o uso do soro da verdade, os desaparecimentos forçados de opositores, os esquadrões da morte, as execuções sumárias e a prática de jogar de um avião os "subversivos" ou "terroristas" são elementos da prática da doutrina francesa da "guerra contrarrevolucionária", o antídoto para a "guerra revolucionária". Segundo definição de militares ocidentais, a "guerra revolucionária" era a "doutrina de guerra exposta pelos teóricos marxistas-leninistas e explorada por movimentos revolucionários de várias tendências".[3]

Todo o *savoir-faire* da "guerra contrarrevolucionária" foi transmitido pelos franceses, num percurso triangular que chegou à América Latina passando pelos Estados Unidos. Associados na formação dos militares para o combate à subversão, americanos e franceses eram, no entanto, concorrentes na venda de armas ao novo poder instalado no Brasil e, posteriormente, nos outros países.

Nos cursos e estágios dados pelos veteranos da Guerra da Argélia, a Batalha de Argel, que durou de janeiro a outubro de 1957, era ensinada como o modelo de uma guerrilha urbana bem-sucedida. Ironia da história: em 1967, o filme de Gillo Pontecorvo, *A Batalha de Argel*, feito um ano antes para denunciar a guerra suja dos franceses na Argélia, passou a servir como ilustração da guerra antissubversiva. Premiado com o Leão de Ouro, em Veneza, o filme fora considerado pelo general Aussaresses "muito próximo da realidade". Por isso, era usado para mostrar aos militares americanos e sul-americanos os métodos com os quais os franceses dominaram a insurreição argelina.

Assim aconteceu na Argentina. Os oficiais preparavam os jovens militares para lutar contra o "inimigo interno" exibindo o filme de Pontecorvo. Segundo depoimento de um militar argentino a Marie--Monique Robin, a tortura não era encarada do ponto de vista moral, mas como uma arma de combate.

No livro *Escadrons de la mort, l'école française*, o general Aussaresses confirma que já se falava de *esquadrão da morte* para designar sua equipe de subordinados na Argélia. "Eram chamados de 'esquadrão da morte' porque trabalhavam comigo."[4]

Na Argélia, e depois no Brasil, os esquadrões da morte surgiram para eliminar revolucionários que já tinham sido interrogados sob tortura, "cuspido as informações" (como dizia Aussaresses) e estavam em farrapos. O general Aussaresses justificava a necessidade das execuções sumárias de argelinos como um recurso para "não sobrecarregar o fluxo do Poder Judiciário". Em entrevista dada ao jornal *Le Monde* de 23 de novembro de 2000, ele assumiu ter executado 24 combatentes do FLN. Sem contar os milhares de outros executados por seus subordinados e colegas de armas.

A "guerra contrarrevolucionária" surgiu como teoria e prática militar na guerra contra o Viet Minh (contração de Viet Nam Doc Lap Dong Minh Hoi – Liga pela Independência do Vietnã), o Exército Popular vietnamita, que a França, então potência colonial, combateu na Indochina. A "guerra revolucionária", que os franceses descobriam na Indochina, pode ser resumida em cinco etapas básicas: a primeira é a preparação do terreno para a conquista da população. A segunda consiste na formação de redes de organizações subversivas controladas pelos militantes que agem através de manifestações, tumultos e atos de sabotagem. A terceira vê a entrada em cena de grupos armados que iniciam ações de menor escala fazendo do terrorismo um método. A penúltima estabelece bases de apoio, com a formação de um exército regular revolucionário. A última etapa é a conquista do poder.

**Escola Superior de Guerra de Paris**

A partir da década de 1960, na luta contra o que identificaram como o início da "guerra revolucionária", os militares latino-americanos se viam como defensores da civilização ocidental, que tinha como missão barrar o avanço do comunismo. Nas guerras contrarrevolucionárias, travadas em plena Guerra Fria, eles usaram métodos da escola francesa, da qual Paul Aussaresses foi um professor aplicado e um executor convicto.

O Golpe de 1964 levou ao poder veteranos da Força Expedicionária Brasileira (FEB) que haviam sido formados pela Missão Militar Francesa, entre eles Humberto de Alencar Castelo Branco e Aurélio de Lira Tavares. Entre 1947 e 1974, 52 oficiais brasileiros foram diplomados pela Escola Superior de Guerra (ESG) de Paris ou por outro estabelecimento de ensino superior, dois terços desses entre 1958 e 1974.

A Escola Superior de Guerra de Paris tornou-se um centro de difusão da doutrina francesa e chegou a ter alunos de 35 nacionalidades.

"A França dispõe de excelente imagem na fabricação e difusão do saber militar", escreveu o sociólogo Gabriel Périès, citado por Marie-Monique Robin. Segundo ele, na ESG francesa, preparavam-se militares do mundo inteiro para assumir um papel determinante na gestão e no controle do poder político.

É interessante notar que, nos períodos de 1961-1963 e 1964-1966, houve interrupção da formação de oficiais brasileiros na França, conforme assinala o historiador Rodrigo Nabuco de Araújo.[5] A primeira data coincide com a permanência de Aussaresses e seus colegas no Fort Bragg e no Fort Benning, para onde se dirigiram, provavelmente, os militares brasileiros que antes se formavam em Paris.

O anticomunismo do Exército francês só era comparável ao do Exército americano. Unidos, os oficiais dos dois países passaram a formar toda uma geração de futuros ditadores e torturadores da América Latina.

Apesar da união nos objetivos geoestratégicos, França e Estados Unidos lutavam silenciosamente pela hegemonia junto aos latino-americanos. Os relatórios sigilosos dos adidos militares franceses ao Ministério da Defesa mostram uma permanente preocupação de suplantar no Brasil a presença e a influência americanas. Constata-se isso claramente nos relatórios secretos de Aussaresses, do período em que serviu como adido militar no Brasil.

**Mal menor ou arma legítima?**

A tortura não foi, evidentemente, inventada pelos militares franceses na Argélia, nem mesmo na Indochina. Já fora usada em larga escala pela Geheime Staatspolizei [Polícia Secreta do Estado – Gestapo], pelo regime stalinista, pelo Império Romano e pela própria Igreja durante a Inquisição. Mas na Argélia pela primeira vez foi "aceita como um método de guerra, recomendada pelos chefes militares e aprovada pelos responsáveis políticos".[6]

Os torturadores não apresentam a tortura como um instrumento para dominar e subjugar a população, na luta contra o inimigo invisível. Preferem apresentá-la como uma arma eventual para salvar inocentes. Assim, os militares franceses que torturaram na Argélia e os das ditaduras sul-americanas se dividiam entre os que pensavam que a tortura era um mal menor, como o general Geisel, e os que pensavam que era um bem, uma arma legítima, como Aussaresses.

Desde 1958, os franceses tomaram conhecimento da tortura de presos políticos na Argélia, através da publicação de um livro escrito na prisão. No seu livro, *La question*,[7] "a questão" – *quaestio*, em latim –, nome pelo qual a bula do papa Inocêncio IV designava a tortura,[8] Henri Alleg denunciou as sevícias a que ele e seus companheiros comunistas foram submetidos durante a guerra da Argélia. Ele foi interrogado sob ação do Penthotal, o soro da verdade, utilizado pelos militares para tentar quebrar a resistência dos prisioneiros.

Henri Alleg (pseudônimo de Harry Salem),[9] francês nascido em Londres em 1921, era diretor do jornal *Alger Républicain*, órgão do Parti Communiste Algérien [Partido Comunista Argelino – PCA]. Em 1940, tornou-se membro do PCA e passou a dirigir a publicação do partido. Em 1955, quando o jornal foi proibido de circular, Alleg entrou na clandestinidade. Foi detido em 12 de junho de 1957 pelos paraquedistas da 10ª D.P., na casa do professor Maurice Audin, preso na véspera e torturado até a morte. Os militares nunca admitiram que a morte de Audin ocorreu sob tortura, embora seu corpo nunca tenha sido encontrado. Alleg escreveu *La question* na prisão civil de Argel, entregando as páginas do original durante as visitas de seus advogados.

Na França, o livro foi apreendido por ordem judicial. As autoridades julgaram que denunciar as torturas militares era "participar de uma campanha de desmoralização do Exército tendo por objetivo causar dano à Defesa nacional". Mesmo assim, foi feita uma investigação oficial (devidamente boicotada pelos militares) que não obteve nenhum resultado.

Reeditado na Suíça, o livro de Alleg passou a ser lido e comentado por intelectuais e historiadores, como Jean-Paul Sartre e Pierre Vidal-Naquet. Em plena guerra, a certeza de que o Exército torturava na Argélia foi um eletrochoque no país dos direitos humanos.

O desaparecimento de pessoas na Argélia começou a ser denunciado em 1959. Naquele ano, três advogados franceses que defendiam membros do FLN escreveram um documento relatando o desaparecimento de 175 muçulmanos, em 1957. As autoridades respondiam às famílias com as mesmas explicações: o desaparecido era "desconhecido dos órgãos de segurança", ou tinha "sido preso e depois libertado", ou "tinha retomado a clandestinidade", ou, ainda, "tinha sido morto durante uma tentativa de evasão".

Explicações absolutamente idênticas às que os militares brasileiros usavam, alguns anos depois, para justificar os desaparecimentos e as mortes sob tortura.

O guerrilheiro Bacuri, codinome de Eduardo Collen Leite, da Ação Libertadora Nacional (ALN – organização de luta armada fundada por Carlos Marighella), sofreu tortura sistemática e cruel que o levou à morte aos 25 anos. O corpo dele – entregue à família 109 dias depois de ser preso e 42 dias após seu sequestro do Departamento Estadual de Ordem Política e Social de São Paulo (Deops), onde se encontrava encarcerado – apresentava, além de hematomas, escoriações, cortes profundos e queimaduras. Tinha os dentes arrancados, as orelhas decepadas e os olhos vazados, segundo o testemunho de Denise Crispim, sua mulher.

Os órgãos de segurança deram a informação da morte aos jornais num comunicado publicado no dia seguinte em manchete: "Terrorista Bacuri morre em tiroteio com a polícia."

A historiadora Beatriz Kushnir lembra que os militantes da esquerda presos pela ditadura morriam antes nas páginas do jornal. Em 17 de abril de 1971, a *Folha da Tarde* anunciou em primeira mão o fim do matador do industrial dinamarquês Henning Albert Boilesen, 55 anos, naturalizado brasileiro e alto executivo do Grupo Ultra. "Morto o assassino do industrial Boilesen", dizia a manchete, horas antes de o metalúrgico Joaquim Alencar de Seixas, codinome Roque, aparecer morto nas celas do Destacamento de Operações Internas – Centro de Operações de Defesa Interna (DOI-Codi) do II Exército. Como a maioria da grande imprensa, diz Kushnir, o jornal de Otávio Frias de Oliveira engolia a versão policial de que Roque morrera vítima de uma troca de tiros na rua.

Entre centenas de exemplos dos métodos de controle da informação e subterfúgios para dissimular desaparecimentos, há o caso dos jovens Fernando Augusto de Santa Cruz Oliveira, 26 anos, e Eduardo Collier Filho, 21 anos, militantes da Ação Popular Marxista-Leninista (APML) desaparecidos no Rio de Janeiro. No dia 23 de fevereiro de 1974, tinham um encontro e nunca mais foram vistos. As famílias de Fernando e de Eduardo moveram céu e terra para encontrar os rapazes e nunca tiveram nenhuma pista que levasse aos corpos. Até o dia em que o relatório da Comissão Nacional da Verdade foi divulgado, 10 de dezembro de 2014, a mãe de Santa Cruz, dona Zita, aos 101 anos, ainda tinha esperança de encontrar o corpo do filho.

No governo Geisel, ela recebera a explicação-padrão do regime dos generais através do ministro da Justiça, Armando Falcão: "Fernando Augusto de Santa Cruz Oliveira, filho de Lincoln de Santa Cruz Oliveira e Elzita Santa Cruz Oliveira, militante da organização subversivo-terrorista Ação Popular Marxista-Leninista (APML). É procurado pelos órgãos de segurança e encontra-se na clandestinidade."

Na carta em que responde ao ministro, dona Zita escreve:

> A afirmação (...) é paradoxal, e para contestá-la informo a V. Exa. que Fernando Augusto era funcionário do Departamento de Águas e Energia de São Paulo, residente à rua Diana, 698,

bairro Perdizes, São Paulo. Tendo, portanto, residência e emprego fixos. Senhor ministro, que clandestinidade seria esta que transformaria um filho respeitoso, carinhoso e digno em um ser cruel e desumano, que desprezaria a dor de sua velha mãe, a aflição de sua jovem esposa e o carinho de seu filho único e muito amado? É fácil concluir que qualquer pessoa, mesmo perseguida, em qualquer lugar onde estivesse, teria como enviar uma palavra de calma e tranquilidade aos seus familiares. Não posso aceitar pura e simplesmente o argumento de V. Exa.[10]

**Pedidos de "documentação francesa"**

Fundada em 1948, a Escola Superior de Guerra brasileira foi marcada pela política dominante no período da Guerra Fria, que preparava as nações ocidentais para a guerra contra o comunismo.

Oito meses antes do golpe, o relatório secreto de 8 de agosto de 1963 – que tem por subtítulo "Evolução do estado de espírito das Forças Armadas" –, do adido militar francês em Brasília coronel Pierre Ballart ao Ministério da Defesa em Paris informa sobre o recente interesse dos militares por *documentação francesa*, por temerem a ameaça de *subversão interna*:

> Organizado à moda antiga, subequipado, preparado dentro de um conceito ultrapassado de proteção das fronteiras que já vê como desnecessário, mas que não é ainda capaz de modificar por causa de uma política territorial, consciente do fato de que não terá nunca a possibilidade de participar ativamente de um problemático conflito nuclear, o Exército, principalmente, tinha perdido o sentido de sua existência e só encontrava objetivos claros nos territórios de colonização.
> 
> Mas uma evolução recente e muito importante vem acontecendo. Os oficiais que não acreditavam mais na ameaça externa

tomam, subitamente, consciência da ameaça de *subversão interna* [sublinhado em vermelho no original].

Se até agora o marxismo, a subversão e a luta antissubversiva, a defesa interna do território não tinham sido objeto de estudos senão de alguns especialistas e no contexto restrito de certas seções dos Estados-Maiores e Escolas de Ensino Militares de nível superior, há alguns meses pode-se notar um interesse crescente no conjunto do corpo de oficiais pelos seguintes problemas:

- inúmeros pedidos de documentação francesa sobre essas questões; multiplicação de conferências; difusão de documentos alertando as Forças Armadas para a subversão comunista.

Essa nova orientação dos oficiais, num momento em que a maioria parlamentar tende a se voltar para a direita e quando um líder de oposição como Lacerda tem uma progressão espetacular na opinião pública, poderia pesar no comportamento do presidente e do governo.

As ideias francesas que teorizavam a "guerra revolucionária" teriam chegado ao Brasil pouco antes do golpe, em 1959, numa conferência pronunciada na ESG pelo coronel Augusto Fragoso. A partir de então, a doutrina francesa foi adotada pelo Estado-Maior das Forças Armadas, tornando-se o fermento do golpe de 1964. E, como provam os relatórios secretos e o testemunho de Aussaresses, as ideias básicas dessa doutrina continuaram influentes depois da ruptura do processo constitucional.

Segundo o historiador João Roberto Martins Filho, as fontes de Fragoso foram, entre outros, o documento *Contribution à une étude sur la guerre révolutionnaire* [Contribuição a um estudo sobre a guerra revolucionária], publicado pela ESG de Paris (1955-1956), os livros do coronel Gabriel Bonnet, *Les guerres insurrectionnelles et révolutionnaires* [As guerras insurrecionais e revolucionárias] (1958); de Claude Delmas, *La guerre révolutionnaire* [A guerra revolucionária] (1959) e artigos de J. Hogard e Charles Lacheroy.

Os militares brasileiros, como os argentinos, estavam convencidos de que enquanto os Estados Unidos e seus aliados se dedicavam à perspectiva da guerra nuclear, o comunismo forçava as defesas do Ocidente a partir do Sul. Se não fosse contido, destruiria o que chamavam de *civilização ocidental*. Cuba aparece, a partir de 1959, como o posto avançado das ideias revolucionárias que, na visão dos militares, ameaçavam a América do Sul.

"A doutrina militar francesa oferecia aos militares de nossos países uma definição flexível e funcional do inimigo a enfrentar, ao mesmo tempo em que, no plano geopolítico, valorizava o Terceiro Mundo como cenário do confronto mundial da Guerra Fria", escreve Martins Filho.[11]

A doutrina da "guerra revolucionária", criada a partir de 1954, fim da Guerra da Indochina, se consolida em torno de 1957, simultaneamente na França, na Argentina, no Brasil e, sem dúvida, em outros países. Segundo o historiador Rodrigo Nabuco de Araújo:

> Essa coincidência de datas revela a importância das guerras coloniais como ponto de partida de uma reflexão sobre o papel das forças armadas na segunda metade do século XX. A força dessa doutrina é sua adaptabilidade a diferentes situações políticas, podendo passar de uma guerra a outra.[12]

**A Batalha de Argel**

Durante a Batalha de Argel, foram efetuadas 24 mil prisões e cerca de 3 mil pessoas desapareceram depois de terem sido torturadas, segundo cálculos do próprio general Aussaresses. Como nesse tipo de "guerra contrarrevolucionária" o combate não ocorre em campos de batalha, e o inimigo está disseminado na população civil, o controle dos cidadãos é um elemento fundamental para os militares.

Na Argélia, esse controle foi organizado pelo coronel Roger Trinquier e permitia saber quantas pessoas moravam em cada casa e qual era o endereço de cada um dos cidadãos. O historiador Jean-Charles Jauffret comparou esse meticuloso trabalho à organização da população urbana instituída pelo III Reich e pelo regime de Stalin.

"É verdade que torturamos demais." Essa não foi uma confissão de um oficial SS, mas de um oficial francês da Guerra da Argélia, no verão de 2003. Yves de La Bourdonnaye, entrevistado por Marie-Monique Robin em Paris, confirma a tortura, dizendo-se, paradoxalmente, de acordo com *Le livre blanc de l'armée française en Algérie* [Livro branco do Exército francês na Argélia]. O livro foi publicado em dezembro de 2001, e nele 521 generais que serviram na Argélia respondem ao que denominam de "campanha orquestrada pelos jornais *Le Monde* e *L'Humanité*, com a cumplicidade do general Paul Aussaresses".

Neste livro, o general Aussaresses é apresentado por seus ex-colegas de armas como um "mitômano sedento de notoriedade, tomado de exibicionismo senil, conhecido por seu gosto por bebidas alcoólicas".

Obra curiosa, não ousa negar o uso da tortura, mas garante que "o que caracterizou a ação do Exército foi, primeiramente, sua luta contra todas as formas de tortura, de assassinato, ideologicamente desejados e metodicamente organizados e perpetrados pelo adversário, o Front de Libération Nationale, que tomava a população civil como refém".

Com *Le livre blanc de l'armée française en Algérie*, os militares tentavam desqualificar a ovelha negra, Aussaresses, que rompera o pacto de silêncio, jogando em praça pública uma história que deveria ficar enterrada, como os cadáveres dos desaparecidos. O general Hélie de Saint-Marc, veterano das guerras da Indochina e da Argélia, historiador e escritor, chegou a dizer que Aussaresses revelara "segredos de família".

Sabe-se que a tortura quase nunca é assim nomeada pelos seus agentes. A maioria nega peremptoriamente sua prática. Oficiada em locais secretos, raramente é assumida. Apesar de agir em nome do Estado, do qual é funcionário, o torturador procura dissimular e negar as sevícias, praticadas sempre no mais estrito sigilo.

O general Paul Aussaresses é uma exceção à regra.

"A tortura é um crime de guerra, uma expressão da barbárie humana assim como o genocídio, que nenhuma democracia pode praticar, menos ainda legitimar sem renunciar aos princípios que a fundam, à sua própria natureza", escreve o filósofo Michel Terestchenko, ao analisar a mudança das leis americanas, no pós-11 de Setembro, para justificar o uso da tortura na "luta contra o terrorismo".[13]

Segundo o filósofo, depois dos atentados de 11 de setembro de 2001, a tortura se tornou um mal menor para alguns e um bem para outros. Michel Terestchenko demonstra com detalhes como os juristas a serviço da administração George W. Bush legislaram no sentido de uma "justificação legalista da tortura". Foi o caso do memorando de 1º de agosto de 2002, de Jay S. Bybee e John Yoo, do escritório jurídico do Office of Legal Counsel [Ministério da Justiça americano]. O texto diz que "se o objetivo da ação não é fazer sofrer deliberadamente, mas de boa-fé, tem como alvo a busca de informação, não se pode falar de tortura". Através de artimanhas semânticas, os legisladores deixaram a porta aberta aos torturadores americanos em Guantánamo, em Abu Ghraib e no Afeganistão.

A esse texto seguiram-se outros, culminando no Military Commission Act [Lei de Comissão Militar] de setembro de 2006, denominado por alguns de The Torture Law [A Lei da Tortura]. Pela primeira vez, desde 1942, eram instituídos tribunais militares de exceção para pessoas suspeitas de participação em atos terroristas ou que deram apoio a tais atos. E neles eram aceitas provas e confissões obtidas sob tortura.

Um relatório da Anistia Internacional informou que treze anos depois do 11 de Setembro, 50% dos americanos se diziam favoráveis à tortura "se ela permite salvar vidas".

## Guerra civil

"Havia uma guerra civil em vários países da América Latina", disse-me, categórico, o general Aussaresses, qualificando o que se passou em alguns países como Brasil, Chile e Argentina. Na visão militar, a luta contra o comunismo se caracterizou como uma guerra civil. No Brasil, eram brasileiros que matavam brasileiros naquela guerra ao "inimigo interno".

O que está na origem daquela "guerra civil"? O Brasil era uma importante peça no jogo de xadrez das duas potências hegemônicas, Estados Unidos e URSS, e o fantasma de Cuba habitava os espíritos dos militares sul-americanos, doutrinados para ver no comunismo o maior inimigo da "civilização cristã ocidental".

Em janeiro de 1970, em Paris, discursando num encontro na Maison de la Mutualité, em solidariedade ao povo brasileiro que vivia sob a ditadura civil-militar que prendia, torturava e executava os opositores do regime, o filósofo Jean-Paul Sartre perguntou:

> Contra quem treinam os soldados brasileiros no Panamá ou nos Estados Unidos? Contra os soviéticos? Contra os chineses? Ninguém pode pensar numa invasão do Brasil por soviéticos ou chineses. Na verdade, os brasileiros estão confiando seus soldados aos americanos para que estes lhes ensinem a atirar no povo brasileiro. O Exército serve cada vez menos para preparar a defesa contra um eventual agressor externo. Ele se prepara para reforçar a repressão interna.[14]

Sartre falava para um público de exilados brasileiros e de franceses solidários com o combate à ditadura. Todos ainda estavam sob o choque da execução de Carlos Marighella, dois meses antes em São Paulo, pelos homens do delegado Sérgio Fleury. O retrato do líder revolucionário ocupava grande parte do palco da Mutualité. Na mesma reunião, foi lançado o *Boletim número 1* do Front Brésilien d'Information [Frente Brasileira de Informação], criada e liderada por Miguel Arraes, Violeta Arraes e Márcio Moreira Alves.

No mesmo ano em que Sartre criticava a Lei de Segurança Nacional, sem citá-la, pela qual o Exército é preparado "para reforçar a repressão interna", seu compatriota, o coronel Yves Boulnois, adido militar no Brasil, enviava relatórios sigilosos ao Ministério da Defesa para louvar o "prosseguimento, sob todas as formas, da luta contra a subversão, que desde a morte de Marighella, um de seus principais chefes, em novembro de 1969, diminui progressivamente".

O adido acrescenta:

> Os dirigentes desse país parecem que têm o controle da situação mesmo que alguns atos de terrorismo, pouco numerosos, continuem a acontecer. A sabedoria do general Médici, presidente da República, e sua autoridade sobre as Forças Armadas são as causas principais desse período de calma.

Sartre desconhecia a "doutrina francesa" e sua importância na formação dos militares brasileiros. Os franceses eram os ideólogos do regime de 1964 e de sua prática brutal de controle da sociedade, mas o papel fundamental deles nas ditaduras sul-americanas só seria revelado em 2004, com o livro *Escadrons de la mort, l'école française*.

A TORTURA COMO ARMA DE GUERRA — DA ARGÉLIA AO BRASIL

## Esquadrões da morte, escola francesa

Quando este livro foi publicado, especialistas da Guerra da Argélia, como o historiador Pierre Vidal-Naquet, confessaram desconhecer totalmente a importância dos militares franceses nas ditaduras do Cone Sul. Descobriram, estarrecidos, que a tortura como arma de guerra fora disseminada através de literatura especializada e de ensinamento dos franceses nas escolas militares americanas. O próprio general Augusto Pinochet, assim como muitos militares que participaram do golpe no Chile, fez estágio no Fort Benning, onde Aussaresses ensinara.

Argentinos, brasileiros, uruguaios, bolivianos e paraguaios estagiaram tanto no Fort Benning quanto no Fort Bragg, onde o francês também ensinou. Aussaresses reencontrou alguns ex-alunos no Brasil, quando serviu em Brasília como adido militar, oficialmente de 4 de novembro de 1973 a 6 de novembro de 1975. Em 2008, ele não se lembrava de nomes de ex-alunos.

Em seu livro *Services spéciaux – Algérie 1955-1957*, Aussaresses escreveu que na Argélia "o princípio era executar sumariamente um inimigo, a quem se recusava *a priori* a qualidade de combatente, supondo implicitamente que já tínhamos extraído dele todas as informações que podia deter".[15] Estas eram obtidas sob tortura, e no livro o general dá detalhes de casos de torturados que foram posteriormente executados ou "suicidados".

A doutrina do "inimigo interno" não busca apenas a detenção dos opositores, mas sua eliminação, seu extermínio. Os militares chilenos e argentinos entrevistados por Marie-Monique Robin justificaram os "excessos" cometidos: era preciso aniquilar o "inimigo interno". E para isso, na avaliação deles, a tortura era uma arma de combate eficaz e insubstituível.

Não é o que pensa o filósofo Michel Terestchenko. Para ele, "além de ser proibida em todas as modalidades por todas as convenções internacionais, os especialistas são unânimes em reconhecer que a tortura é ineficaz, porque a vítima é levada a dizer tudo o que o torturador espera dela".[16]

A novidade foi a institucionalização e justificação teórica da tortura na doutrina da "guerra moderna", elaborada pelo coronel Roger Trinquier em seu livro *La guerre moderne* [A guerra moderna], estudado e citado por militares americanos e sul-americanos. Desde a Guerra da Indochina, os franceses torturavam, mas a defesa e a sistematização da tortura deram-se na Guerra da Argélia, entre outros, pelo próprio coronel Marcel Bigeard, num manual chamado *Le manuel de l'officier de renseignement* [Manual do oficial de informação], publicado pelo Exército francês e impresso pela editora Lavauzelle, em Paris. O manual contém técnicas de torturas sistematizadas na Argélia. O livro teria sido divulgado e utilizado por numerosos serviços de informação, inclusive os de Augusto Pinochet, de Saddam Hussein e dos Estados Unidos no governo de diversos presidentes.

Foi Roger Trinquier o primeiro militar francês a se debruçar sobre os textos de Mao Tsé-tung para entender a estratégia da "guerra revolucionária" na Argélia, semelhante à que os franceses haviam enfrentado (e perdido) na Indochina. Depois dele, Charles Lacheroy também leu Mao e criou em Paris cursos sobre a "guerra contrarrevolucionária". Lacheroy foi o primeiro a utilizar o termo "guerra revolucionária" para qualificar a guerra feita pelo Viet Minh. No livro de Mao, *La stratégie de la guerre révolutionnaire en Chine* [A estratégia da guerra revolucionária na China], publicado em 1936, e traduzido para o francês em 1950, o jovem coronel Lacheroy viu pela primeira vez o conceito de "guerra revolucionária" e a partir dele criou o seu antídoto, a "guerra contrarrevolucionária", que os militares sul-americanos adotariam depois com entusiasmo.

Em entrevista, Marie-Monique Robin explicou-me:

> O livro de Roger Trinquier, *La guerre moderne*, diz que o terrorista, por sua maneira de operar, sem uniforme, colocando bombas em bairros de civis, não respeita as leis da guerra. Logo, não há razão para que seja protegido pela Convenção de Genebra.[17] O que se passou com o governo Bush em Guantánamo? A prisão foi criada porque eles não podiam receber no território americano prisioneiros que não reconhecem como combatentes. Os EUA assinaram a Convenção de Genebra e seriam obrigados a aplicá-la.

Outra particularidade da Guerra da Argélia foi o apoio de parte da hierarquia da Igreja católica. Robin cita, entre outros, o caso de um padre francês muito próximo dos militares. Num texto de 1957, o padre Delarue justifica o que ele denomina de "interrogatório sem sadismo, mas eficaz". Era uma maneira de dar a bênção para católicos como Jacques Massu e Paul Aussaresses continuarem a exercer os interrogatórios "reforçados".

Para entender a violência, a brutalidade dos franceses na Argélia, é preciso lembrar que eles haviam sido derrotados pelos combatentes Viet Minh na Indochina. No mesmo ano em que se retiraram da Indochina, os franceses se viram dentro do turbilhão dos "acontecimentos" da Argélia. Na nova guerra colonial, decidiram reprimir os independentistas com espírito de revanche contra a História: "Não podíamos perder uma nova guerra", resumiu em seu depoimento a Marie-Monique Robin o general Raymond Chabannes, que participou das guerras da Indochina e da Argélia.

No Brasil, a tortura sempre foi um tema tabu. A revista *Veja* de 3 de dezembro de 1969 fez uma reportagem de capa em que os militares negavam essa prática. Assumindo claramente a defesa do regime, *Veja* intitulou a matéria "O presidente não admite torturas".

A foto da capa era a estátua da Justiça, da praça dos Três Poderes, em Brasília. O presidente que usava *Veja* como porta-voz era o general Emílio Garrastazu Médici, que governava desde outubro daquele ano.

No dia 5 de maio de 1971, em encontro com o general-presidente Médici, no Palácio do Planalto, dom Paulo Evaristo Arns, cardeal-arcebispo de São Paulo relatou episódios de tortura, provavelmente citando o caso dos frades dominicanos ainda presos. Longe das câmeras e dos jornalistas, o ditador foi seco e ameaçador: "Elas existem e vão continuar, porque são necessárias. E a Igreja que não se meta, porque o próximo passo pode ser a prisão de bispos."[18]

Os interrogatórios sob tortura foram praticados desde o início do regime de 1964, conforme comprovou a Comissão Nacional da Verdade. E como se pode ler em livros como *Diário de Fernando* e *Batismo de sangue*, ambos de Frei Betto, grande parte do clero brasileiro foi conivente com o regime e se calou diante das denúncias de torturas feitas por brasileiros exilados, pela Anistia Internacional ou por dom Hélder Câmara em conferências e entrevistas no exterior, que a imprensa brasileira, sob censura, ignorava.

Segundo o general Aussaresses, o governo francês também não levava em consideração as denúncias de tortura feitas por exilados brasileiros. Elas caíam no vazio.

Essa postura da França de ignorar as denúncias feitas por opositores políticos da ditadura é confirmada pelo jornal católico de esquerda *Témoignage Chrétien* que, em maio de 1970, comentando a nova lei de censura de livros, jornais e toda a produção cultural assinalou: "O governo francês acha essa lei normal e faz 'ouvido de mercador' para o que julga 'campanhas difamatórias' contra o Brasil."

A explicação para o alinhamento perfeito com a ditadura vem a seguir: "O ministro da Aeronáutica e um funcionário do Ministério da Economia do Brasil estiveram recentemente em Paris para examinar as condições de compra dos aviões Mirage para equipar o Exército brasileiro."

## O golpe visto pelo adido francês

Os relatórios sigilosos de Aussaresses têm um estilo que faz deles peças raras de ironia e sutileza, num mar de linguagem burocrática e tediosa de seus colegas. Mesmo compartilhando a ideologia dos companheiros de farda, ele consegue manter certo distanciamento ao inserir comentários sutis.

No relatório do adido militar francês Pierre Lallart, de maio-julho de 1964, intitulado "La Révolution Brésilienne de 1964" [A revolução brasileira de 1964], o militar chama de "revolução" o golpe militar. Considerando-a um modelo no seu gênero, o adido compara *"la révolution"* a um jogo de xadrez:

> O general Castelo Branco, que tinha assumido o Estado-Maior do Exército em setembro de 1963, estava a par do movimento de oficiais organizados, mas somente em fevereiro de 1964 aceitou chefiar o grupo, a pedido dos coronéis. Por sugestão do general Cordeiro de Farias, convencido da necessidade de melhorar a coordenação dos grupos militares sob um comando aceito por todos, o coronel Walters, adido militar dos Estados Unidos, teria tido um encontro com Castelo Branco. "General, o que se prepara não é uma nova Cuba, mas uma nova China no continente americano. O senhor é o único a poder reunir a totalidade do Exército", teria dito Walters. Depois de alguns dias de reflexão e solicitado por todos, Castelo Branco aceitou.
> Essa revolução foi conduzida em menos de três dias, na melhor tradição brasileira, através de telefonemas entre generais, de deslocamento de tropas, de cálculos de relações de forças, praticamente sem combates e quase sem derramamento de sangue. Ela confirma a importância das Forças Armadas e das Polícias Militares dos estados na vida política do país e demonstrou suas possibilidades reais de intervenção mesmo

considerando a fraqueza de seus efetivos, de seus equipamentos e a falta de mobilidade em relação à imensidão do país.

Por outro lado, a ineficácia do dispositivo político-sindical e militar do presidente Goulart foi uma surpresa tanto para os brasileiros quanto para os observadores estrangeiros. A total falta de reação das forças de esquerda leva a pensar que elas foram superestimadas quantitativamente e qualitativamente.

A Revolução foi feita e terminou como um jogo de xadrez. Não se toma o rei. Basta deslocar as peças e dar o xeque-mate.

Nesse mesmo relatório, Lallart faz um pequeno perfil dos novos membros do governo militar que assumiu em abril de 1964. Ele escreve: "O general de brigada Ernesto Geisel é considerado no Exército como um oficial inteligente, trabalhador, profundamente patriota e de total integridade. Depois de ter sido durante os dias revolucionários um dos auxiliares do general Castelo Branco, foi chamado para dirigir o Gabinete Militar da Presidência."

Quanto ao general de reserva Golbery do Couto e Silva, apresentado como um dos diretores do Instituto de Pesquisas e Estudos Sociais (Ipes) que dependia da Federação das Indústrias, ele é descrito como um homem de "grande inteligência, muito informado nas questões políticas, econômicas e sociais". Nomeado por Castelo Branco para o Serviço Nacional de Informação, Golbery era visto por Lallart como alguém destinado "a exercer um papel considerável no novo regime". O francês não se enganou.

Dois meses antes do golpe, num relatório de janeiro de 1964, o mesmo coronel Lallart, que serviu no Brasil de 1962 a 1964, comentava que "o general Franco Pontes, comandante da Força Pública de São Paulo, pretendia criar um Estado-Maior operacional de prevenção de distúrbios sociais e políticos e um serviço de defesa contra a subversão". O general Pontes havia pedido ao adido militar francês para organizar, na França, para seus comandados, cursos especializados de luta contra a subversão.

Ao deixar o Brasil em 1964, Lallart tinha cumprido sua missão principal: vender ao Brasil os aviões Mirage. A partir de 1964, a cooperação franco-brasileira se intensificou. Os serviços secretos franceses e o SNI tinham um canal de comunicação permanente a fim de controlar os exilados brasileiros em todo o território da França, mas também em outros países, como a Argélia, destino escolhido, em 1965, pelo governador cassado de Pernambuco, Miguel Arraes, ao ver negado seu pedido de asilo na França.

Em entrevista para este livro, Aussaresses diz:

> Os serviços secretos franceses trabalhavam de braços dados com os brasileiros desde o início. Mas isso era sigiloso. Os serviços de Polícia franceses informavam aos serviços de informação brasileiros que tal terrorista procurado no Brasil estava em Paris e estava hospedado na casa de alguém, que estava sendo controlado.

Pesquisados com profundidade a partir de dezembro de 2005, quando foram entregues à coordenadoria regional do Arquivo Nacional de Brasília, vinculado à Casa Civil da Presidência, os arquivos do SNI revelam a extensão da espionagem exercida pela ditadura sobre milhares de brasileiros entre 1964 e 1985, tanto no Brasil quanto no exterior. Até então, os arquivos ficavam na própria Agência Brasileira de Inteligência (Abin). De acordo com os registros do Arquivo Nacional, 308 mil brasileiros foram fichados pela ditadura. Ao ter o nome inserido no Cada, a sigla do Cadastro Nacional do SNI, a pessoa recebia um código precedido da letra "B" e de um número. As fichas remetem a outros arquivos, todos microfilmados. O material compreende cerca de 1 milhão de páginas sobre o dia a dia desses alvos da ditadura.

Em 1968, um golpe dentro do golpe transformara o regime brasileiro numa ditadura brutal, que implantou o terror e dizimou os opositores. O Ato Institucional número 5 (AI-5), de 13 de dezembro, "deu plenos poderes ao presidente da República, marechal Costa e Silva", como assinalou o adido militar em seu relatório datado de 12 de fevereiro de 1969. Nele, o coronel Yves Boulnois diz que o AI-5 fora apresentado como uma necessidade de "salvar a revolução": "Esta revolução na revolução pretende ser dinâmica e progressista, lutando contra a corrupção e dando prioridade aos objetivos econômicos e sociais."

Progressista? Esse adjetivo soa totalmente absurdo, sobretudo depois de o adido ter explicado a seus superiores em Paris que o AI-5 havia fechado o Congresso e instituído a censura à imprensa. Ele assinala que "as férias dos universitários já iniciadas e a falta de um poder real da Igreja, além das numerosas prisões (muitas preventivas) não permitiam nenhuma reação séria contra a decisão do governo".

Com o AI-5 e todas as medidas repressivas que pôs em prática, muitas organizações de oposição à ditadura entraram na clandestinidade e decidiram passar à luta armada. Por sua vez, o número de exilados políticos aumentou substancialmente.

A historiadora francesa Maud Chirio estima em 10 mil o número de exilados brasileiros na França durante a ditadura. Segundo ela, a Direction de la Surveillance du Territoire [Direção de Controle do Território – DST][19] ocupou papel central monitorando os brasileiros no exílio francês, porque estes começaram a incomodar com seus encontros para denunciar a tortura, como aquele em que Sartre discursou, em janeiro de 1970. Mas havia também a vontade de controlar a ação de guerrilheiros que tentavam voltar ao país.

Para isso, nada melhor que um telefone grampeado. Durante os anos 1970, o método de grampear telefones e deixar os aparelhos de cabines públicas de Paris falando "de graça" para o Brasil facilitou o trabalho dos serviços de inteligência franceses e brasileiros. Os exilados faziam discretas filas perto das cabines e, ao ligar, caíam na armadilha. Depois de algum tempo, alguns deles passaram a desconfiar daqueles telefones públicos que ligavam para o Brasil sem ficha: eram devidamente grampeados para monitorar os passos dos exilados.

Mas não eram apenas os exilados que corriam risco no exterior. Na caça às bruxas que se seguiu ao AI-5, os adidos militares lotados em embaixadas do Brasil foram importantes agentes da delação de "perigosos subversivos". Após aquele Ato Institucional, oficiais designados para representar as Forças Armadas no estrangeiro atuaram clandestinamente como delatores, montando dossiês sobre os funcionários do Itamaraty. Como consequência, em 1969, a Comissão de Investigação Sumária do Itamaraty fez 44 cassações de diplomatas.

Um informe de um coronel da Aeronáutica lotado em Bonn chegou a acusar diplomatas de "pederastia" e "lesbianismo" ou, ainda, de abuso de bebidas alcoólicas. O texto do militar trata a homossexualidade como "um fator de risco para a segurança nacional".[20]

Mas eram principalmente os exilados que preocupavam a ditadura. Em março de 1970, o jornal *Témoignage Chrétien* noticiou a decisão do governo brasileiro de enviar a Paris o delegado Sérgio Paranhos Fleury, "fundador do tristemente famoso esquadrão da morte, um de seus mais cruéis e 'eficazes' torturadores". O jornal acrescenta: "Assim, não contentes em organizar o terror no Brasil, os generais brasileiros não hesitariam em perseguir seus opositores até na França."[21]

Apesar de possível, essa visita do notório torturador a Paris nunca pôde ser provada, até porque os contatos entre os serviços de segurança da ditadura e os serviços secretos franceses eram totalmente sigilosos. No entanto, muitos ex-torturados julgaram ter visto Fleury numa estação de metrô ou numa rua da capital francesa. Foi o caso de frei Tito de Alencar e também de Vera Sílvia Magalhães, que participara do sequestro do embaixador americano, em setembro de 1969. Vera fora um dos quarenta prisioneiros políticos trocados pelo embaixador alemão, em julho de 1970. Meses depois, em janeiro de 1971, Tito fora um dos setenta prisioneiros libertados com o sequestro do embaixador suíço, ocorrido no mês anterior.

## Adido militar era também "vendedor" das armas francesas

Os adidos militares franceses que serviram no Brasil durante a ditadura eram especialistas na "guerra contrarrevolucionária" e alguns deles haviam dado cursos a militares sul-americanos na Argentina (Yves Boulnois), na França (Jean-Louis Guillot) e nos Estados Unidos (Paul Aussaresses). No Brasil, participavam de encontros com a alta cúpula militar e recebiam autoridades, assessorando o embaixador, na sede da Embaixada. Nessas ocasiões, encontravam militares, diplomatas, jornalistas e políticos. Eram observadores privilegiados da política interna e externa do país e alguns, como Paul Aussaresses, eram finos analistas, inclusive da visão e do engajamento de parte do clero brasileiro.

No anexo N de seu relatório anual de 1974, Aussaresses define muito claramente o papel do adido militar de seu governo:

> As atividades de um adido militar são múltiplas. A presente equipe tem se esforçado por cumprir todos os objetivos, tentando realizar um justo equilíbrio de todas as missões que dela se espera: papel de conselheiro do embaixador; papel de "vendedor" das armas francesas; informação; contato com as Forças Armadas brasileiras.
>
> Nossa equipe foi auxiliada por dois fatores: o fato de ficarmos agora em Brasília (não precisamos mais nos dividir entre o Rio e Brasília. Acabou a saudade do Rio) e de toda a equipe (oficiais e secretárias) falar e escrever correntemente o português. No papel de "promotor" dos bens franceses, este adido atribuiu grande importância ao esforço necessário à divulgação dos armamentos franceses... Os contatos foram quase diários. Os mais frequentes são com Thomson e Euromissile.

Um dos adidos militares que precederam Aussaresses, o coronel Pierre Ballart, escreveu em seu relatório de 4 de junho de 1963 que em 1º de maio daquele ano os cardeais e arcebispos brasileiros haviam publicado um Manifesto baseado na encíclica *Pacem in Terris*, no qual se dizem favoráveis à reforma agrária.

> Eles criticam a tradição capitalista que impera no Ocidente. Tal iniciativa vinda do alto clero brasileiro – que se sabe é em sua maioria muito conservador – não deixou de causar grande surpresa. Os observadores se perguntam se essa nova orientação vem do Vaticano ou é local.

Dez anos depois, a Igreja católica progressista continuava a ser uma pedra no sapato da ditadura. Em 26 de setembro de 1973, Jean-Louis Guillot, o adido militar que antecedeu a Aussaresses, escreveu no relatório de fim de missão:

> A Igreja continua sendo a força de oposição mais constante, a juventude estudante que tem tendência à subversão é muito controlada por um regime autoritário e paternalista. A política de desenvolvimento econômico chamada "de integração nacional" está voltada para a valorização do interior do país. O PNB (Produto Nacional Bruto) brasileiro cresce de 10 a 12% ao ano, as exportações progridem e a inflação está sendo controlada.

Louis Guillot fora o responsável pela transferência naquele ano da embaixada francesa do Rio e sua instalação em Brasília. A mudança levou o corpo diplomático a maior proximidade com o poder, mas "estreitou o campo de ação dos adidos militares reduzindo a possibilidade de contatos diversificados", como anotou Guillot.

Em 1975, a mesma Igreja católica ainda continuava a incomodar o regime. Em seu relatório de fim de missão, de 6 de outubro, o coronel Paul Aussaresses narra uma conversa no início de 1974, entre o embaixador francês Michel Legendre e o general Carlos Alberto da Fontoura, chefe do SNI que precedeu Figueiredo. Respondendo ao embaixador quem seria o "calo" no sapato do Brasil no plano internacional, o general disse, sem hesitar: "O Vaticano."

## No Centro de Instrução de Guerra na Selva

Surpreendentemente, não há nos relatórios de Aussaresses a que tive acesso nenhuma menção ao Centro de Instrução de Guerra na Selva, de Manaus, onde ele dava cursos de "interrogatórios coercitivos" e ensinava as lições que os franceses tiraram da Batalha de Argel. Mas em um de seus livros e nas entrevistas para este livro, ele confirmou sua missão como instrutor no CIGS.

Um dos adidos que o precederam no Brasil, o coronel Jean Wartel, menciona a criação do CIGS, no relatório de 6 de julho de 1966, enviado ao Ministério da Defesa:

> Um Centro de Instrução de Guerra na Selva acaba de ser criado a 60 quilômetros de Manaus, na Amazônia. Ele será inaugurado em setembro. Terá como finalidade formar oficiais e suboficiais das três Armas e receberá estagiários estrangeiros. Terá também por missão montar exercícios especiais para as unidades constituídas. A duração dos cursos será de 4 a 5 semanas. Os oficiais que formarão a primeira turma de instrutores se encontram atualmente em estágio no Forte Sherman, na Zona do Canal do Panamá.

Segundo o jornal *Témoignage Chrétien* de dezembro de 1973, mais de 5 mil oficiais e técnicos da Polícia foram formados na Escola no Panamá, depois transferida para Washington. Em seguida, esses oficiais formaram mais de 100 mil policiais latino-americanos. Os agentes treinados nos Estados Unidos se comprometiam a manter confidenciais todos os detalhes do curso e a colaborar com a embaixada americana e as autoridades, "tornando-se assim um agente americano em seu país de origem".

Em São Paulo, Aussaresses visitou a escola que formava policiais, "uma verdadeira escola de torturadores", segundo o jornal. Uma foto do arquivo do general mostra-o em visita à escola.

Dois anos depois da criação do CIGS, o coronel Jean Wartel resume os principais acontecimentos de política interna no relatório secreto de 30 de junho de 1968:

> No plano interno, o mês que passou trouxe novos motivos de preocupação: crise no partido governamental Arena [Aliança Renovadora Nacional], com respeito a projetos governamentais relativos à atividade terrorista que surgiu em São Paulo, através da explosão de uma bomba no quartel-general do II° Exército com o roubo de uma quantidade importante de dinamite num estabelecimento militar e sobretudo a *agitação estudantil* [sublinhado em vermelho no original].

Depois de comentar o recrudescimento em diversas capitais do movimento estudantil brasileiro em maio e junho daquele ano, o coronel Wartel escreve:

> Essa agitação, que sem dúvida alguma foi influenciada pela que aconteceu na França em maio deste ano, se diferencia da francesa em mais de um ponto. Mesmo se ela teve muitas vezes manifestações de antiamericanismo, revelou principalmente reivindicações corporativas em vez de políticas: o maoismo, o castrismo e o anarquismo não inspiraram aquela agitação de maneira marcante. Por outro lado, se não conseguiu o apoio do mundo operário, beneficiou-se do apoio muito importante de parte do clero, que convencionou-se chamar de "progressista".

Aliás, entre essa minoria e o resto da Igreja brasileira, confinada no seu conformismo e inconsciente dos grandes problemas atuais, o abismo só tende a aumentar.

No relatório seguinte, de 31 de julho de 1968, Wartel resume os principais problemas de política interna enfrentados pelo governo militar que ia terminar o ano com a edição do Ato Institucional nº 5, de 13 de dezembro: o problema estudantil, as declarações de bispos e cardeais católicos, a agitação operária e a prisão domiciliar de Jânio Quadros. Ele cita a divisão do clero, que tinha de um lado dom Hélder Câmara e dom Fragoso defendendo a renovação total das estruturas da Igreja, de seu modo de ação, militando por reformas socioeconômicas, e, de outro, uma maioria conservadora que não queria abandonar a linha tradicional. Nesse campo, ele cita dom Sigaud e dom Vicente Scherer.

Em seu relatório de fim de missão, datado de 28 de agosto de 1968, Wartel observou que "todos os responsáveis pela Defesa Nacional, em particular o alto-comando, estão convencidos de que a missão das Forças Armadas não é mais a de assumir a defesa das fronteiras já que nenhum perigo externo se apresenta, mas devem estar preparados para uma ameaça nova, a da subversão".

Era exatamente a linha do discurso de Sartre na Mutualité, em janeiro de 1970: ele denunciava o desvio da missão das forças armadas de defesa do território contra um invasor estrangeiro para atuar na repressão interna.

## De heróis da Resistência a torturadores na "guerra moderna"

Paradoxalmente, os principais militares que instituíram as técnicas de controle de população civil, a tortura e as execuções sumárias na Argélia vinham da Resistência ao ocupante alemão, que invadiu a

França, em 1940, derrotando o Exército francês. Muitos, inclusive Aussaresses, foram condecorados no final da Segunda Guerra, por feitos heroicos durante a Resistência.

A luta de libertação dos argelinos tinha o mesmo objetivo de expulsar um ocupante estrangeiro. Mas nesse caso, os franceses faziam o papel do vilão: eram eles os invasores. A Argélia estava sob domínio francês desde 1830 e era considerada parte integrante da França.

Em sua temporada como instrutor nos Estados Unidos (1961-1963), Aussaresses transmitiu os ensinamentos teorizados principalmente pelo coronel Trinquier no livro *La guerre moderne*. Essa guerra dita "moderna" foi ensinada em cursos ministrados por Aussaresses, primeiramente nos Estados Unidos. Depois, ele prosseguiu a transmissão do *savoir-faire* francês, no Brasil, no CIGS, em Manaus.

Tanto em seus dois livros (*Services spéciaux* e *Je n'ai pas tout dit*), quanto em *Escadrons de la mort, l'école française* ou nas entrevistas para o presente livro, o general Aussaresses sempre se recusou a encarar a tortura do ponto de vista moral. Considerava-a friamente uma arma de combate legítima e eficaz.

A Indochina servira de laboratório. Nessa primeira guerra de libertação nacional que enfrentavam, os militares franceses se depararam com um inimigo sem uniforme, extremamente móvel, disseminado na população civil, combatendo através de táticas de guerrilha. O coronel Jean Compagnon contou:[22]

> Na Segunda Guerra Mundial, fizemos uma guerra tradicional, com um front para o qual progredíamos para enfrentar as linhas inimigas e fazê-los recuar. Na Indochina, não havia front, era uma guerra de superfície, com inimigos que estavam em toda parte, na frente, atrás, ao lado. Tínhamos que estar em alerta permanente.

A realidade era, portanto, totalmente diferente da guerra tradicional com dois exércitos se enfrentando com armamentos convencionais, mais ou menos similares, e com soldados em uniforme.

De volta a Paris, Charles Lacheroy propõe "uma visão global da guerra revolucionária que o comunismo internacional desencadeou contra o mundo livre, através de uma verdadeira modelização do processo subversivo em escala mundial".[23]

O coronel Trinquier, adepto dos interrogatórios "fortes" ou "coercitivos", escreveu que "a tortura é uma arma empregada em todas as guerras subversivas. Todo prisioneiro feito numa guerra desse tipo falará, a menos que se suicide".

Em seu livro *Je n'ai pas tout dit*, Aussaresses respondeu à pergunta se era Figueiredo quem dirigia os esquadrões da morte: "Sim, claro, mas é uma maneira de falar. Não se dizia esquadrões da morte, não se apresentava assim."[24]

Ele relatou no livro uma sessão de tortura dirigida pelo próprio João Batista Figueiredo, então chefe do SNI. A torturada era uma moça que Aussaresses encontrara no Hôtel Lutétia de Paris. Ela chegara ao Brasil e fora presa, pois os órgãos de informação suspeitavam que fosse uma agente do Komitet Gosudarstrennoi Bezopasnosti [Comitê de Segurança do Estado –KGB] enviada para matar o francês. A moça não resistiu às torturas.[25]

*Je n'ai pas tout dit* tem uma grande importância histórica. Foi a primeira vez que um militar de alta patente implicado na formação de militares brasileiros afirmava que a ditadura brasileira utilizara a tortura, como os franceses haviam feito, sobretudo na Argélia.

**Tortura como política de Estado**

Em sua apresentação dos ministros de Geisel, que tomaram posse em março de 1974, o coronel Aussaresses anotou que Figueiredo, que assumia a chefia do SNI, e Dale Coutinho, no Ministério do Exército, eram "partidários da linha-dura, tendo tido ambos um papel importante na Operação Bandeirantes (São Paulo, 1969-1970), criada para eliminar a subversão armada".

A Operação Bandeirantes foi a primeira experiência da estrutura de coleta de informações e ações de comando concebida segundo a doutrina francesa.

Alguns meses antes, em novembro de 1973, o recém-chegado adido militar fizera em seu primeiro relatório uma previsão do que seria o próximo governo e mencionara a perspectiva de venda de equipamentos franceses:

> As altas autoridades militares brasileiras parecem receptivas em relação à França, contudo nossa importância é decrescente e são os Estados Unidos que ganham em influência. Por outro lado, as autoridades reconhecem unanimemente que há uma necessidade de modernizar o país. Apesar de haver uma mudança prevista em todos os postos de alto nível por ocasião da posse da equipe do general Geisel, em 15 de março próximo, não parece que a política oficial vá ser modificada. Segundo declarações do ministro da Marinha, o Brasil teria interesse em adquirir um submarino e um navio porta-helicópteros.

Mais adiante, mostrando intimidade com o poder, Aussaresses se refere ao ministro do Exército Orlando Geisel, que lhe disse: "O senhor representa a tradição militar francesa que inspirou a Escola Superior de Guerra brasileira."

Apenas dois meses depois do golpe no Chile, Orlando Geisel, que comandou a ajuda brasileira aos golpistas, revelou a Aussaresses "seu reconhecimento à escola francesa por ter dado a seus estagiários uma formação política que permitiu a alguns ter um papel útil em seus países. Ele constatou, contudo, que a influência francesa diminuía em proveito dos Estados Unidos, a quem rendia homenagens por ter tido um papel essencial na manutenção da paz na crise recente".

Orlando Geisel se referia ao Chile e a "manutenção da paz" era a derrubada de um presidente eleito e a instalação de um regime de terror, que resultaria em milhares de mortos e desaparecidos. O relatório tem ainda o mérito de revelar o "papel essencial dos Estados Unidos" naquele golpe.

Na entrevista para este livro, Paul Aussaresses disse que não sabia exatamente que armas a ditadura brasileira enviou ao Chile no 11 de Setembro de 1973.

"Mas o Brasil enviou aviões, inclusive franceses, com bombas fabricadas na França pela sociedade Thomson-Brandt", informa.

Apesar de garantir que não tomou conhecimento da organização da Operação Condor enquanto viveu no Brasil, o general Aussaresses informou na entrevista deste livro que os agentes secretos franceses participaram ativamente dessa organização internacional do terrorismo de Estado, criada em reunião secreta em Santiago do Chile, em outubro de 1975: "Depois que voltei à França, tomei conhecimento dos detalhes, de como ela funcionava." A Operação Condor era uma aliança entre as ditaduras instaladas no Cone Sul – Argentina, Bolívia, Brasil, Chile, Paraguai e Uruguai – para a realização de atividades coordenadas, de forma clandestina e à margem da lei, com o objetivo de vigiar, sequestrar, torturar, assassinar e fazer desaparecer militantes políticos que faziam oposição aos regimes militares da região.

De fato, a operação Condor foi inaugurada em final de 1975. Segundo o historiador americano John Dinges,[26] essa internacional do terror que reuniu as ditaduras do Cone Sul começou como iniciativa do coronel Manuel Contreras Sepúlveda, diretor do serviço de inteligência chileno. Documento encontrado nos arquivos paraguaios datado de outubro de 1975 ajudou historiadores a fixar a data de nascimento da Operação Condor numa "Reunião de Trabalho" convocada por Contreras, em Santiago do Chile, entre os dias 25 de novembro e 1º de dezembro de 1975. O texto assinalava que a reunião tinha "caráter estritamente secreto". O documento era dirigido ao general de divisão paraguaio Francisco Brites, chefe da Polícia da República do Paraguai.

Contreras afirma esperar que a reunião "possa ser a base de uma excelente coordenação e melhor ação em benefício da Segurança Nacional de nossos respectivos países".[27]

Apesar de não existir ainda oficialmente, a "troca de informações", que Aussaresses menciona no seu relatório secreto de setembro de 1974, é um ensaio do que seria a Operação Condor:

> A concorrência americana continua, evidentemente, muito forte. Os Estados Unidos exercem grande influência no país. O Brasil participou do exercício naval Unitas que terminou no dia 16. Suas forças teriam tido uma participação brilhante. Foi comentado que a visita nesse mesmo mês do chefe do Estado-Maior do Exército uruguaio era prova de uma vontade de independência em relação aos Estados Unidos: Uruguai, Argentina, Paraguai e Brasil se uniriam pelo menos para uma troca de informações no sentido de enfrentar a proliferação de guerrilhas originárias da Argentina. Esta união se situaria num contexto independente dos Estados Unidos. Não se pode garantir.

Em dezembro do mesmo ano, ele escreveu em seu relatório uma observação que aponta para uma preocupação com as fronteiras e com a ação de revolucionários nos diferentes países da América do Sul.

> Na realidade, a preocupação da Presidência de conservar uma organização e métodos que dão prioridade à manutenção da ordem é justificada. Desde novembro, os serviços de informação tomaram conhecimento de ameaças sobre a segurança de pessoas ou instituições vindas de grupos que passam facilmente as fronteiras da Argentina, Uruguai e Paraguai onde a pequena densidade de populações e o pequeno número de policiais

tornam fácil a camuflagem e o deslocamento. O assassinato em Paris pelos Tupamaros do adido militar uruguaio foi levado a sério pelo governo brasileiro.

A concorrência com os americanos para a venda de armas ao Brasil é recorrente nos relatórios dos adidos militares franceses. No relatório anual de 1974, Aussaresses explica a observação que fizera sobre a influência dos rivais americanos junto ao Exército brasileiro.

> A importância do Exército americano é muito forte. Existe uma "Comissão militar mista Brasil-Estados Unidos" da qual faz parte uma missão militar cuja influência é notória. O destaque dado nas cerimônias militares ao chefe dessa missão, o general de divisão Kendall, é uma prova. Além disso, em postos-chaves estão ex-adidos militares brasileiros nos Estados Unidos, entre outros, no gabinete militar do presidente da República e na chefia do III Exército. E o chefe do I Exército é considerado pelos americanos um de seus grandes amigos.

O adido confirma o que os historiadores sabem: os militares brasileiros continuavam a ser treinados nos Estados Unidos. Ele escreve no mesmo relatório sobre o envio a Escolas Militares americanas de um número importante de estagiários brasileiros: "Pode-se considerar que todos os comandantes das grandes unidades – inclusive das brigadas – passaram por estágios nos Estados Unidos, pelo menos pela Escola do Canal (do Panamá) que tem em permanência dois instrutores brasileiros."

Disso resulta que até mesmo na instrução e no modo de agir, os militares brasileiros têm a mesma cultura dos americanos, segundo o adido francês. Quanto ao papel da França, ele diz:

> Os generais de cabelos brancos lembram-se de seus instrutores, os "velhos mestres" da Missão Francesa, que teve como primeiro chefe o general Gamelin, em 1919. Mas essa influência

é hoje quase que apenas lembrança. O general Orlando Geisel, ex-ministro do Exército e irmão do presidente atual, me dizia um dia enfatizando o declínio da influência francesa: "Os americanos nos ensinaram a eficácia."

Continuando suas observações, Aussaresses diz que se encontram ainda em postos importantes oficiais formados pelo pensamento militar francês e favoráveis à França. E cita o general Moacir Barcelos Potiguara, então comandante do IV Exército, a quem a França devia a escolha do míssil francês ROLAND, em detrimento do britânico RAPIER ou do americano CHAPARRAL, quando Potiguara chefiava o Departamento de Material Bélico. Segundo o adido francês, se a França viesse a ter mais encomendas na reestruturação da indústria bélica brasileira deveria a esse militar.

O general Potiguara foi condecorado com a Légion d'Honneur francesa.

Nas entrevistas que fizemos, o general Aussaresses informou que os paraquedistas encarregados de operações de Polícia em Argel tinham ordem de obter informações "por todos os meios", inclusive a tortura. Ele evocava com frequência as "circunstâncias" para justificar a tortura praticada por ele e seus colegas na Argélia. Mas, apesar de admitir sem meias palavras diversas práticas de tortura durante os interrogatórios, detalhando inclusive os métodos praticados, o general sempre apresentou seu uso como uma decisão política das altas autoridades civis francesas.

Torturas e execuções sumárias andavam juntas, tanto na Argélia quanto no Brasil dos generais.

Em 2014, o advogado e coordenador da Comissão Nacional da Verdade, Pedro Dallari, sustentou que:

> Tratava-se de uma política de Estado, e não apenas de excessos ou acidentes. E hoje está mais que demonstrado não só que houve graves violações de direitos humanos, mas que

essas violações não foram produtos da ação isolada de alguns psicopatas, casos fortuitos, foram produto de uma atividade planejada, sistemática.

O historiador Daniel Aarão Reis defende a mesma posição:

> A tortura não se realizou nos porões, esta é uma metáfora imprópria. Realizou-se nas salas de visita ou nas salas de jantar. Ninguém pode ousar dizer que a ignorava. Além disso, como já diziam os romanos, a ignorância não é argumento. Praticaram-se neste país a tortura e o assassinato seletivo. Não foi um excesso de boçais, embora fossem boçais os torturadores. Mas a ordem vinha de cima, havia uma cadeia de comando, desde o presidente da República, passando pelos ministros civis e militares, alcançando os comandos de tropas, envolvendo as instituições. Todos sabiam. E mandavam fazer. Alguns podiam sentir ânsias de vômitos. É irrelevante, o fato é que participavam.[28]

Um relatório da Anistia Internacional de 12 de outubro de 1972, publicado pelo *Témoignage Chrétien*, listou os diversos tipos de tortura infligidos aos presos políticos brasileiros.[29] Segundo uma das vítimas, a assistência médica "tinha como objetivo tornar as torturas mais dolorosas e evitar a morte do prisioneiro". A assistência de um padre era sistematicamente recusada e as missas nas celas eram consideradas reuniões políticas.

Os casos de tortura e sevícias desse dossiê foram relatados e assinados por nove ex-presos políticos brasileiros e confirmados por outras testemunhas. O documento, que cobre o período de março de 1969 a junho de 1972, registra 12 mil prisioneiros políticos, 15 mil exilados, e pelo menos 500 pessoas mortas sob tortura ou desaparecidas, além de 2 mil processos políticos por ano. Para cada ano relatado, o nome dos torturadores, o local das torturas e o nome dos presídios eram indicados, o que fazia do relatório uma acusação irrefutável ao governo do presidente Médici.

As modalidades de tortura citadas no relatório da Anistia Internacional mostram que havia uma ampla gama de suplícios à disposição do torturador: choques elétricos nos olhos, na boca, nas partes genitais (vagina, pênis e ânus); introdução de um bastão no ânus; afogamento; injeção do "soro da verdade"; telefone (tapa nas orelhas); pau de arara (nu, suspenso, a cabeça pendendo para baixo, braços e calcanhares atados numa barra de ferro, o preso é espancado e submetido a choques elétricos durante horas); o preso é despertado de hora em hora durante a noite; o preso era levado para um local isolado, com um capuz preto na cabeça, para simulação de fuzilamento; mulheres eram espancadas e chicoteadas em todo o corpo, inclusive nas partes genitais; privação de luz natural durante o dia e iluminação artificial durante toda a noite.

Os jornais brasileiros, sob censura, foram proibidos pelo governo de fazer qualquer menção a esse relatório ou à Anistia Internacional.

O texto da Anistia Internacional também dava informações sobre a existência de uma "escola superior de torturas", a Operação Bandeirantes, "onde a tortura é aplicada segundo uma técnica bastante precisa, constante e rotineira, praticamente idêntica para todas as vítimas".

A conclusão do relatório é que "a tortura torna-se, assim, um instrumento de poder e transforma-se em política de governo".

Em seu relatório do ano seguinte, 1973, a Anistia Internacional assinala que no Brasil a tortura dos presos políticos era acompanhada por médicos, o que mostra que ela tem escolas, instrutores e um corpo técnico especializado. Um trecho do relatório diz: "Os brasileiros hoje aplicam métodos audiovisuais, onde o torturado não vê mais seu torturador. O preso fica fechado em uma cela branca onde spots luminosos projetam nas paredes, em intervalos irregulares, flashes tão fortes que chegam a cegar. Ao mesmo tempo, vários alto-falantes irradiam, ininterruptamente, gritos e barulhos diversos, sons graves e agudos."[30]

Os militares brasileiros já haviam, então, incorporado as novas técnicas de tortura importadas da Inglaterra, que foram somadas aos suplícios dos franceses e a tradicionais métodos conhecidos desde o Brasil Colônia.

Um artigo de dezembro de 1973 do jornal *Témoignage Chrétien* afirmava que "a tortura é parte do milagre econômico brasileiro e mesmo um elemento indispensável. Neste sentido, podemos afirmar que a tortura no Brasil tem uma característica diferente daquela praticada na Idade Média, pela Gestapo na França ou pelo Exército francês na Argélia. No Brasil, a tortura não serve apenas para obter confissões ou informações. Por isso se torturam familiares de suspeitos, mulheres são torturadas diante de seus maridos, presos são supliciados diante de outros presos: para que as testemunhas possam contar os horrores a que assistiram e ajudem a criar um clima de terror, medo e insegurança propício à submissão".

A questão não é, pois, saber se a tortura é útil em matéria de informação. Um dos objetivos dela é semear o terror, como constata Michel Terestchenko: "Praticada em grande escala pela França na Argélia, pelos Estados Unidos no Iraque e no Afeganistão ou por Israel na sua luta contra a Intifada, o objetivo dela é a intimidação e a instauração de um clima de terror."[31]

Segundo Terestchenko, é exatamente isso que confirma um soldado israelense citado por Darius Rejali em seu livro *Torture and Democracy* [Tortura e democracia]: "Eu não esperava que um árabe me dissesse algo se batêssemos nele. Nós o espancávamos, só isso. (...) Não esperava que ele parasse de jogar pedras na semana seguinte. Sabíamos que nos odiaria ainda mais depois de passar por esses maus-tratos."[32]

Para o filósofo, o Estado democrático que tortura nega os princípios sobre os quais foi fundado. "Ele se nega a si mesmo como Estado de direito, como instância que serve de intermediária entre os cidadãos, e virtualmente entre todos os homens, no contexto simbólico da Lei, noção que aqui deve estar em letra maiúscula."[33]

"No quarto dia, sabendo que voltaria a ser torturado, tentei me suicidar cortando a veia do braço esquerdo, na altura da dobra, para pôr fim às torturas e denunciar assim que o Brasil não é mais somente o país do samba, do futebol e de Pelé mas é também um grande campeão da tortura."

(Depoimento de frei Tito de Alencar Lima, em janeiro de 1971, no filme *Brazil: A Report on Torture*)


"Entre 1965 e 1970 os militares brasileiros se tornam especialistas da tortura a ponto de exportar mais tarde seu *savoir-faire* ao Chile do general Pinochet."

(Marie-Monique Robin, *Escadrons de la mort, l'école française*)

## 2. Rubens Paiva e Vladimir Herzog
A escola francesa

Ao ler *Services spéciaux – Algérie 1955-1957,* pude constatar estarrecida que as mortes de Rubens Paiva e Vladimir Herzog, em 1971 e 1975, respectivamente, foram uma espécie de *replay,* reedição de dois casos ocorridos alguns anos antes, na guerra da Argélia.

O *modus operandi* dos casos Paiva e Herzog se assemelha, nos mínimos detalhes, ao que se passara na Argélia, em 1957: o chefe do Front de Libération Nationale Larbi Ben M'Hidi – um resistente nacionalista tão importante para os argelinos quanto Jean Moulin, morto sob tortura pela Gestapo, para os franceses – teve, como Herzog, sua morte sob tortura (nas mãos dos homens de Aussaresses) atribuída a um suicídio por enforcamento. E o jovem professor de matemática Maurice Audin, como Rubens Paiva, teve seu desaparecimento transformado em "evasão". Os corpos de Audin e Paiva nunca foram encontrados.

Os militares brasileiros aprenderam com seus colegas franceses todas as lições da "guerra contrarrevolucionária". Os "mestres" em técnicas de interrogatório e no controle das populações civis, desaparecimentos e execuções sumárias disseminaram seu saber entre alunos aplicados.

O adido militar francês que precedeu Aussaresses, coronel Jean-Louis Guillot, assinala em um de seus relatórios ao Quai d'Orsay, citado pelo historiador Rodrigo Nabuco de Araújo, que "os métodos desenvolvidos pelo Exército francês na Argélia são amplamente aplicados no Brasil, tanto para combater a guerrilha urbana quanto para exterminar a resistência rural". Descrevendo a ação militar em São Paulo, Guillot observa: "Estamos revivendo uma verdadeira Batalha de Argel."[1]

Em Argel, os paraquedistas do general Massu partiam altas horas da noite para invadir as casas do Centro histórico (*casbah*, em árabe), onde vivia a população muçulmana, procurando ativistas, antes de entrarem pela madrugada interrogando os presos. Desde então, Aussaresses teve seu relógio biológico totalmente modificado: até o fim da vida só conseguia pegar no sono altas horas da madrugada e dormia até as 13 horas, quando começava o dia com um alentado *petit déjeuner* [café da manhã].

Antes de ingressar no Exército durante a Segunda Guerra Mundial, o jovem Aussaresses se preparava para uma carreira literária e chegou a ganhar um importante prêmio de tradução latina. O poeta latino Virgílio era um de seus favoritos, juntamente com os poetas Charles Péguy e Louis Aragon.

Como explicar que homens letrados, como Aussaresses, antigos membros da Resistência contra o invasor alemão, tenham empregado na Argélia os mesmos métodos da Gestapo?

Não somente utilizaram os mesmos métodos como os transmitiam como um saber importante na formação dos comandantes na escola Jeanne d'Arc, criada na Argélia pelo coronel Marcel Bigeard, em maio de 1958, e chamada oficialmente de Centre d'Entraînement à la Guerre Subversive [Centro de Treinamento para a Guerra Subversiva]. Foi o primeiro centro de treinamento de militares para a nova guerra, a "guerra revolucionária" ou "guerra subversiva", como a chamavam então.

Em 1966, inspirados provavelmente neste centro de treinamento os militares brasileiros criaram o Centro de Instrução de Guerra na Selva, com sede em Manaus, onde o general Aussaresses dava, sem dúvida, as mesmas lições que o então coronel Bigeard transmitia aos seus oficiais: uma tortura "humana":

1. É preciso que a tortura seja limpa; 2. Que ela não seja realizada em presença de jovens; 3. Que não se faça na presença de sádicos; 4. Que seja feita por um oficial ou por um responsável; 5. Que seja "humana", isto é, que pare logo que o indivíduo falou e que não deixe vestígios.[2]

A formação dos militares brasileiros na doutrina elaborada pelos franceses foi lenta, gradual e segura. De outubro a dezembro de 1961, três oficiais brasileiros (Walter Mesquita de Siqueira, Danilo da Cunha Mello e Paulo Campos Paiva)[3] foram destacados a Buenos Aires, onde entraram diretamente em contato com a nova doutrina. No mesmo ano, o coronel Humberto de Sousa Melo assumiu as funções de adido militar brasileiro em Buenos Aires, tornando-se um observador privilegiado no momento em que se criava ali o primeiro curso interamericano de "guerra contrarrevolucionária".

Em 1961, o general Aurélio de Lira Tavares escreveu que na semântica brasileira "o termo 'revolução' tem uma conotação positiva e indica uma evolução, enquanto que o termo 'insurreição' é negativo".[4] As diversas intervenções militares da história brasileira tendo sido designadas como revoluções, estava feita a escolha. O movimento militar não deveria chamar-se "guerra contrarrevolucionária", como na doutrina francesa, que chama de "revolução" as insurreições de origem comunista. No Brasil, Lira Tavares defendia que o golpe de Estado em curso deveria assumir o campo semântico positivo da palavra "revolução".

Assim, o golpe foi apresentado como uma Revolução, os golpistas tornaram-se "revolucionários" e os verdadeiros revolucionários passaram a ser apontados como "terroristas" ou "subversivos".

Em 1963, o livro *Les guerres insurrectionnelles et révolutionnaires*,[5] do coronel francês Gabriel Bonnet, foi publicado no Brasil, com introdução do coronel Carlos de Meira Matos. Em seu texto,

Meira Matos ressalta o fato de que essa forma de guerra moderna tem caráter muito mais político e psicológico do que militar.

Citando a tese de Mariana Joffily,[6] o historiador Rodrigo Nabuco de Araújo observa que a Operação Bandeirantes, criada em junho de 1969, nasceu sob o signo da clandestinidade, no interior dos serviços de informação do Exército, exatamente como os grupos de choque na Guerra da Indochina. Ele escreve: "Seu arcabouço institucional é secreto, seus homens agem no mais completo sigilo, suas ações são encobertas pela rigorosa censura da imprensa, que impede a divulgação do resultado das investigações. Os oficiais e policiais integrados ao dispositivo executam operações criminosas, em nome da defesa interna, na ilegalidade, acobertados pelo sigilo, em total impunidade."

A semelhança entre a Operação Bandeirantes e os serviços Renseignement, Action, Protection [Informação, Ação, Proteção – RAP], criados em 1956, não é mera coincidência, segundo Nabuco. As operações de contraguerrilha em São Paulo, em 1969 e 1970, têm como modelo a Batalha de Argel. Na Argélia, o Centre de Coordination Interarmées [Centro de Coordenação Integrado – CCI] aparece em 1957 como parte de uma reflexão sobre a organização dos serviços de informação, divididos em três seções das quais dependem os Détachements Opérationnels de Protection [Destacamento Operacional de Proteção – DOP]. O historiador escreve:

> Resultado da colaboração entre policiais e militares durante a Operação Bandeirantes, o Destacamento de Operações Internas (DOI) elege a doutrina da guerra revolucionária como verdadeira espinha dorsal das forças armadas. A semelhança entre as siglas francesa e brasileira não é um mero acaso.

Também não foi por mero acaso que após a criação da Operação Bandeirantes em 1969 (depois transformada em DOI-Codi, nos moldes do funcionamento da repressão dos serviços de informação franceses em Argel), a luta armada foi praticamente erradicada. Seus principais líderes, Carlos Marighella, Carlos Lamarca e Joaquim Câmara Ferreira, foram eliminados: os dois primeiros, executados pela repressão e o terceiro, sob tortura.

## General Paiva Chaves desqualifica a Comissão Nacional da Verdade

Dia 10 de dezembro de 2014, quase trinta anos depois do fim da ditadura, a Comissão Nacional da Verdade (CNV) entregou à presidenta Dilma Rousseff o relatório final, resultado de mais de dois anos de trabalho. O texto do relatório demonstra, apoiado em extensa documentação, que crimes como detenções ilegais, torturas, violência sexual, execuções sumárias, ocultação de cadáver e desaparecimento forçado de opositores políticos não constituíram exceções nem eram praticados por grupos ou por agentes do Estado (policiais e militares) fora do controle de seus superiores.

Segundo o relatório, cerca de 20 mil pessoas foram vítimas de torturas que faziam parte de uma gama de 30 tipos de sevícias aplicadas pelas Forças Armadas em todo o território nacional. As análises da CNV levaram à conclusão de que essas violências faziam parte de uma política de Estado e eram do conhecimento de toda a linha de comando da repressão política, começando no presidente da República e passando por ministros e comandantes militares.

No capítulo 9 do 1º Volume do Relatório da CNV, intitulado "Tortura", pode-se ler:

> De acordo com o jornalista Antonio Carlos Fon, em sua obra pioneira *Tortura: a história da repressão política no Brasil*, o general Hugo de Andrade Abreu teria afirmado: "Em fins de 1970, enviamos um grupo de oficiais do I Exército à Inglaterra para aprender o sistema inglês de interrogatório. O método consiste em colocar o prisioneiro em uma cela sem qualquer contato com o mundo exterior."

Segundo Fon, o sistema inglês foi introduzido no país pelo general Sylvio Frota, então comandante do I Exército. De acordo com o jornalista brasileiro, a modalidade de tortura conhecida como "geladeira" foi o principal equipamento do "sistema inglês". Elio Gaspari, em sua obra *A ditadura escancarada*, também trata da assessoria britânica à tortura no Brasil, mencionando a vinda, em 1968, de uma equipe daquele país especializada em técnicas de interrogatório, bem como a viagem a Londres, dois anos depois, de oficiais do I Exército, para estudar o chamado "sistema inglês", que buscava uma "tortura limpa": Em 1971, o tenente Amílcar Lobo, psiquiatra por formação, foi chamado ao quartel-general para uma reunião com dois especialistas em interrogatórios. Falavam português com sotaque e explicaram-lhe o projeto: "Salas refrigeradas, totalmente escuras, sem janelas e com um ruído sonoro de alta frequência." O andar térreo do Pelotão de Investigação Criminal (PIC) da Barão de Mesquita entrou em obras. Caminhões militares descarregaram caixas misteriosas. Construíram-se quatro novos cubículos. Um, forrado de isopor e amianto, era uma geladeira. Outro, uma câmara de ruídos. O terceiro era todo branco e o último, preto. Cada cubículo era vigiado por meio de um sistema de escuta capaz de registrar alterações no ritmo respiratório do prisioneiro. Eram variantes das técnicas usadas pelo Exército inglês contra os terroristas irlandeses. Destinavam-se a desestruturar a personalidade dos presos sem que fosse necessário tocá-los. Um manual de interrogatórios da CIA [Central Intelligence Agency – Agência de Inteligência] ensinava, desde 1963, que, privadas dos estímulos sensoriais, as pessoas passavam por alucinações, desenvolviam superstições e afeiçoavam-se a qualquer coisa viva. A tortura que não tocava o prisioneiro humilhou a Coroa britânica, obrigada publicamente a aboli-la.

O relatório informa que 210 pessoas continuam desaparecidas de um total de 434 casos de opositores políticos mortos ou desaparecidos. Além desses, milhares de camponeses e índios foram mortos, mas nem todas as histórias individuais puderam ser levantadas. O número deles se eleva a cerca de 11 mil. O documento apontou os nomes de 377 agentes de Estado responsáveis por violações de direitos humanos entre 1964 e 1985, entre eles os presidentes militares.

Desqualificando o trabalho monumental da CNV, o general Armando Luiz Malan de Paiva Chaves, de 87 anos, que entrevistei por telefone no dia 14 de dezembro de 2014, diz que nunca ouviu falar de torturas durante o regime inaugurado em 1964. O general Paiva Chaves é irmão do general Carlos Alfredo Malan de Paiva Chaves, já falecido, grande amigo de Aussaresses no Brasil. O pai de ambos, capitão Carlos Flores de Paiva Chaves, estudara na França.

O nome de Armando Luiz de Paiva Chaves não consta da lista de torturadores apresentada no relatório final da Comissão Nacional da Verdade. Mas no site Documentos Revelados seu nome estava na "Lista de Torturadores".[7] Aparece também no site do Proyecto Desaparecidos sob o título "Pequena Lista dos Repressores Braziletros [sic] – Lista detalhada dos torturadores da ditadura".[8] Seu nome consta, ainda, na lista de torturadores no blog de Luis Nassif.[9] E faz parte da lista publicada na imprensa, disponível na Hemeroteca Digital Brasileira, dos torturadores do DOI-Codi, em 1970.[10] Sua biografia sucinta o apresenta como coronel de cavalaria do Exército e chefe do DOI-Codi em 1971. Ele tinha 43 anos. Armando Luiz de Paiva Chaves recebeu a Medalha do Pacificador, do Exército brasileiro.

No site do Grupo Terrorismo Nunca Mais, um texto assinado pelo general Armando Luiz Malan de Paiva Chaves sob o título "A verdade, como foi difundida pelo terrorismo e como o será pela comissão que se propõe a apurá-la" diz:

> Quem procurar no Google por "Armando Luiz Malan de Paiva Chaves" encontrará, em vários "sites" coletados, além de uma inexistente corretora de valores, a mesma acusação apresentada na Câmara Federal pelo deputado Genoíno,

transcorridos 26 anos! É com dados falsos desse jaez que a Comissão da Verdade manipulará os registros históricos para incriminar servidores civis e militares que enfrentaram o terrorismo. Serão acusados de tortura pelos que, sem apresentarem provas, usaram este argumento para justificar a delação de companheiros. E as ações criminosas dos grupos armados serão encobertas por tarjas pretas nos documentos oficiais, como já constatado, para que fique demonstrada sua patriótica luta pela democracia, ensinada e treinada por sangrentos instrutores cubanos e afins.[11]

Em 27 de agosto de 2014, o general assinou no Blog do Horácio um texto intitulado "Tortura". Num dos parágrafos, diz:

> Um pai que pressiona o filho para dizer a verdade exerce uma ação psicológica. Um interrogador que exerce o dever de obter a confissão de um preso não pode sentar-se à sua frente e esperar que confesse. Vale-se de recursos psicológicos para induzi-lo a tal. A variedade desses meios corre por conta do interrogador, mas lhe é vedado desrespeitar a dignidade do interrogado, submetendo-o a sevícias e castigos corporais. Os militares respeitaram a dignidade dos suspeitos. Ainda que tenham ocorrido exceções, foram investigadas quando chegaram ao conhecimento das autoridades e, sempre que comprovadas, receberam as devidas punições.[12]

Essa mesma defesa incondicional dos militares que "sempre respeitaram a dignidade dos suspeitos" e "investigaram e puniram" quando comprovaram desvios foi repetida na nossa conversa por telefone. O general parece ter sua memória intacta. Rememorou sua carreira, citou os cargos que exerceu e os generais presidentes de quem foi próximo e com quem trabalhou. Mas desmentiu a informação da internet de que comandou o DOI-Codi em 1971.

A seguir, parte de nossa conversa:

GENERAL PAIVA CHAVES: Aussaresses era um soldado. Inspirava total confiança. Não cheguei a ter muito contato com ele, mas era um indivíduo com uma apresentação muito boa, com uma base de cultura muito boa, uma pessoa muito respeitável. Essa participação dele na Indochina, na Argélia, mostra que ele era um verdadeiro militar. Pelo que meu irmão dizia, havia uma afinidade política muito grande entre eles dois.

Quando lhe perguntei como avaliava o relatório da Comissão Nacional da Verdade, entregue quatro dias antes à presidenta Dilma Rousseff, o general Paiva Chaves fez um longo discurso:

GPC: Tive uma vida militar muito ligada a esse período do governo dos militares. No início do processo revolucionário, eu era instrutor da Escola de Estado-Maior do Exército com parte ativa dos primeiros movimentos até o período do governo Figueiredo, quem efetivamente promoveu a abertura. Trabalhei na campanha presidencial dele e depois fui promovido a general e felizmente deixei o palácio do Planalto. Felizmente, porque voltei à tropa e ao Exército, minha profissão. Acompanhei muito de perto, inclusive exercendo cargos de confiança, todo esse período de 1964 até 1985. Convivi com muitos chefes militares que tiveram posição exponencial na vida pública. Trabalhei com o general Orlando Geisel, que era ministro do Exército, de quem fui assistente durante todo o governo do presidente Médici. Com o general Ernesto Geisel, eleito presidente da República, trabalhei no SNI no Palácio do Planalto, sob as ordens do general Figueiredo a quem acompanhei na campanha e servi nos primeiros anos de governo. Tenho uma visão bem precisa do que aconteceu ao longo desse período. Reconheço que possa ter havido excessos, mas absolutamente não concordo com essa generalização da Comissão da Verdade.

Com qual generalização o senhor não concorda?

GPC: Essa generalização de toda essa violência que a Comissão da Verdade diz que houve. Podem ter ocorrido casos isolados.

Mas o general Geisel, em depoimento para o CPDOC, admitiu que a tortura existe e às vezes é necessária. Isso é uma forma de defender a tortura. Foi a primeira e única vez em que um general brasileiro falou claramente sobre tortura, em um depoimento público.[13] O general Aussaresses, por sua vez, escreveu dois livros e no primeiro conta em detalhes os interrogatórios e as torturas de prisioneiros políticos feitas por ele e por seus colegas militares sob as ordens do general Jacques Massu. Ele conta como faziam desaparecer os corpos dos mortos sob tortura ou executados, como simulavam enforcamentos. Isso é contado por Aussaresses nos mínimos detalhes. No Brasil, os militares nunca admitiram que houve tortura. Seria necessário esse reconhecimento para haver a reconciliação e fechar essa página da nossa história.

GPC: Mas você está dizendo que o general Ernesto Geisel afirma que aconteceram.

Ele não disse que aconteceram. Ele disse: "A tortura muitas vezes é necessária. Num interrogatório muitas vezes precisa-se torturar." Ele não chega a admitir explicitamente que houve tortura no Brasil, mas os militares chilenos e argentinos o fizeram, em entrevistas e na Justiça. O senhor não acha que se os militares brasileiros admitissem que houve tortura, mas que foi um erro, virariam uma página e haveria a reconciliação nacional? Torturar um ser humano é considerado um crime contra a humanidade em todos os países que assinaram tratados nesse sentido e reconhecem a Declaração Universal de Direitos Humanos. Como passar a limpo esse momento da História se os militares não admitem que ele existiu?

GPC: Não acho que deve haver nenhuma concessão no sentido de admitir que a prática de tortura e violências contra prisioneiros era institucionalizada. Não é possível admitir uma coisa dessas! Eu passei toda a minha vida próximo de autoridades que obviamente tinham conhecimento de tudo o que ocorria no combate à subversão e não tomei conhecimento de violência. É claro que a concepção de violência é muito ampla. Eu costumo dar como exemplo o seguinte: se você tem um filho que está mentindo e precisa fazer com que ele desminta a inverdade que está apresentando, você não pode ficar sentado diante dele esperando que ele diga. Você tem que usar de pressão psicológica para fazer com que ele volte atrás. A mesma coisa acontece com o preso político. Se ele foi preso e o foi porque havia alguma relação com as atividades subversivas, quem vai interrogá-lo tem que fazer pressão para que ele confesse. A pressão não pode chegar às vias de fato da violência, mas tem uma componente psicológica para que o prisioneiro fale a verdade, que muitas vezes estará salvando vidas.

**Esse é o argumento que o general Aussaresses usava, mas ele admitiu que houve tortura. E há milhares de desaparecidos na Guerra da Argélia. Ele diz no livro dele que interrogavam com tortura porque era a única maneira de fazer aquela guerra. Os manuais de interrogatório ensinavam as técnicas de tortura, o mergulho da cabeça na água, os choques elétricos. Um dos principais prisioneiros franceses na Argélia, Henri Alleg, narrou em livro todos os suplícios a que foi submetido. O general Aussaresses nunca negou. Assumiu tudo até o fim da vida. Não seria mais digno os militares brasileiros assumirem dizendo que o que a Comissão da Verdade apurou foi uma realidade, mas que foi um erro que não deve se repetir? Essa posição não impediria a reconciliação nacional, ao contrário. As**

famílias das vítimas esperam até hoje encontrar os desaparecidos para enterrar os corpos e fazer o luto. A mãe de Fernando Santa Cruz Oliveira tem hoje 101 anos[14] e nunca perdeu a esperança de encontrar o corpo de seu filho. Isso é verdade, não é fábula.

GPC: Mas existe outra realidade que não é fábula, todas as violências cometidas pela subversão.

General, os acusados de violências pelos militares pagaram com prisão, tortura, banimento, exílio ou execuções sumárias. Eles foram julgados e pagaram. Os militares não assumiram a parte deles, a violência de Estado. Ninguém quer que eles sejam torturados. Só pode haver reconciliação nacional se quem cometeu a violência de Estado e as violações de direitos humanos reconhecer. Como ocorreu na África do Sul e em outros países. Indivíduos cometem crimes comuns ou crimes políticos, de acordo com as leis de exceção da época. O Estado cometeu violações de direitos humanos. Na visão do direito internacional, o Brasil precisa ter esse reconhecimento para virar a página.

GPC: E a violência dos subversivos não é crime contra os direitos humanos?

Não, eram crimes para a Lei de Segurança Nacional, e eles foram julgados.

GPC: Absolutamente, existiram muitos que não chegaram a ser julgados. Outros foram julgados e libertados com a anistia.

A anistia os libertou. Os juristas pensam que a lei de anistia não é válida para crimes contra a humanidade, como a tortura e os desaparecimentos.

GPC: Alguns defendem, alguns.

O reconhecimento da tortura não engrandeceria os militares brasileiros? Paul Aussaresses reconheceu, como o general Massu também reconheceu. No final da vida, o general Massu disse: "Nós torturamos muito e hoje penso que nós não deveríamos ter feito isso."

GPC: Eu tenho o livro dele.[15]

Aos 92 anos, em entrevista ao *Le Monde* dizendo que hoje não faria o mesmo, ele admitiu, como o oficial Yves de La Bourdonnaye: "Nós torturamos muito."

GPC: Tendo acompanhado a vida nacional nesse longo período, eu digo, nós não torturamos muito. Não torturamos muito. [Silêncio.]

Torturaram pouco, talvez?

GPC: E sempre num quadro de exceções. A pressão psicológica em cima de um preso para que ele delatasse aquilo que estava preocupando e que poderia causar uma carnificina se não fosse conhecido aconteceu, mas não necessariamente com a prática de tortura. Essa questão de enquadrar os direitos humanos desde uma ação psicológica até uma ação física contra a pessoa do preso é de uma amplitude muito grande, é muito difícil de definir.

Mas é o direito internacional que define. Logo no início do relatório, se o senhor tiver tempo de ler, estão explicados os parâmetros estabelecidos, as definições de tortura, violação de direitos humanos. Os princípios que a Comissão da Verdade adotou são os do direito internacional e dos tratados internacionais.

GPC: Estou terminando um artigo para colocar na internet, defendendo as pessoas mortas acusadas pela Comissão da Verdade, que não têm o direito de se defender.

\* \* \*

Na hipótese de uma eventual revisão da Lei da Anistia, os militares dizem que seria necessário "julgar os dois lados". O historiador Daniel Aarão Reis respondeu a essa alegação num artigo publicado em 2010:

> Isso só pode ser fruto da desinformação ou do cinismo. Porque os militantes de esquerda já foram julgados. Frequentemente sem direito de defesa. Passaram por sofrimentos inomináveis, batidos e torturados. Muitos, os mortos e desaparecidos, nem chegaram a ser julgados. Foram condenados à morte antes do julgamento. Os que sobreviveram foram anistiados. Já os torturadores, nem o nome deles se sabe, salvo em listas informais de denúncias. A sociedade precisa conhecê-los. Os tribunais, julgá-los, dando a eles o direito de defesa que não foi concedido aos militantes de esquerda. Não se trata de revanchismo, pois ninguém deseja condená-los sem julgamento, ou sem ouvir sua defesa. Apenas julgá-los, porque cometeram crimes contra a Humanidade, imprescritíveis, segundo tratados que este país assinou. Depois de julgados e eventualmente condenados, caberá à sociedade anistiá-los ou não, conforme decidirem os representantes eleitos.

Como o general Paiva Chaves, o general Leônidas Pires Gonçalves também negava a prática de torturas durante o período em que chefiou o Estado-Maior do I Exército, de 1974 a 1977, ao qual o DOI-Codi estava subordinado. Em entrevista ao jornalista Geneton Moraes Neto, exibida no programa *Dossiê*, da GloboNews, em abril de 2010, o general Leônidas reiterou sua posição. O programa relembrou que 29 presos morreram no DOI-Codi, no Rio de Janeiro, nos meses que o general dizia terem sido de normalidade.

Quanto ao jornalista Vladimir Herzog, morto sob tortura em São Paulo, o general Leônidas sustentou a versão oficial: Herzog se suicidou.

"Quando assumi minhas funções de adido militar no Brasil, em outubro de 1973, o representante do serviço secreto da embaixada da França me disse: aqui todo mundo sabe que você foi dos serviços secretos. Seria bom que você encontrasse o general João Batista Figueiredo, chefe do Serviço Nacional de Informação. Jantei com ele e nos tornamos grandes amigos. Era ele quem dirigia, com o delegado Sérgio Fleury, os esquadrões da morte brasileiros."

(general Paul Aussaresses)

## 3. O primado da informação

O terror de Estado implantado pelas ditaduras latino-americanas se apoiava num eficaz serviço de inteligência. Este era a base do regime. Em relatório de dezembro de 1969 ao Ministère des Affaires Étrangères (Quai d'Orsay) [Ministério das Relações Exteriores], o adido militar francês no Brasil, coronel Jean Wartel, informa que, entre 1967 e 1969, os gastos com o serviço de informação haviam aumentado em 49,5%, enquanto as despesas militares haviam tido um acréscimo de 30% em média.[1]

No primeiro ano do regime militar, em 13 de junho de 1964, os novos donos do poder criaram o Serviço Nacional de Informação. Para controlar e desarticular os diversos grupos de revolucionários, a ditadura dispunha desse serviço, que atuava no território nacional e tinha longos braços que chegavam às principais representações brasileiras no exterior, trabalhando em colaboração com serviços de inteligência estrangeiros.

O relatório final da Comissão Nacional da Verdade afirma a importância dos serviços de informação e dos interrogatórios. Ainda no capítulo 9, que trata da tortura, o texto ressalta que a doutrina de "guerra revolucionária" aplicada no Brasil tinha como objetivo a eliminação do inimigo, "exigindo a articulação de todas as instituições repressivas disponíveis (Exército, Marinha, Aeronáutica, Polícias Militares, entre outras) em uma estratégia unificada voltada para o 'levantamento de informações', em que o interrogatório sistemático dos membros das forças opositoras ou das chamadas 'redes de apoio' tem um papel fundamental".

O texto do relatório final menciona o general Roger Trinquier e cita o general Paul Aussaresses uma única vez, *en passant*:

> Um dos primeiros teóricos a se debruçar sobre o tema da "guerra revolucionária", o militar francês Roger Trinquier, veterano de guerra da Argélia, defendia que todos os membros de uma força opositora, quando nas mãos do Estado, fossem de imediato submetidos a interrogatório, na qualidade de fonte de informações importantes para o sucesso das operações de repressão, com o uso de uma "metodologia qualificada" de tortura. Consta que não apenas a obra de Trinquier era amplamente utilizada durante os cursos de formação de oficiais das Forças Armadas brasileiras: outros militares franceses veteranos da Indochina e da Argélia, tais como o coronel Paul Aussaresses – antigo companheiro de pelotão de Trinquier – ministraram aulas de técnicas de interrogatório no Centro de Instrução de Guerra.

A Batalha de Argel, que ocorreu três anos depois da derrota francesa na Indochina, logo se tornara um modelo da "guerra contrarrevolucionária". O coronel Marcel Bigeard, um dos responsáveis pela vitória francesa em Argel, explicou que a base do trabalho do Exército era a informação; o método era o interrogatório e "o interrogatório só pode se tornar um método se for conduzido para ter sempre uma resposta".

Na Argélia, o coronel Marcel Bigeard ficou famoso por ter criado o método que consistia em jogar de aviões no mar os presos políticos cujos pés eram imobilizados em cimento. Alguns corpos de argelinos que apareciam nas praias foram imediatamente batizados de *crevettes* [camarões]

Bigeard, nome do inventor da prática depois metodicamente copiada pelos militares argentinos, na ditadura instaurada em março de 1976. A "guerra suja" na Argentina, iniciada com a ditadura, só terminou um ano depois da Guerra das Malvinas, em 1983, com a redemocratização.

O Brasil enfatizara a importância da informação para controle das populações civis ainda na década de 1930, com a criação da Delegacia Especial de Segurança Política e Social (DESPS),[2] implantada três meses antes da criação da Gestapo, por Hermann Göring, em 26 de abril de 1933.

Para conhecer os métodos de funcionamento da polícia secreta nazista, o capitão Afonso Henrique de Miranda Correia, delegado da DESPS, passou o ano de 1937 na Alemanha. Os brasileiros queriam incorporar o *know-how* alemão de técnicas arquivísticas de organização e recuperação de informação para eliminar o comunismo.

> Quando retornou ao Brasil, no ano seguinte, o capitão Miranda Corrêa [sic] entregou a seu sucessor na DESPS, o capitão Felisberto Batista Teixeira, inúmeras pastas com informações sobre os arquivos da Gestapo. No mesmo ano era criada na DESPS a Seção de Arquivo Geral de Segurança Política e Social, que reuniu e organizou os prontuários, dossiês e fichários de presos e investigados, para melhor e mais rapidamente atender às consultas sobre indivíduos e instituições, solicitadas pelas várias seções internas do órgão, e pelo governo.[3]

A importância da informação continua a se acentuar, como ressalta a historiadora Leila Duarte:

> Em 1938, a DESPS continuou sua especialização ao criar aquela que seria sua mais importante seção: o Arquivo Geral. Concebido a partir do *know-how* trazido da Gestapo alemã, no ano anterior, pelo capitão Miranda Corrêa [sic] – aquele que havia

instituído o "prêmio" pela captura de supostos comunistas em 1936 –, a Seção de Arquivo Geral foi criada por seu sucessor na DESPS, o capitão Felisberto Batista Teixeira, que traduziu essa seção como o "repositório de antecedentes políticos individuais". O capitão Miranda Corrêa [sic] aprendera com a Gestapo que a organização e o processamento da informação eram fundamentais para o controle da sociedade.

Como nas outras ditaduras latino-americanas, os serviços de informação hipertrofiados repousavam, no Brasil, sobre um arsenal jurídico previamente preparado, as leis de exceção, para limitar as liberdades individuais e permitir a adaptação do aparelho judiciário à noção de guerra total contra a subversão.

"Na ótica militar, o 'inimigo interno' só poderia ser combatido através de serviços de informação eficazes, cujo desempenho repousava na Lei de Segurança Nacional. Tudo foi posto em prática para que o Estado, representado pelos militares, tivesse o monopólio da violência. Foi assim que se implantou o terrorismo de Estado", explicou o prêmio Nobel argentino Adolfo Pérez Esquivel, em Paris, em 2008.

Tão importante era o serviço de inteligência ou informação que um dos seus chefes, o general Figueiredo, visto como uma das mais importantes autoridades do regime, tornou-se o último general-presidente. Ser amigo de Figueiredo era um dos trunfos de Aussaresses.

No relatório confidencial de outubro de 1974, o então coronel Aussaresses descreve no anexo N seu encontro oficial com o chefe do SNI. No texto, orgulha-se de ser um dos poucos que teve um encontro pessoal com "personagem tão importante". O Serviço Nacional de Informação é assim apresentado: "O SNI é um dos apoios mais importantes do governo. Com atribuições semelhantes às de nosso SDECE, ele tem meios que fazem pensar – guardadas as devidas proporções – nos da CIA e também uma reputação que faz pensar na de alguns serviços alemães."

## O PRIMADO DA INFORMAÇÃO

Sobre o titular do SNI, o militar se gaba:

> Poucos adidos militares no Brasil tiveram um encontro com personagem tão importante. Parece que apenas o francês e o americano tiveram esse privilégio. Convidado a jantar pelo embaixador francês, em companhia do adido e do primeiro conselheiro da embaixada, além do representante do SDECE no Brasil, o chefe do SNI aceitou o convite. Estava acompanhado do chefe de gabinete e do diretor da Agência Nacional (órgão de informação da Presidência da República). Na conversa franca e cordial, foi invocado o papel do SNI, que, segundo seu responsável, se considerava exclusivamente um organismo de informação. Ele não ignora as prisões, as brutalidades policiais e mesmo as trocas de tiros. Mas, sem se mostrar chocado, atribui a responsabilidade ao Ministério da Justiça...

Aussaresses, que fora um agente secreto, *un homme de l'ombre*, sabia da importância da informação na "guerra contra a subversão". E com olhar de expert da informação, observava o que faziam os militares brasileiros, situando a diplomacia de Brasília no contexto europeu. Assim, ele escreveu em novembro de 1974, comentando a criação da Nuclebrás, para cuja presidência fora nomeado Paulo Nogueira Batista, que havia passado cinco anos em Bonn, como ministro-conselheiro da embaixada brasileira:

> Uma cooperação teuto-brasileira no campo nuclear poderia ajudar a Alemanha federal a ignorar os acordos de Paris de 23 de outubro de 1954, cujo Protocolo 3, Anexo I, prevê que a República Federal se compromete a não fabricar "em seu território" nenhuma arma atômica ou "combustível nuclear" [definido no Anexo II do Protocolo].

Anos antes, fora através de um serviço de informação extremamente eficaz, dirigido pelo então comandante Paul Aussaresses, adjunto do general Massu, que o Exército francês conseguiu erradicar a luta armada na Argélia. A metrópole havia dado poderes especiais ao general Massu para acabar com o terrorismo, que lançava bombas em locais frequentados pelos colonos franceses. Os interrogatórios sob tortura passaram, então, a ser o *modus operandi* dos militares franceses.

"Como não se podia erradicar o terrorismo urbano pelas vias policiais e judiciárias, o poder civil de Paris encarregou os paraquedistas de fazer o papel de policiais e juízes", escreveu Aussaresses.[4] No Brasil, os militares julgavam os "subversivos" na Justiça Militar, através de inquéritos policial-militares.

O ministro da Defesa francês Pierre Messmer (1960 a 1969), contou como Robert McNamara, secretário de Estado do presidente John F. Kennedy, se interessou pela "doutrina francesa", fruto da guerra contra o Viet Minh, menos equipado militarmente, mas dotado de uma capacidade de luta extraordinária:

> Depois de algum tempo engajados no Vietnã, os americanos compreenderam que os meios materiais não eram suficientes e que estavam diante de um adversário que tinha de ser enfrentado de outra forma. Foi então que a teoria da "guerra revolucionária" interessou a eles. Por isso, nos pediram instrutores para formar as unidades, antes de enviá-las ao Vietnã. Eu mesmo, durante uma visita ao centro das Forças especiais de Fort Bragg, tinha constatado que o treinamento físico e tático deles era bom, mas o preparo intelectual era nulo! Completamente nulo! Eles mal sabiam diferenciar um chinês, um vietnamita, um japonês e um cambojano! Isso era completamente obscuro para eles![5]

Messmer diz que Paul Aussaresses não era um pensador mas um "executor". O coronel Carl Bernard contou:

> Aussaresses nos ensinava o papel da informação nesse tipo de guerra e como obtê-la. Ele também nos explicou a tortura. Através dela, convenciam os presos a falar. Ele ensinava que

se um prisioneiro assistia à tortura de outro, decidia-se a falar porque via o que o esperava. O problema era o que fazer dessas pessoas depois de torturadas. Aussaresses nos ensinou que elas deveriam ser executadas.

Em 1961, o general Aussaresses foi nomeado, juntamente com outros dez oficiais, para servir como oficial de ligação junto ao adido militar da embaixada francesa em Washington. Todos tinham lutado na Guerra da Argélia e foram enviados para transmitir as lições da Batalha de Argel nas escolas militares americanas. Inicialmente, Aussaresses vai para o Fort Bragg, sede das forças especiais enviadas ao Vietnã.

Os americanos já formavam oficiais latino-americanos na Escola das Américas, do Panamá, criada em 1946 pelos Estados Unidos. Em meados dos anos 1960, essa escola foi se especializando na guerra antissubversiva e passou a ser conhecida como "escola dos ditadores". Segundo o livro *Escadrons de la mort, l'école française*, a Escola das Américas teria treinado 60 mil oficiais latino-americanos para a luta anticomunista, entre eles o futuro general Jorge Rafael Videla.

Os americanos voltaram a se interessar pela Guerra da Argélia quando invadiram o Iraque em 2003. Segundo o historiador americano Matthew Connelly, menos conhecida e citada, mas não menos importante, foi a influência de David Galula, um tenente-coronel que serviu na Argélia antes de trabalhar para a Rand Corporation, em Los Angeles e de publicar o livro *Counterinsurgency: Theory and Practice* [Contrainsurreição: teoria e prática]. Segundo Connelly, os militares americanos, em particular o general David Howell Petraeus, inspiraram-se nas teorias de Galula, tanto no Iraque quanto no Afeganistão.[6]

## Interrogar "com insistência"

Além de Aussaresses, não foram muitos os militares franceses que admitiram ter torturado na Guerra da Argélia. Apenas no fim da vida, com mais de 90 anos, o general Jacques Massu assumiu em entrevista à jornalista Florence Beaugé, do jornal *Le Monde*, o uso da tortura e disse que poderiam ter agido diferentemente. Aussaresses julgava que Massu deveria estar "gagá" por se dizer arrependido.

Ao contrário de seu antigo chefe, Aussaresses nunca renegou seu passado e em nenhum momento lamentou os métodos usados para dominar o inimigo em Argel. O general não via por que condenar ações cometidas contra "terroristas", com o objetivo de "salvar vidas inocentes". Sobretudo se esses "terroristas" eram muçulmanos ou comunistas, ou as duas coisas ao mesmo tempo.

Os militares franceses chamavam o interrogatório sob tortura de *interrogatoire musclé, serré, coercitif, renforcé* [interrogatório vigoroso, cerrado, coercivo, reforçado] ou, ainda, *obtenu sous la contrainte* [obtido sob coerção]. Eram eufemismos da longa lista do Exército colonial numa guerra não declarada, já que a Argélia era território francês e "a França não podia declarar guerra a ela mesma", como escreveu Aussaresses.

A propósito de eufemismos para a tortura, o historiador Pierre Vidal-Naquet conta em seu livro *La torture dans la République (1954-1962)* [A tortura na República (1954-1962)] que o capitão paraquedista Joseph Estoup declarou, em 1962, durante o processo de um tenente da Organisation de l'Armée Secrète [Organização do Exército Secreto – OAS]:[7] "Em linguagem militar dizemos 'fazer informação', em linguagem corrente diz-se 'interrogar com insistência' e em bom francês diz-se 'torturar'."

Na Argélia, o Exército francês realizava oficialmente "operações de manutenção da ordem" para controlar uma revolta dos autóctones (árabes muçulmanos). Os colonos franceses se beneficiaram até

1962, ano da descolonização e da declaração de independência, das benesses de todos os regimes de *apartheid* colonial.

As práticas dos paraquedistas franceses na Argélia, totalmente contrárias à terceira Convenção de Genebra, levaram ao aniquilamento total do Front de Libération Nationale argelina, mas a França perdeu moralmente a guerra.

Anos depois, no Brasil, a tortura, os fuzilamentos e os desaparecimentos resultantes da Operação Bandeirantes e, posteriormente, dos DOI-Codi, foram os instrumentos que permitiram a derrota da luta armada. A vitória dos militares ficou maculada pelo uso da tortura.

"A repressão política institucionalizou a tortura, condenada pela Convenção de Genebra, pela Declaração dos Direitos do Homem e por todos os povos civilizados. A tortura aos presos políticos foi uma política de governo."[8] O ex-guerrilheiro Carlos Eugênio Paz sabe do que está falando. O Clemente da ALN perdeu a maior parte de seus companheiros e companheiras assassinados na tortura, antes de se exilar na França, em 1973.

Habitados por um racismo que desumanizava os autóctones, árabes muçulmanos, os franceses disseminavam preconceitos para estigmatizar os que participavam da luta pela independência da Argélia. A potência colonial, que ocupou a Argélia em julho de 1830, qualificava os nacionalistas argelinos de "terroristas", exatamente como a Gestapo denominava os resistentes franceses.

Carlos Marighella, Apolônio de Carvalho, Franklin Martins, Dilma Rousseff e os frades dominicanos – que ajudavam a esconder e dar fuga aos revolucionários perseguidos pela Polícia da ditadura – também eram "terroristas" para os militares brasileiros. Nelson Mandela era considerado terrorista pelo regime de *apartheid* que vigorava na África do Sul e que ele combatia. Anos depois, ganhou o prêmio Nobel da Paz. Os resistentes palestinos também são qualificados de terroristas por Israel. Quando se nega ao inimigo a condição de combatente ou resistente, qualificando-o de "terrorista", todos os desvios passam a ser justificados por quem os pratica.

Apesar de não ser um teórico, Paul Aussaresses foi um dos mais convictos executores da doutrina francesa. O principal teórico, o coronel Trinquier, servira na Indochina e na Argélia e sua obra, *La guerre moderne*, foi imediatamente traduzida para o espanhol e o português. Trinquier e Aussaresses haviam participado da Segunda Guerra Mundial ao lado do general De Gaulle. Do exílio em Londres, De Gaulle comandara a Resistência Francesa, unindo de maneira efêmera gaullistas e comunistas na luta contra o invasor alemão.

Essa união durou apenas o tempo necessário para a libertação da França. No pós-guerra, os militares franceses, assim como todo o bloco ocidental liderado pelos Estados Unidos, passaram a viver a lógica da Guerra Fria, identificando na União Soviética e no comunismo a encarnação do mal.

Roger Trinquier burilou a teoria da "guerra moderna" numa França profundamente dividida entre os partidários da colonização e os gaullistas, que apoiavam o general De Gaulle na decisão de conceder a independência à Argélia, em sintonia com o processo de descolonização e autodeterminação dos povos.

De Gaulle teve de enfrentar uma longa reação dos militares de ultradireita, que criaram a OAS e praticaram diversos atentados terroristas para evitar o processo de descolonização. O próprio De Gaulle, chamado jocosamente de *La Grande Zohra* (*zohra* significa camelo em árabe) pelos militares saudosos da "Argélia francesa", escapou a mais de um atentado.

Em 1962, depois de uma série de atentados da OAS em Paris no prédio de Jean-Paul Sartre e no do ministro da Cultura André Malraux – ambos engajados na luta anticolonialista – a esquerda convocou uma manifestação anti-OAS para denunciar o "perigo fascista". A Polícia reprimiu com vigor. Em pânico, a multidão se refugiou na estação de metrô Charonne. Nove pessoas morreram nos confrontos. Uma greve geral foi decretada e mais de 500 mil pessoas acompanharam em Paris o enterro das vítimas.

## A formação do torturador

Para realizar interrogatórios "eficazes" era preciso formar pessoas capazes de realizá-los. Torturadores não se improvisam.

Em seu livro *Du bon usage de la torture ou comment les démocraties justifient l'injustifiable* [Sobre o bom uso da tortura ou como as democracias justificam o injustificável], Michel Terestchenko explica que, contrariamente ao que se pensa, não é fácil levar um indivíduo "comum" a se tornar um torturador. E são sempre indivíduos comuns ou "normais" que recebem treinamento para fazer interrogatórios "fortes" ou "eficazes":

> Todo um conjunto de mecanismos psicossociológicos deve ser estabelecido para obter um resultado, uma ausência total de empatia por suas vítimas, uma disciplina perfeita de obediência às ordens, de adesão cega a uma ideologia de Estado, que faz com que certos indivíduos sejam vistos como "inimigos" a ser eliminados, e submissão conformista ao espírito de grupo. Sem essa formação – que só pode ser feita dentro de instituições mais ou menos oficiais – é impossível instaurar a tortura.[9]

Apesar de necessitar de uma formação especial, o torturador não é um monstro. Ele é humano. O psicanalista francês Jean-Claude Rolland – que como psiquiatra tratou de frei Tito de Alencar na França, no Hospital Édouard Herriot, de Lyon – explica que existe na humanidade uma capacidade latente de destruição do outro, que é totalmente recalcada. No torturador, essa capacidade de destruir o semelhante é reativada por diversos mecanismos.

Segundo Pierre Vidal-Naquet, o torturador é um funcionário médio que irá torturar antes e depois de ter almoçado ou jantado. "O torturador é de uma banalidade horrível e burguesa, pode ser o nosso vizinho, e é este o drama."

Mas nem por isso a função do torturador é improvisada. Nenhum Estado que praticou a tortura deixou de formar seus agentes para essas práticas. Se o torturador é um agente que deve ser preparado em campos de treinamento especiais, como o Centro de Instrução de Guerra na Selva, de Manaus, sua formação deve ser totalmente secreta. Por isso, nos relatórios de Aussaresses ao Ministério da Defesa, durante o período em que serviu no Brasil como adido militar, ele não menciona sua atuação como "professor" de técnicas de interrogatório aperfeiçoadas na Batalha de Argel.

Michel Terestchenko afirma que os responsáveis pelos "interrogatórios reforçados" são, em geral, "profissionais impassíveis e zelosos, homens comuns, em todos os pontos de vista, que não escolheram voluntariamente a função". Ao contrário do que se pode supor, não são indivíduos sádicos, animados por pulsões destrutivas patológicas. Essas pessoas são designadas para o trabalho e são treinadas para torturar.

Terestchenko cita uma pesquisa científica que analisou a trajetória de cerca de vinte policiais brasileiros que pertenceram aos esquadrões da morte ou às unidades de torturadores durante a luta contra a "subversão comunista", implantada pela ditadura de 1964.

> Todos tinham tido uma formação de extrema brutalidade, no limite de suas forças físicas, que os obrigara a experimentar sobre eles próprios diversas formas de tortura, submetidos a humilhações totalmente degradantes a fim de testar o estado ao qual eles seriam levados a conduzir suas vítimas: a despersonalização e a desindividualização.[10]

Pouco a pouco, a ditadura brasileira foi se dotando de uma grande sofisticação tecnológica nos métodos de tortura que, ao mesmo tempo, isolavam o torturador. Em 1973, segundo o jornal *Témoignage Chrétien*, o torturado não via mais o agente da tortura. O preso ficava fechado em uma cela branca onde spots luminosos projetavam nas paredes, em intervalos irregulares, flashes tão fortes que chegavam a cegar. Ao mesmo tempo, vários alto-falantes irradiavam ininterruptamente, gritos e barulhos diversos, sons graves e agudos.

Estudiosos da tortura ressaltam que o torturador tem necessidade de coisificar, desfigurar o outro para se convencer de que não comete um massacre contra rostos, vidas, seres humanos.

Um médico da reserva contou à jornalista Zenaide Azeredo – que cobriu a área militar a partir do governo Geisel – que foi levado com outros médicos para Xambioá, durante a Guerrilha do Araguaia. Ele viu alguns presos na mata sofrendo uma tortura atípica: colocados dentro de um buraco, depois de terem sido besuntados de mel, se tornavam alvo das formigas. Os militares em volta riam.

O militar argentino Adolfo Scilingo, entrevistado por Horacio Verbitsky para o livro *O voo* (citado por Terestchenko), contou que ficou "totalmente destruído" pelas missões que executou como piloto. Durante a "guerra suja" (1976-1983), ele levava prisioneiros políticos em aviões e os lançava do alto, depois de drogá-los com uma injeção para adormecê-los. Na época, ele avaliava que as ordens de seus superiores eram "justas".

A única maneira de superar esses horrores não seria através da anistia dada aos culpados, que sempre negaram a realidade dos fatos, mas do reconhecimento de que se tratou de uma política de Estado da qual toda a hierarquia militar participou e que todos aceitavam sem discussão, pensa Scilingo.

### Ameaça de sequestro do embaixador francês

Três anos antes do golpe liderado por Augusto Pinochet, um lacônico relatório sigiloso do adido militar francês em Brasília, coronel Yves Boulnois, de 7 de outubro de 1970, assinalou apenas que "a eleição de Monsieur Allende no Chile foi recebida com reserva pelas autoridades militares brasileiras". Naquele ano, o coronel Boulnois se tornou próximo dos militares do Codi do Rio de Janeiro depois de uma suposta ameaça por parte de grupos guerrilheiros de sequestrar o embaixador francês.

A guerrilha já havia sequestrado os embaixadores dos Estados Unidos (setembro de 1969) e da Alemanha (junho de 1970), obtendo a libertação de 55 guerrilheiros. Aussaresses nos contou que depois do sequestro do embaixador americano "a Polícia e o SNI receberam a ordem de neutralizar Marighella a qualquer preço, isto é, sem se incomodar com os direitos humanos e a Convenção de Genebra".

Em seu relatório sigiloso de novembro/dezembro de 1970, Yves Boulnois escreve que entre os atos de "foras da lei" mais importantes daqueles dois meses tinha a assinalar "o sequestro do embaixador suíço, Monsieur Bucher". Para libertar o diplomata, os "rebeldes" exigiam a libertação de setenta presos políticos. Até o dia em que escreve o relatório, as negociações estavam em curso. O frade dominicano Tito de Alencar Lima foi incluído na lista e deixou o Brasil em 13 de janeiro de 1971, rumo a Santiago do Chile. Em 20 de fevereiro de 1970, Tito havia tentado o suicídio depois de ser interrogado sob tortura, por dias seguidos, na Operação Bandeirantes. Foi salvo *in extremis*.

Aussaresses acompanhou a ação dos militares que preparavam a derrubada de Salvador Allende através de seu amigo, o coronel Humberto Gordón Rubio, adido militar do Chile no Brasil, em 1974.

Como o general confirma na entrevista deste livro, o golpe militar chileno de 11 de setembro teve ativa participação do Brasil. O presidente Médici deu apoio logístico a Pinochet e os serviços de informação chilenos e brasileiros trabalharam em conjunto, antes e depois do golpe. Nos interrogatórios em Santiago, logo depois do golpe, havia agentes dos serviços secretos falando português.

No relatório mensal de fevereiro de 1974, poucos meses depois de chegar ao Brasil, o adido militar Aussaresses escreve no item III, parágrafo 2, sob o título "Transporte Aéreo para o Chile": "Durante o mês de setembro de 1973, a FAB [Força Aérea Brasileira] transportou 72 toneladas de medicamentos e de víveres para o Chile. Existem dúvidas sobre a exata natureza do frete, que poderia tratar-se unicamente de armamento leve."

No mesmo relatório, no item intitulado "Luta contra a subversão", o adido militar resume os choques na fronteira dos estados de Mato Grosso e do Pará. E detalha:

> As guerrilhas do Pará operam no setor que inclui as cidades de Marabá (ver mapa), Cambiroá [sic] e Conceição do Araguaia. Eles chegaram ali em 1964, depois da tomada do poder pelos militares e têm a confiança total da população que educam e a quem oferecem cuidados de saúde. Em 1968, unidades militares foram enviadas para combatê-los mas não puderam prender nenhum deles. Em 1972, uma equipe especial antiguerrilha de 72 militares, entre os quais 8 mulheres, foi despachada para lá mas não teve resultados. Os rebeldes não atuam nunca em grupos com mais de 8 pessoas e contam com o apoio do bispo de Marabá, que se opõe às prisões e às torturas. Segundo algumas fontes, houve 52 mortes nesses últimos tempos. Eles pertenceriam à Frente Revolucionária da América Latina.

O bispo de Marabá se opunha às prisões e às torturas. Seria de estranhar para pessoas que, como Médici e Aussaresses, se diziam católicos?

Apesar de se declararem católicos, nem o ditador nem o adido militar francês compartilhavam a visão do jornal católico *Témoignage Chrétien*, fundado na França, durante a Segunda Guerra para participar da Resistência ao invasor alemão. Durante a ditadura, o jornal denunciou as torturas mas também a cumplicidade do regime militar com causas contrárias aos interesses do povo brasileiro. Numa reportagem de setembro de 1971 sobre a Transamazônica, chamada pelo governo de "obra do século", o jornal informava:

> Os primeiros quilômetros da Transamazônica atravessam as ricas jazidas de ferro da Serra de Carajás, cuja exploração foi "confiada" à US Steel; uma filial da Shell extrai estanho perto de Rondônia; a "National Bolk Varries Company" possui

1.250.000 hectares de floresta nos estados do Pará e Amapá; a Esso e a Texaco constroem reservatórios gigantescos de petróleo. Eduardo Galeano, que colhera essas informações para a Prensa Latina, não hesitava em afirmar que "a Transamazônica servirá apenas para transportar todas as riquezas da floresta brasileira para os Estados Unidos. A estrada nasceu para facilitar o saque".

Em seu relatório anual ao Ministério da Defesa, que resume o período de novembro de 1973 a março de 1975, Aussaresses destaca no plano social uma situação "nada brilhante". Em pleno milagre econômico, o Brasil viveu uma epidemia de meningite que serviu, segundo ele, para lembrar que uma fração considerável da população, que calcula em 50%, "vive em condições tão ruins quanto a dos países mais miseráveis. A situação não evoluiu no sentido de uma melhora das condições de vida".

Apresentando taxas de crescimento extraordinárias graças ao arrocho salarial, entre outros fatores, o Brasil ia bem. Mas o povo ia mal.

Imediatamente depois, o adido passa a analisar a situação favorável para a venda de armas francesas, no nível da Presidência da República e do Estado-Maior das Forças Armadas. Ele menciona o primeiro contrato ROLAND, de venda de mísseis e de outros materiais de guerra.

A "situação nada brilhante" do país no plano social, assinalada por Aussaresses, já tinha sido alvo da análise do presidente do Banco Mundial, Robert MacNamara. Em relatório de abril de 1972, que a censura impediu de ser conhecido no Brasil, MacNamara relatava: "A distribuição de renda no Brasil é uma das mais desiguais do mundo; 40% dos brasileiros mais pobres tinham, em 1960, 10% da riqueza total gerada. Dez anos mais tarde, têm apenas 8%. Enquanto isso, os 5% brasileiros mais ricos viam sua fatia aumentar de 29% para 38%."[11]

"Os militares não fizeram o golpe de Estado sozinhos, necessitaram da cumplicidade de empresários, de políticos, de setores religiosos, de países, mas também de organismos internacionais como o FMI. Não se deve pensar que os militares enlouqueceram e começaram a matar e torturar. Foram o resultado da Doutrina de Segurança Nacional, uma política denunciada pelo movimento ecumênico de direitos humanos. Este foi organizado para tentar dar uma resposta ao que se passava no Brasil, bem antes do golpe argentino. Nesse movimento, dom Hélder Câmara foi um grande profeta. Na Argentina, houve bispos da Igreja católica que traíram os argentinos e traíram o Evangelho. Eles justificavam a tortura."

(Adolfo Pérez Esquivel, Prêmio Nobel da Paz de 1980)

## 4. Diplomacia e armas

Diplomacia e venda de armas sempre andaram de mãos dadas. Durante a ditadura brasileira, o adido militar da embaixada francesa era uma mistura de diplomata, observador privilegiado e publicitário da indústria bélica de seu país.

No seu relatório secreto de julho de 1974, Aussaresses escreveu no Anexo N:

> Será um sonho querer vender outros MIRAGES aos brasileiros? Enquanto esperamos que comprem mais aviões, podemos fazê-los comprar equipamentos MATRA eletromagnéticos. Mas de que créditos eles dispõem? De qualquer forma, é preciso convencê-los da qualidade de nossos aviões, de nossas munições, de nossos radares.

Apesar de ter trabalhado muito e principalmente com o Brasil, Aussaresses vendeu também armas para outros países como a Argentina, depois que deixou o Exército e se tornou representante de indústria bélica. E se divertia ao contar que Margaret Thatcher ficou furiosa quando descobriu que foram os franceses (ele próprio), que haviam vendido os Exocets que os argentinos usaram na Guerra das Malvinas.

## A TORTURA COMO ARMA DE GUERRA — DA ARGÉLIA AO BRASIL

O velho general rememorava com prazer o fato de ter despertado a ira de Thatcher.

O historiador Rodrigo Nabuco de Araújo escreve: "O Quai d'Orsay e a divisão de serviço de inteligência e relações internacionais desenvolveram uma nova estratégia baseada na venda de equipamentos adaptados à nova doutrina de guerra, conjugando a política mercantil à expansão da doutrina."[1]

A difusão do pensamento francês no Brasil era garantida pelos adidos militares e pelas missões francesas, mas além desse aspecto institucional, as revistas e os livros completavam os meios de divulgação da "doutrina francesa". Segundo Nabuco, em 1958, 60% das publicações da Biblioteca do Exército eram de autores franceses. Depois, a política de difusão da doutrina adquiriu um aspecto mais comercial pois seu objetivo era abrir o mercado brasileiro para os armamentos franceses. A França era um dos principais rivais dos Estados Unidos na América Latina no tocante à venda de armas e o papel dos adidos militares era convencer os brasileiros de que a indústria de armamentos francesa era competitiva.

A Missão Militar Francesa formara uma importante parcela dos oficiais brasileiros entre 1920 e 1940, período no qual o Exército francês era considerado o mais desenvolvido, dispondo das armas e dos equipamentos mais sofisticados.

### Fronteiras do Sul e petróleo

De olho na ação dos rivais, no relatório de agosto de 1974, Aussaresses menciona o empréstimo a longo prazo de 60 milhões de dólares que os Estados Unidos fizeram ao Exército brasileiro: "Ele seria destinado à compra de blindados e de canhões autopropulsados, mas isso está bem longe de cobrir as necessidades do Brasil em matéria de armamento."

O militar comenta que esse gesto comprova a continuidade da presença americana no hemisfério sul:

> Esta presença não é expressa apenas no campo da concorrência em matéria de armamento, incômoda para a França. Durante este mês de agosto, as Forças Armadas brasileiras receberam a visita, oficiosa, do general americano Rosson, chefe do Southern Command. O programa não foi divulgado, mas ele se desenrolou sobretudo no Sul, junto ao III Exército, que não perde a Argentina de vista.

Coincidentemente, o golpe militar argentino, que provavelmente estava em preparo, se deu cerca de um ano e meio depois, em março de 1976.

No mês em que morreu o jornalista Vladimir Herzog no DOI-Codi de São Paulo, Aussaresses encerrava sua missão de adido militar em Brasília. No "Relatório de fim de missão", datado de 6 de outubro de 1975, o adido destaca a porosidade das fronteiras ao Sul, que motivaram e facilitaram a gestão da famigerada Operação Condor:

> O Brasil garante que não quer atacar nenhum de seus vizinhos. Existe um, no entanto, que ele observa com desconfiança: a Argentina. O temor – sem fundamento – de uma ameaça vindo desse país levou o Brasil a comprar os MIRAGE em 1973. Sem dúvida, o presidente PERON deu provas de seriedade e de sabedoria. No entanto, um importante dispositivo militar está localizado diante das fronteiras do Sul. (...) Depois da morte do presidente argentino, em julho de 1974, o III Exército foi ainda mais reforçado com cerca de cem tanques americanos. E em janeiro, mais 30 vieram reforçar o dispositivo.
> 
> O fato é que a Argentina abriga grupos armados de nacionalidades diferentes que são bem equipados e treinados por instrutores capazes, dos quais os melhores foram formados

> em Cuba. Têm boas relações com os TUPAMAROS uruguaios e com grupos semelhantes do PARAGUAI e como as fronteiras não são barreiras, eles vêm muitas vezes fazer incursões no Brasil. Muitas vezes não voltam. Esse adido teve conhecimento de maneira confidencial do destino de um francês que pertencia a um desses grupos e que perdeu a vida durante uma dessas operações, em novembro de 1973. Nesses últimos tempos, os grupos em questão preparavam ações nas obras em curso da grande usina de ITAIPU, na fronteira do Brasil com o Paraguai. Essa ameaça motivou o envio de um batalhão de cada um dos dois países interessados, de cada lado da fronteira.
> 
> Desde 1972, quando grupos armados no interior do Brasil foram praticamente exterminados, outras operações, numerosas e discretas, foram realizadas para dar cabo das guerrilhas. No final de 1973, o saldo era favorável às forças do governo, que teve perdas pequenas. A infraestrutura ligada aos dois antigos partidos comunistas foi imobilizada.[2]

No mesmo relatório de outubro de 1975, a ficha analítica do Exército brasileiro, é uma oportunidade para o francês exercitar seu fino senso de humor:

> No alto da hierarquia, está o Presidente da República, general de Exército (da reserva) Ernesto Geisel. Ele é realmente o chefe, apesar da piada segundo a qual quem manda é: o chefe do Serviço Nacional de Informação (que corresponde à SDECE, à CIA e um pouco à GESTAPO); os "onze", isto é, os onze generais de Exército que constituem o alto-comando e que o escolheram; ou o adido militar dos Estados Unidos.

Mais adiante, Aussaresses conta que desde novembro de 1965 só existem dois partidos. Em seguida pergunta, em tom de piada: "Seria exato dizer que um é o que diz 'sim' e o outro o que diz 'sim, senhor'?"

O tom descontraído de duas piadas não esconde a preocupação recorrente do adido: a nova cooperação econômico-científica entre o Brasil e a Alemanha Federal. Depois de falar da visita do almirante Zimmermann ao Brasil em fins de 1974, o francês escreve que "é provável que cooperando na área nuclear, Brasil e Alemanha tenham acesso conjunto à arma nuclear, contornando, assim, com habilidade os acordos de Paris de 1954".

Na instrução que define no momento o programa dos cursos da Escola Superior de Guerra, é dito claramente que o prestígio das grandes nações está ligado à força militar e que o fator preponderante para isso é o acesso à tecnologia nuclear pois essa tecnologia representa uma ameaça ponderável.

O acesso da Índia à arma nuclear em maio de 1974 provocou reflexões amargas. O Brasil não é mais o primeiro país destinado a tornar-se uma potência nuclear. Admite-se que a Argentina será antes dele. A morte do presidente Perón faz dessa eventualidade uma ameaça. Quem se surpreendeu ao ver o oferecimento alemão ter uma boa acolhida?

As Forças Armadas brasileiras são psicologicamente – sentimentalmente, talvez se possa dizer, ao menos para os oficiais superiores – preparadas para ter acesso à arma não convencional? Será que estão tecnicamente?

É difícil para um Exército subequipado, dirigido para a manutenção da ordem, passar diretamente ao nível nuclear.

Outra dificuldade é que a instituição militar brasileira é rigorosamente calcada no Exército americano e que os americanos em suas escolas têm dois programas: um para os americanos e outro para seus aliados. Para estes, a instrução sobre materiais não convencionais e seu emprego é reduzida a uma informação sumária. Este adido encontrou nas escolas militares brasileiras regulamentos americanos destinados aos não iniciados.

Os Estados Unidos estarão dispostos a dar a seu aliado brasileiro os conhecimentos relativos à posse e o modo de uso da arma moderna? Eis uma questão que este adido não pode responder.

Outra pergunta à qual ele confessa não poder responder: o que é realidade e o que é propaganda governamental no anúncio da descoberta de petróleo ao largo do estado do Rio de Janeiro? Segundo o governo, as jazidas "permitiriam atingir uma produção de 1 milhão de barris por dia (o consumo atual é de 800 mil barris por dia)". Em seu relatório de novembro de 1974, ele diz: "Resta saber onde está nesse anúncio do governo a realidade e onde está a propaganda. Seria preciso também que se definissem os prazos nos quais a produção será atingida."

Aussaresses cita o comentarista político do *Jornal do Brasil*, Carlos Castelo Branco, em artigo intitulado "O petróleo é nosso?", que viu uma "coincidência feliz" entre a confirmação da descoberta do petróleo e o resultado final das eleições, nas quais o partido do governo (Arena) sofrera uma derrota amarga. O adido pergunta: "As eleições de 15 de novembro que viram o sucesso do partido de oposição foram uma derrota para o governo? Na medida em que o presidente da República fez questão de que fossem livres, poderão de fato reforçar seu prestígio."

### A doutrina francesa na Argentina

Todos os generais que fizeram parte dos governos militares na Argentina, depois do golpe de 1976, foram treinados pelos franceses, como atestaram generais argentinos no livro *Escadrons de la mort, l'école française*. Em 1957, o militar argentino Alcides Lopez Aufranc foi selecionado para um estágio prático de um mês na Argélia, onde foi treinado no que viria a se chamar "doutrina francesa".

O general Ramón Díaz Bessone declarou a Marie-Monique Robin que um dos ensinamentos mais importantes dos franceses foi que a primeira arma para lutar contra uma "guerra subversiva" do tipo revolucionária é um bom aparelho de inteligência. Segundo ele, graças ao bom serviço de informação dos militares a subversão foi aniquilada em três anos. E todos os militares argentinos que participaram do golpe militar tinham sido alunos dos franceses.

O general Reynaldo Bignone informou que os franceses deram aos argentinos os fundamentos da luta antissubversiva com a doutrina da guerra moderna. A Batalha de Buenos Aires foi a cópia fiel da Batalha de Argel.

O ministro do Interior do presidente Giscard d'Estaing, Michel Poniatowski (1974-1977), visitou a Argentina neste período com cartas do Exército francês propondo uma colaboração na troca de informações para "lutar contra a subversão".

Por sua vez, o general Albano Harguindeguy contou que a principal lição que os militares argentinos receberam dos franceses foi que o inimigo está em toda parte, dentro do território nacional. Daí a importância de dividir o território em zonas e subzonas. "Os comandos, que chamávamos esquadrões da morte, foram fundamentais na guerra contra a subversão."

Ele confirmou que o governo francês sempre apoiou a ação dos militares argentinos depois de 1976, mas que havia uma certa resistência nos escalões inferiores da hierarquia: "A questão dos direitos humanos foi realmente um problema. A opinião pública mundial, e na França em particular, é composta de pessoas que têm ideias progressistas de centro-esquerda ou mesmo socialistas."

Tanto Bessone quanto Harguindeguy confirmaram o uso da tortura na Polícia Federal e na Polícia Municipal. "Como obter informações se você não sacode, não tortura o preso?", pergunta Harguindeguy. Sobre os desaparecidos ele disse: "Foi uma realidade e foi talvez um erro."

Na Argentina, a organização chamada Triple A [AAA ou Alianza Anticomunista Argentina – Aliança Anticomunista Argentina] era próxima de Lopez Vega, ministro de Isabel Perón, antes do golpe. Nessa organização havia alguns antigos militares franceses da OAS, de ultradireita, que tiveram um papel capital na formação dos esquadrões da morte.

Os argentinos acolheram os antigos militares extremistas franceses, ex-combatentes na Argélia, deram-lhes falsas identidades, contas bancárias e receberam deles os ensinamentos que consideravam importantes para vencer os "subversivos". Michel Bésineau, que deu entrevista a Robin, foi um deles.

Diferentemente dos militares brasileiros, muitos militares argentinos reconstituíram publicamente as origens das ditaduras e a importância da doutrina francesa. O general Martín Antonio Balza fez uma autocrítica na televisão argentina, em 1995, na qual condenava os horrores da ditadura. "Se não conseguirmos viver o luto e sarar as feridas, não temos futuro. Não podemos continuar a negar o horror que vivemos", disse o militar.

Ele era o primeiro a romper o silêncio e condenar o terror de Estado que dividiu os argentinos entre 1976 e 1983. No momento mais sangrento da ditadura, entre 1976 e 1978, Balza servia na Escola de Oficiais de Lima, no Peru.

Em entrevista a Marie-Monique Robin alguns anos depois, o general Balza apontou o papel fundamental dos ideólogos franceses na "guerra moderna":

> Os franceses trouxeram à Argentina uma concepção perversa e nefasta que envenenou o espírito dos oficiais da minha geração, a do "inimigo interno", nosso próprio concidadão. Antes, nos preparávamos para nos defender contra um eventual inimigo externo... O comunismo era apresentado como o mal absoluto. (...) De fato, a partir do fim dos anos 1950 até a véspera do golpe de Estado de março de 1976, o Exército se preparou para uma guerra fratricida e se comportou como um verdadeiro exército de ocupação no seu próprio país.

Segundo o general Balza, a doutrina de segurança nacional veio, no final dos anos 1960, se somar ao perigoso coquetel de catolicismo integrista, anticomunismo feroz e doutrina do "inimigo interno":

> Foi a doutrina francesa que preparou o terreno para a ditadura monstruosa do general Videla, pois se antes a Argentina já tinha vivido cinco golpes de Estado, jamais conheceu tantas violações dos direitos humanos, praticadas numa escala tão grande e planificadas no contexto de um novo modo de exercício do poder, o terrorismo de Estado.[3]

O tema do colóquio internacional, a que compareci como jornalista no Senado francês, em março de 2008, era exatamente este: Du Terrorisme d'État à la démocratie en Argentine [Do terrorismo de Estado à democracia na Argentina]. Nele, o cientista político e jurista Gabriel Périès lembrou que a França e os Estados Unidos foram os grandes difusores da doutrina antissubversiva ou contrarrevolucionária. Mesmo sendo rivais na venda de armas aos países latino-americanos, americanos e franceses eram aliados na luta contra o comunismo. Segundo Périès, o terror era um meio de controle da população doutrinada por um discurso teológico-político que legitimava a prática da tortura e os desaparecimentos.

Os latino-americanos foram doutrinados tanto por americanos quanto por franceses, confirmou outro participante do encontro, o Prêmio Nobel da Paz argentino de 1980, Adolfo Pérez Esquivel. Em sua brilhante conferência, ele informou que mais de 80 mil militares latino-americanos passaram pelas academias americanas e francesas. "Mas apesar da redemocratização, a doutrina de segurança nacional não desapareceu de nossos países", lamentou Pérez Esquivel.

Em sua conferência "Terrorisme d'État et rôle de l'Église catholique. Origines, intérêts et complicités" [Terrorismo de Estado e o papel da Igreja católica. Origens, interesses e cumplicidades],

Esquivel ressaltou a atuação da hierarquia católica na ditadura que durou de 1976 a 1983. Segundo ele, na Argentina, a aliança entre os representantes da Igreja e os generais foi maior que em qualquer outra ditadura latino-americana.

Preso e torturado em Buenos Aires, em 1976, o futuro Nobel da Paz já tinha sido detido, no aeroporto de São Paulo, no ano anterior, pela Polícia Militar do Brasil, que o libertou depois de interrogado. Na prisão, em Buenos Aires, ele recebeu o Prêmio Memorial da Paz João XXIII.

"Sou um sobrevivente que escapou dos voos da morte", disse Esquivel no Senado, em Paris.

Como ele, o jornalista Horacio Verbitsky também escapou por pouco aos voos da morte. Chamados eufemisticamente de "transferência", eles consistiam em jogar no mar corpos de prisioneiros vivos, adormecidos por injeções de Pentothal. O capitão Francisco Scilingo contou que, depois dos voos da morte, ele assistia a missas com os capelães, que lhe diziam "que o que fazia era para o bem da pátria", segundo Perez Esquivel.

Em sua conferência, o Prêmio Nobel homenageou "os que lutaram e resistiram dentro da própria Igreja católica". Entre os desaparecidos da ditadura estão duas freiras francesas, Léonie Duquet e Alice Domon:

> Os militares não fizeram o golpe de Estado sozinhos, necessitaram da cumplicidade de empresários, de políticos, de setores religiosos, de países mas também de organismos internacionais como o FMI. Não se deve pensar que os militares enlouqueceram e começaram a matar e torturar. Foram o resultado da doutrina de segurança nacional, uma política denunciada pelo movimento ecumênico de direitos humanos. Este foi organizado para tentar dar uma resposta ao que se passava no Brasil bem antes do golpe argentino. Nesse movimento, dom

Hélder Câmara foi um grande profeta. Na Argentina, houve bispos da Igreja católica que traíram os argentinos e traíram o Evangelho. Eles justificavam a tortura.

Em 1959, em plena Guerra da Argélia, fora assinado um acordo entre os militares franceses e argentinos que previa uma missão militar francesa permanente em Buenos Aires na sede do Estado-Maior das Forças Armadas. O coronel Robert Bentresque, membro da missão francesa na Argentina entre 1959 e 1962, informou que os militares franceses enviados à Argentina eram todos ex-combatentes da Argélia e o trabalho que realizavam era totalmente secreto.

Em outubro de 1961, foi organizado em Buenos Aires – onde havia uma missão permanente de assessores militares franceses desde o ano anterior – o primeiro curso interamericano de "guerra contrarrevolucionária", para 37 oficiais militares de 14 países, inclusive do Brasil e dos Estados Unidos (oficiais de Cuba e do Haiti não foram convidados).

"Os americanos não sabiam nada da guerra contrarrevolucionária, estavam aprendendo conosco", disse a Robin o general Alcides López Aufranc, que participou do golpe argentino de 1976. Em artigo numa revista militar, Aufranc definiu a "guerra revolucionária" para a qual se preparavam os militares sul-americanos como "uma doutrina de guerra elaborada por técnicos marxistas-leninistas para tomar o poder graças ao controle físico e psicológico das populações, apoiando-se em uma mística e um processo determinado".

O embaixador francês em Buenos Aires enviou um comunicado a Paris no qual assinala que "os meios militares americanos manifestaram certo ciúme em relação à influência dos assessores franceses junto ao Estado-Maior argentino e à ESG de Buenos Aires".[4]

O livro de Roger Trinquier já era traduzido na Argentina desde 1963. No prólogo, o militar francês defende claramente o "veneno contra o terrorista": "A tortura é o veneno particular contra o terrorista, como a artilharia antiaérea é a arma do aviador e a metralhadora, a do soldado."

O trabalho de infiltração ideológica da missão francesa em Buenos Aires deu frutos: em 1976, surgia a mais sangrenta ditadura da América Latina. Os militares argentinos subiram alguns degraus na barbárie inaugurada no Brasil, em 1964, e implantada no Chile, em 1973.

Em 2012, o general Jorge Rafael Videla, autor do golpe de Estado que implantou a ditadura militar argentina em 1976, declarou em entrevista ao jornalista Ceferino Reato, que o regime tinha assassinado entre 7 e 8 mil pessoas. Segundo as organizações internacionais de direitos humanos, esse número foi quatro vezes maior: 30 mil pessoas foram mortas ou desapareceram na Argentina.

Videla explicou que os corpos dos presos tinham de desaparecer "para evitar reações de protestos no país e no exterior". Nas entrevistas concedidas a Reato na prisão militar de Campo de Mayo, onde se encontrava, o velho general usou a mesma lógica de Aussaresses para explicar o processo de "disposição final", que comandou os desaparecimentos de opositores.

As vinte horas de entrevista com Videla resultaram no livro *Disposición final: La confesión de Videla sobre los desaparecidos* [Disposição final: A confissão de Videla sobre os desaparecidos], no qual o ditador diz que o objetivo do regime "era disciplinar uma sociedade em plena anarquia". Exatamente como fizera seu mentor Aussaresses anos antes em seus dois livros, Videla defendeu a tortura e citou a experiência francesa na Indochina e na Argélia.

Como Aussaresses, o ditador também não fez nenhuma autocrítica nem expressou arrependimento. Mas mostrou sua ira "contra os empresários argentinos que aprovavam os métodos dos militares para depois lavar as mãos e condená-los".[5]

"O golpe militar de 1964 marcou uma mudança histórica: era a primeira vez no Brasil e na América Latina que militares tomavam o poder reivindicando abertamente a Doutrina de Segurança Nacional. (...) Assim que chegam ao poder, eles começam a perseguir o 'inimigo interno' que o coronel Roger Trinquier conceituou: dirigentes sindicais, operários, camponeses ou estudantes, depois os representantes do mundo universitário ou dos movimentos sociais ligados à Igreja católica progressista e, finalmente, os membros do Partido Comunista."

(Marie-Monique Robin, *Escadrons de la mort, l'école française*)

## 5. Kennedy, a teoria dos dominós e o "inimigo interno"

Envolvidos na Guerra do Vietnã no ano seguinte à derrota dos franceses, os americanos se convenceram logo de que não podiam dominar o inimigo com as táticas aprendidas nos tratados militares tradicionais. Estavam diante de uma nova forma de guerra.

Foi então que recorreram aos franceses. No início da década de 1960, a convite de John Kennedy e de seu secretário de Defesa Robert McNamara, a França enviou militares aos Estados Unidos para ministrar, de 1961 a 1963, cursos de "guerra contrarrevolucionária" a oficiais americanos e sul-americanos, inclusive brasileiros. O general Paul Aussaresses foi um desses professores.

No Sudeste Asiático, então Indochina francesa, em maio de 1954, o general Vo Nguyen Giap, braço direito de Ho Chi Minh, colocara de joelhos o Exército francês numa guerra de guerrilha extremamente móvel. A Batalha de Dien Bien Phu marcou o fim da colonização francesa. Considerado por especialistas o maior estrategista do século XX, Giap, que nunca cursou uma escola militar, dirigiu seu povo em duas guerras sucessivas contra invasores estrangeiros, os franceses e depois os americanos.

Com os acordos de Genebra, assinados em julho de 1954, os franceses se retiraram da Indochina dando origem ao Vietnã, que nascia dividido em duas entidades, um país comunista, ao Norte, criado nove anos antes por Ho Chi Minh, e outro não comunista, ao Sul.

A vitória de Giap contra a França mostrou aos nacionalistas argelinos que o caminho da independência passava pela vitória militar sobre os colonizadores.

Apenas alguns meses depois da derrota na Indochina, ao enfrentar o nacionalismo argelino a partir de novembro de 1954, os militares franceses decidiram que a França não sofreria uma nova derrota como em Dien Bien Phu.

Segundo o historiador Pierre Vidal-Naquet, "foi na Indochina que, pela primeira vez na história contemporânea, o Exército regular, ao entrar em contato com uma revolução colonial, tenta pensar politicamente. Foi lá que foi criada a teoria da 'guerra revolucionária'. Foi também lá que foram teorizadas as práticas criminosas do Exército".[1]

O historiador tinha lido, provavelmente, a matéria do jornalista Jacques Chégaray, no jornal *Témoignage Chrétien*, publicada no dia 29 de julho de 1949. Visitando um posto da região de Tonkin, em plena guerra que os franceses travavam contra os nacionalistas Viet Minh, o jornalista foi recebido por um oficial francês que lhe mostrou o seu escritório, a mesa, a máquina de escrever, o lavabo. Num canto, a "máquina de fazer falar". O jornalista se mostrou surpreso. O oficial lhe aponta o transformador: o contato, o polo positivo e o polo negativo que, ligados, levam o prisioneiro a falar.

Mais tarde, outro oficial levou o mesmo jornalista a um posto em Cholon. Em cima da mesa de trabalho, um crânio humano. Era um Viet Minh a quem o oficial tinha cortado a cabeça, que desde então passou a servir de peso de papel. O oficial narrou a dificuldade para tirar toda a carne do crânio, posto para ferver por quatro horas e depois raspado com a navalha.

Como se pode constatar, não foram os combatentes do Estado Islâmico que inventaram a decapitação dos inimigos. Nem mesmo os franceses na Indochina. A prática vem da noite dos tempos, passando pela Revolução Francesa, quando foi criada a decapitação *à la française* por Monsieur Guillotin.

No Brasil, o valoroso Exército de Caxias exibiu publicamente cabeças de cangaceiros, nos anos 1930. Hoje, os líderes ocidentais se dizem horrorizados com as decapitações feitas por "monstros" islâmicos.

Em matéria de horror, não há muito o que inventar. Na ditadura de 1964, os militares compactuaram com os métodos do esquadrão da morte que executava opositores do regime fazendo desaparecer o corpo. Uma das invenções da Polícia para encobrir mortes sob tortura foi a entrega do corpo à família num caixão chumbado, "com uma pequena abertura em vidro na altura do rosto, para esconder as marcas da tortura".[2]

Os crimes de guerra das ditaduras sul-americanas repousavam sobre a reformulação que os americanos haviam feito na Doutrina de Segurança Nacional a partir da teoria do "inimigo interno" e da "guerra revolucionária". Treinados nos Estados Unidos, os exércitos da América Latina passam a desempenhar um papel de polícia em seus próprios países. Marie-Monique Robin explicou em entrevista:

> John Kennedy, que tinha feito uma viagem à Argélia quando senador, era obcecado pela teoria dos dominós, que previa que o comunismo iria dominar o planeta. Ao ser eleito presidente, ele pediu ao governo francês que enviasse aos Estados Unidos experts para darem cursos nos Fortes Bragg (na Carolina do Norte) e Benning (Geórgia e Alabama). Graças ao ensino dos franceses, os americanos redefiniram a Doutrina de Segurança Nacional que existia desde 1948, com Truman. Os americanos procuravam criar uma frente com a América Latina, para se preparar para uma eventual invasão ou guerra contra a União Soviética.

Segundo o historiador Reginaldo J. Fernandes, nos Estados Unidos, "para além dos aspectos propriamente militares e políticos, o conceito de *segurança nacional* possui uma dimensão de interesse eminentemente econômico, de modo que os vínculos entre o governo e as grandes empresas são indissociáveis, representando o acesso seguro aos mercados mundiais e às fontes de matéria-prima; em última instância, a segurança nacional nos Estados Unidos está estreitamente relacionada e foi dirigida, antes dos militares, por grandes grupos econômicos imbricados em um complexo militar-industrial-universitário. Esta burocracia foi institucionalizada pelo National Security Act [Lei de Segurança Nacional] em 1947, que por sua vez criara no mesmo ano a CIA, que unificaria as diversas agências de inteligência militar advindas da Segunda Guerra, a qual seria largamente utilizada em intervenções secretas na política interna de outros países, notadamente em países sul-americanos".[3]

Para o controle do inimigo nas novas formas de guerra, a partir da década de 1950, a CIA passara a direcionar, segundo Michel Terestchenko, bilhões de dólares a pesquisas secretas de natureza psicológica: *sensory desorientation* [desorientação sensorial] e *self inflicted pain* [sofrimento autoimposto]. Esses tipos de tortura, segundo o filósofo, "levam a uma destruição da personalidade, são de uma eficácia mais terrível que as formas tradicionais de violência".

Em 1963, a CIA organizou um método de interrogatório que trata de tortura psicológica chamado KUBARK Counterintelligence Interrogation (KUBARK é nome de código que a Agência atribuía a si mesma). Segundo o manual, os métodos da tortura psicológica visavam a levar o prisioneiro a um "caos existencial" propício a revelar informações úteis. Mas os americanos não tinham ainda reunido toda a experiência dos franceses, obtida em duas guerras coloniais.

Na década de 1960, o clima de guerra total contra o comunismo passou a unir militares franceses e americanos. Para os Estados

Unidos, como para a França, a luta contra a "subversão comunista", exportada pelo trio diabólico – URSS, China e Cuba – era um imperativo geopolítico. Durante a guerra colonial na Indochina, 75% do equipamento do Exército francês tinha origem americana, segundo o historiador Alain Ruscio. Ele escreveu que os franceses foram os primeiros a usar o Napalm para bombardear o Exército Popular vietnamita, o Viet Minh.[4]

Na formação dos oficiais americanos, Paul Aussaresses transferia toda a experiência adquirida nas guerras coloniais francesas. Desde sua publicação em 1961, *La guerre moderne* tornou-se uma verdadeira bíblia dos oficiais americanos enviados ao Vietnã. Nele, Trinquier faz uma reflexão teórica sobre o estatuto do terrorista para justificar a tortura, contornando com argumentos falaciosos a Convenção de Genebra.

O coronel americano Carl Bernard, que foi aluno de Aussaresses nos Estados Unidos, afirmou à jornalista Marie-Monique Robin que "mesmo tendo feito a guerra na Coreia e depois no Laos, os militares americanos nunca tinham incluído a tortura num sistema militar completo como o da guerra contrarrevolucionária, teorizada e ensinada pelos franceses".[5] Ele contou que leu *La guerre moderne* antes mesmo de ser publicado.

Segundo Bernard, a Operação Phoenix dos americanos no Vietnã é fruto da leitura desse livro, que ele próprio enviou a Robert Komer, da CIA. Nomeado em 1967 para o Bureau de Saigon, Komer dirigia o esquadrão da morte, encarregado de eliminar as redes de combatentes vietcongues[6] na população. Segundo o coronel Bernard, a Operação Phoenix foi uma cópia da Batalha de Argel e nela foram mortos 20 mil civis vietnamitas.

O general americano John Johns, outro veterano da Guerra do Vietnã, contou que, quando ministrou cursos nos fortes Bragg e Benning, Aussaresses fez os americanos compreenderem que "o modelo militar americano era totalmente ultrapassado".[7] John Johns, que se posiciona incondicionalmente contra a tortura, "por uma questão moral e ética", julga que, assim como já tinham feito no Vietnã, os americanos reproduziram no Iraque os mesmos erros que os franceses haviam cometido na Argélia.

Tanto John Johns quanto Carl Bernard se opuseram à invasão americana do Iraque, em 2003, e eram militantes antitortura.

Apesar da imagem que revelou da França, que prefere se ver como "o país dos direitos humanos", o livro *Escadrons de la mort, l'école française* foi saudado como uma obra fundamental para a História recente do país. O filme homônimo realizado pela mesma autora foi premiado como melhor documentário político de 2004 pelo Senado francês. Os senadores ressaltaram a seriedade e o rigor do trabalho de Robin. A influência da "escola francesa" sobre as ditaduras sul-americanas – num percurso triangular via Estados Unidos – revelada no livro foi descoberta de forma totalmente fortuita, quando Robin fazia entrevistas para um livro sobre a Operação Condor.

Para o livro, Marie-Monique Robin entrevistou militares franceses, como Aussaresses, que participaram das guerras da Indochina e da Argélia. Realizou, ainda, entrevistas com militares que tiveram papel de primeira importância nas ditaduras chilena e argentina, como o general chileno Juan Manuel Contreras, chefe da Dirección de Inteligencia Nacional [Direção de Inteligência Nacional – Dina], o serviço de informação chileno, e os generais argentinos Ramón Díaz Bessone, ministro do Planejamento, e Albano Harguindeguy, ministro do Interior do governo do general Jorge Videla.

Nenhum militar brasileiro deu entrevista para o livro de Robin. No Brasil, os militares ainda se recusavam a falar da tortura sob a ditadura civil-militar. É sabido que eles a utilizaram em larga escala e no livro *Du bon usage de la torture ou Comment les démocraties justifient l'injustifiable*, o autor cita diversas vezes a ditadura brasileira entre os Estados que instituíram a tortura como método de interrogatório.

O único militar brasileiro de alta patente que falou abertamente de tortura no Brasil foi o general Ernesto Geisel, em 1997. E mesmo assim não foi para confessar que torturaram durante a ditadura, ou "governo revolucionário", como preferem os militares. Em depoimento aos historiadores Maria Celina D'Araujo e Celso Castro, pesquisadores do CPDOC da Fundação Getulio Vargas, Geisel defendeu a tortura sem mencionar seu uso sistemático durante a ditadura:

> Acho que a tortura em certos casos torna-se necessária para obter confissões. Já contei que no tempo do governo Juscelino alguns oficiais, inclusive o Humberto de Melo, que mais tarde comandou o Exército de São Paulo, foram mandados à Inglaterra para conhecer as técnicas do serviço de informação e contrainformação inglês. Entre o que aprenderam havia vários procedimentos sobre tortura. O inglês, no seu serviço secreto, realiza com discrição. E o nosso pessoal, inexperiente e extrovertido, faz abertamente. Não justifico a tortura, mas reconheço que há circunstâncias em que o indivíduo é impelido a praticar a tortura para obter determinadas confissões e, assim, evitar um mal maior.[8]

"Penso com um infinito respeito em meus irmãos árabes ou franceses, que morreram como Cristo, nas mãos de seus semelhantes, flagelados, torturados, desfigurados pelo desprezo dos homens."

(general Jacques Pâris de Bollardière)

## 6. "Era a primeira vez que eu torturava alguém. (...) Eu não deveria me arrepender"

Em seu primeiro livro, *Services spéciaux – Algérie 1955-1957*, lançado em 2001, e que lhe valeu imensa notoriedade e processos por "apologia de crimes de guerra" e "crimes contra a humanidade", Aussaresses rememora o dia em que iniciou suas atividades de torturador:

> O homem se recusava a falar. Então fui levado a utilizar meios coercitivos. Me virei sozinho, sem os policiais. Era a primeira vez que eu torturava alguém. Nesse dia foi inútil. Ele morreu sem dizer nada (...) Havia pressa e eu tinha nas mãos um homem diretamente ligado a um ato terrorista: todos os meios eram bons para fazê-lo falar. As circunstâncias obrigavam.[1]

Algumas páginas antes o militar conta como pôs em marcha o sistema:

> Os policiais me convenceram que a melhor forma de fazer um terrorista contar o que sabe é torturá-lo. Eles me disseram sem se envergonhar que essas práticas eram conhecidas de todo mundo, tanto da hierarquia quanto das autoridades de Paris e até mesmo os jornais começavam a falar delas. E me mostraram a técnica de interrogatórios "fortes": primeiramente porradas,

que muitas vezes eram suficientes; depois vinham outros meios, elétricos, enfim, o afogamento. A tortura com eletricidade era praticada com a ajuda de geradores do campo utilizados para alimentar os postos de emissão e de recepção. Esses aparelhos eram muito usados. Aplicávamos eletrodos nas orelhas ou nos testículos dos prisioneiros. Os policiais tinham um princípio: quando era preciso interrogar um homem que, ainda que em nome de um ideal, tinha derramado sangue de um inocente, a tortura se tornava legítima em caso de urgência. Uma informação obtida a tempo podia salvar dezenas de vidas humanas.[2]

Para justificar sua convicção sobre os benefícios da tortura, o general conta um diálogo que manteve com um policial francês em Argel. Ao vê-lo ainda reticente quanto ao uso da tortura em prisioneiros, o policial lhe diz que "a opção de torturar um suspeito de terrorismo e fazer sofrer um só culpado é mais fácil do que dizer aos parentes das vítimas que é melhor a outra opção, isto é, deixar que sejam mortos dezenas de inocentes".

Apesar do amálgama que esse policial faz entre "suspeito" e "culpado" e do uso da palavra "terrorista", de múltiplas utilizações – de uso genérico para designar um militante nacionalista, um resistente ao regime nazista ou ainda frades que ajudavam os resistentes brasileiros a escapar da prisão e da tortura –, ele conseguiu convencer Aussaresses.

O general escreve: "Uma breve meditação sobre essa parábola varreu totalmente meus escrúpulos. Concluí, então, que ninguém teria nunca o direito de nos julgar e que, ainda que minhas funções me levassem a fazer coisas muito desagradáveis, eu não deveria me arrepender."[3]

A argumentação primária de um policial convenceu plenamente o general, que se autoabsolve, já que pensa que "ninguém nunca teria o direito de nos julgar".

O coronel Cockborne, um militar francês austero, se insurgiu contra os métodos dos paraquedistas sob seu comando e com as execuções dos membros do Front de Libération Nationale argelina. Um dia, Cockborne reagiu indignado: "Não se pode matar todos os membros de uma organização depois de prendê-los! Isso é uma coisa de louco! Por que não os entregam à Justiça em vez de executá-los?"

A resposta de Aussaresses foi uma verdadeira defesa das execuções sumárias:

> Foi isso que as mais altas autoridades do Estado decidiram, coronel. A Justiça não quer se envolver com o Front de Libération Nationale, justamente porque eles são numerosos e não saberíamos onde colocá-los; e não poderemos mandar para a guilhotina centenas de pessoas. A Justiça está organizada segundo um modelo que corresponde à metrópole em tempo de paz. Estamos na Argélia, começando uma guerra. O senhor queria um oficial de informações? Eis-me aqui. Como o senhor não deu instruções, me virei por conta própria. Uma coisa é clara: nossa missão nos impõe resultados que passam pela tortura e execuções sumárias. E penso que isso é apenas um começo.

Cockborne concluiu: "É uma guerra suja. Isso não me agrada."[4]

Mais adiante, Aussaresses escreve:

> Quando foi preciso matar os prisioneiros, não tivemos a menor dúvida de que executávamos ordens do governo de Guy Mollet[5] e da República Francesa. Era raro que prisioneiros interrogados durante a noite se encontrassem ainda vivos de manhã. Tendo falado ou não, eram geralmente neutralizados. Era impossível enviá-los à Justiça. Eles eram muito numerosos e a engrenagem judiciária teria ficado emperrada.[6]

"Neutralizados" era um eufemismo para executados.

Aussaresses dirigiu pessoalmente execuções de prisioneiros que haviam participado de um levante, em Philippeville, em 1955. Os historiadores calculam cerca de 12 mil mortos naquela ocasião, dos quais 1.200 foram executados sumariamente.

O general demonstrava indisfarçável prazer em atribuir aos homens políticos – que ainda por cima eram os odiados socialistas (François Mitterrand era o ministro da Justiça) – a decisão de introduzir a tortura como forma de obter informações e desmantelar o Front de Libération Nationale, o movimento nacionalista unificado, que lutava pela independência da Argélia.

No último parágrafo de *Services spéciaux*, o velho general tenta justificar toda sua ação como um engajamento patriótico. Conta que alguns anos depois, em 1966, observava jovens oficiais, numa festa na cidade de Pau, onde comandava o 1º Regimento de paraquedistas, enquanto lembrava de episódios da Argélia. E escreve: "Não tenho remorsos, mas faço votos de que nunca nenhum desses jovens tenha de fazer o que, por meu país, tive de fazer na Argélia."

Ao assumir publicamente que na luta contra o FLN o Exército francês torturou e praticou execuções sumárias, o general devia imaginar que seria alvo do opróbrio da nação. Obviamente, suas revelações chocaram uma parte do país, pois ele confirmou o que historiadores já sabiam: a famosa Batalha de Argel, em 1957, foi vencida com a violação dos direitos humanos fundamentais e o desprezo total da Convenção de Genebra.

Ao qualificar os adversários de "terroristas", os militares franceses os estigmatizavam e negavam a luta como uma guerra de independência. Mas isso também tinha um objetivo maquiavélico: numa guerra não reconhecida como tal, em que combatiam "terroristas" sem uniforme, o Exército francês não se sentia constrangido a cumprir as convenções internacionais que regulam as guerras e condenam expressamente a tortura e as execuções sumárias de prisioneiros.

## "ERA A PRIMEIRA VEZ QUE EU TORTURAVA ALGUÉM. (...)

Com uma visão política libertária e respeitosa dos direitos humanos, homens como o psiquiatra francês Frantz Fanon, originário da Martinica, denunciaram a engrenagem instaurada pelos paraquedistas comandados pelo general Massu. Publicado em 1961, o livro de Fanon *Les damnés de la terre* [Os condenados da terra] circulou na França clandestinamente durante a Guerra da Argélia. Logo se tornou a bíblia da luta anticolonialista dos povos do Terceiro Mundo. No Brasil, foi lido e debatido por revolucionários que se opunham à ditadura e apoiavam as guerras de independência no mundo inteiro.

Fanon cuidou de militantes clandestinos do Front de Libération Nationale durante o conflito e viu como tanto torturados quanto torturadores podem ser destruídos pela tortura. Yves de La Bourdonnaye, que substituiu o comandante Aussaresses em Argel em agosto de 1957, contou que alguns membros da equipe do esquadrão da morte tinham ficado completamente loucos, habituados a matar os prisioneiros com uma facada no coração.[7]

Totalmente engajado na luta dos argelinos pela independência, Fanon foi expulso da Argélia, depois de escrever às autoridades em Paris, denunciando a brutalidade do poder colonial francês, os assassinatos e as arbitrariedades dos representantes da metrópole sobre os argelinos.

No prefácio da edição de 1968 do livro de Frantz Fanon, pela Éditions Maspéro, o filósofo Jean-Paul Sartre faz um requisitório contra o colonialismo e a tortura. Ironizando o excesso de trabalho dos torturadores franceses, Sartre escreve: "Não é bom que um policial seja obrigado a torturar dez horas por dia: nesse ritmo, seus nervos vão ficar despedaçados, a menos que proíbam aos carrascos, em seu próprio interesse, de fazer horas extras."

No livro *Violence Workers. Police Torturers and Murderers Reconstruct Brazilian Atrocities* [Trabalhadores da violência. Torturadores e matadores da Polícia reconstroem atrocidades brasileiras], citado por Michel Terestchenko, os autores Martha K. Huggins,

Mika Haritos-Fatouros e Philip G. Zimbardo insistem nos efeitos psíquicos destruidores da tortura para as vítimas e também para os torturadores: vida de família destruída, problemas de saúde, estado depressivo, alcoolismo, tentações suicidas.

Fanon, que se tornou um ícone do pensamento anticolonial no mundo inteiro, morreu em 1961, aos 37 anos, sem ver a independência da Argélia, que se daria no ano seguinte. Mas viveu o suficiente para ver o movimento contra a Guerra da Argélia que crescia a cada ano entre intelectuais franceses.

**Rompendo o silêncio protegido pela lei de anistia**

Por que Aussaresses resolveu subitamente sair de seu silêncio e revelar segredos de La Grande Muette,[8] guardados por quase meio século? No "país dos Direitos Humanos" – como os franceses se referem à França, para louvá-la ou para criticá-la com uma ponta de ironia –, o Exército é chamado La Grande Muette e os militares não intervêm no debate político-partidário, reservado aos civis. Se o Exército é mudo, é porque os militares da ativa são proibidos de se expressar na imprensa pelo *devoir de réserve* [dever de reserva].

Depois de ler *Services spéciaux*, o leitor se pergunta o que teria levado o militar a assumir todos os horrores que descreve: tortura, execuções sumárias e outros atentados aos direitos humanos dos prisioneiros. Para ter a palavra final, uma versão sem retoques dos "acontecimentos" da Argélia? Por simples narcisismo? Por que se expôs dessa forma, assumindo o papel de carrasco, mesmo que sua confissão seja acompanhada do álibi de mero executor de ordens, como os chefes nazistas o fizeram no fim da guerra?

Sem dúvida, porque do seu ponto de vista seus atos são justificados e legítimos: defendia os interesses de seu país. Fez tudo "pela França", como diz. No livro, ele dá aos fatos a interpretação que o engrandece: além de ter torturado para defender a França, o fez obedecendo ordens, não por prazer ou perversão.

Ao contar todos os horrores da Guerra da Argélia, o general tinha certeza de que os crimes de que poderia ser acusado estavam prescritos pela lei de 31 de julho de 1968 que anistiara "as infrações cometidas em relação com os acontecimentos da Argélia". Ele sabia que essa anistia o protegia. Antes da publicação do livro, o diretor das edições Perrin-Plon, Xavier de Bartillat, havia tomado todas as precauções possíveis, consultando historiadores, juristas e diversas personalidades.

As revelações de *Services spéciaux – Algérie 1955-1957*, confirmando o caráter sistemático da tortura empregada pelos militares na Argélia, causaram revolta e indignação entre os políticos franceses, de direita como de esquerda. Mas tiveram consequências positivas, pois reabriram o debate em torno da tortura na Guerra da Argélia, causando um terremoto jurídico-midiático: em 2001, o general foi enviado ao banco dos réus em dois processos. No primeiro, era acusado pela Federação Internacional dos Direitos Humanos e pelo Mouvement contre le Racisme et pour l'Amitié entre les Peuples [Movimento contra o Racismo e pela Amizade entre os Povos – MRAP] de "crimes contra a humanidade". No segundo, a Liga dos Direitos Humanos o acusava de "apologia de crimes de guerra". Olivier Orban, o diretor-presidente da editora que publicou Aussaresses, criticou a Justiça por não querer aceitar que uma verdade tão abominável como a confissão de um torturador possa ser publicada "sem que ele declare explicitamente seu remorso".

Durante o processo, o general pôde exprimir sua convicção de que "uma informação obtida a tempo poderia salvar dezenas de vidas humanas" caso o torturado fosse um potencial lançador de uma bomba. De qualquer forma, "o interrogado era fuzilado para não emperrar o funcionamento da Justiça", contou.

O advogado Guy Aurenche, da Action des Chrétiens pour l'Abolition de la Torture [Ação dos Cristãos pela Abolição da Tortura

– Acat], lembrou que "os generais deveriam saber que a proibição da tortura é universal e absoluta". O presidente de honra da Liga dos Direitos Humanos, o renomado advogado Henri Leclerc, frisou que "em seu livro o general não procurou falar da tortura, mas legitimá--la, fazer a apologia da tortura".

Na família, suas três filhas se voltaram contra ele. Uma delas retirou seu sobrenome. Sua esposa, Odile Charton, ex-membro da Resistência Francesa na Segunda Guerra, caiu doente e morreu meses depois da publicação do livro.

Durante o processo, diversos militares foram depor em defesa do general Aussaresses. Por outro lado, alguns dos antigos companheiros de farda o acusaram de narcisismo e tentaram fazê-lo pagar por suas indiscrições, provavelmente por temerem as consequências de suas revelações. Ele chegou a receber ameaças e por três vezes escapou de atentados.

O caso Aussaresses durou na Justiça de 26 de novembro de 2001 até dezembro de 2004, e terminou com a condenação final do réu ao pagamento de uma multa de 7.500 euros e seus editores (Plon e Perrin) a 15 mil euros cada, por "apologia de crimes de guerra". Além disso o general e seus editores foram condenados a pagar 2 mil euros de custas do processo às associações que o processaram: a Liga dos Direitos Humanos, o MRAP e a Acat. Depois do final do processo, um decreto do presidente Jacques Chirac de 14 de junho de 2005 excluiu o general da Légion d'Honneur. Aussaresses ficou muito marcado por esse ato, pois recebera a medalha em 1945, por proposta do general De Gaulle, graças à sua participação na Resistência, na região de Carcassonne.

Apesar do grande debate que se abriu entre juristas, a Justiça francesa entendeu que a lei de anistia de 1968 garantia uma "anistia geral de todas as infrações cometidas em relação com os acontecimentos da Argélia". Antes, os decretos de 22 de março e 14 de abril de 1962 garantiram a anistia aos "fatos cometidos no contexto das operações

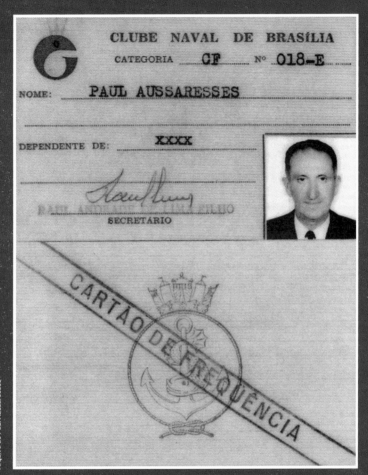

Carteira de acesso do adido militar da França e então coronel Paul Aussaresses ao Clube Naval de Brasília. O cargo na embaixada francesa camuflava uma cooperação estreita com os serviços de informação brasileiros no combate ao "comunismo internacional". Brasília, [entre 1974 e 1975].

Arquivo de Paul Aussaresses

Como coronel, Aussaresses chefiou os esquadrões da morte na Guerra da Argélia. Por sua atuação durante a Libération, na Segunda Guerra Mundial, recebeu a Légion d'Honneur, a mais alta condecoração honorífica francesa. [S.l.], 1946.

Promovido a general após ser reformado, em 1976, Paul Aussaresses passou a trabalhar como executivo de venda de armas na empresa francesa Thomson-Brandt. Entre seus clientes mais assíduos estava o Brasil: "Os brasileiros pensavam que os riscos de desordem na América Latina precisavam ser prevenidos de forma eficaz..." [S.l.], [s.d.].

Henri Alleg, jornalista francês que dirigia um jornal comunista na Argélia durante a guerra de independência, narrou no livro *La question* as sessões de tortura a que era submetido pelos homens de Aussaresses. Alleg morreu em Paris, em 2013. Lilas/França, dezembro de 2011.

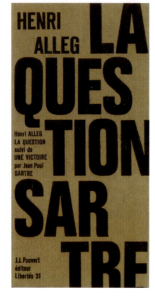

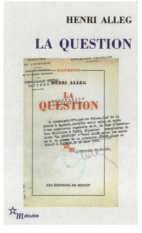

Capas de duas edições de *La question*, de Henri Alleg, cujos originais saíram clandestinamente da prisão El Biar, na Argélia. A primeira edição foi publicada pela Éditions de Minuit em 1958. Depois, o texto "Une victoire", de Jean-Paul Sartre, foi usado como posfácio, como nesta edição. Na edição de 2008 (à direita), o texto do filósofo francês foi substituído por um artigo do historiador Jean-Pierre Rioux.

Aos 82 anos, após a publicação de seu primeiro livro, *Services spéciaux – Algérie 1955-1957*, em que assume ter torturado durante a Guerra da Argélia e difundido métodos franceses de tortura, o general foi julgado por apologia de crimes de guerra. Paris, 6 de julho de 2001.

Aussaresses e seu advogado, Gilbert Collard, à saída do Palais de Justice. O general foi condenado a pagar 7.500 euros pelas custas do processo. A lei da anistia de 1968 evitou que ele fosse preso. Paris, 25 de janeiro de 2001.

Chocado com as afirmações de Aussaresses em seu primeiro livro, Jacques Chirac revogou a Légion d'Honneur do general, em decreto de 14 de julho de 2005. Na foto, em cerimônia não identificada, Chirac aparece (à esquerda, em primeiro plano); ao seu lado, ao fundo, está Paul Aussaresses. [S.l.], [s.d.].

Segundo livro do general, *Je n'ai pas tout dit* foi escrito em parceria com o jornalista Jean-Charles Deniau. O capítulo "O professor Aussaresses" trata da experiência do então coronel francês como instrutor do CIGS, em Manaus.

Paul Aussaresses e Elvire, sua segunda esposa, em casa, na Alsácia. A primeira esposa do general, Odile Charton, ex-membro da Resistência Francesa na Segunda Guerra, morreu meses depois da publicação de *Services spéciaux – Algérie 1955--1957*. As três filhas do casal se voltaram contra o pai; uma delas retirou o sobrenome dele.
La Vancelle/França, 2008.

A bandeira da França, símbolo usado pelo Front National – partido de extrema direita –, decorava a antessala da casa do general. A esquerda francesa é bastante crítica a esse uso da bandeira, resgatado, de certa forma, depois dos atentados terroristas de 2015.
La Vancelle/França, 2008.

Cortejo fúnebre de Aussaresses, acompanhado por veteranos paraquedistas.
La Vancelle/França,
10 de dezembro de 2013.

de manutenção da ordem dirigidas contra a insurreição argelina". Segundo juristas que contestam a lei de 1968, ela cobre crimes tidos como imprescritíveis para o direito internacional francês, constituído pelas convenções internacionais.

Paradoxalmente, a França teve um papel muito importante na redação das convenções internacionais relativas aos crimes de guerra e crimes contra a humanidade.

Tinha a lei francesa de 1968 o direito de anistiar crimes considerados imprescritíveis?

Pierre Vidal-Naquet pensava que "a anistia é uma verdadeira legitimação" dos crimes cometidos pelos militares franceses. Em seu livro *La torture dans la République*, o historiador designa Paul Aussaresses como o chefe do "que se deve chamar por seu nome, uma equipe de assassinos profissionais".

Quando se conhece a história da Guerra da Argélia e o papel da doutrina francesa nas ditaduras sul-americanas soa totalmente ridícula, além de pomposa, a Conclusão do relatório de fim de missão (26 de setembro de 1973) de Jean-Louis Guillot, o adido militar francês que precedeu Aussaresses. Ele escreveu ao Estado-Maior do Exército, seção de Relações Internacionais:

> Sem conservar o lugar que teve na História do Brasil, a França mantém um capital de estima, de consideração e de admiração, cimentado na sua vocação universal, intelectual e cultural. Mais ainda que sua presença econômica, nada desprezível, suscetível de se reforçar enfrentando as condições do mercado e da concorrência internacional, é o rosto do humanismo ocidental que continua a disseminar no povo brasileiro a reputação da França. Porque essa mensagem de esperança, nenhum outro país pode trazer dessa forma e nas circunstâncias atuais. A transmissão dessa mensagem deve ser a missão do adido militar na condição de representante da tradição humanista das Forças Armadas francesas.

## 7. "Sem remorso nem arrependimento", Aussaresses sai da sombra

De 2000 até 2008, o debate político na França, suscitado pela imprensa e por livros publicados, foi fundamental para revelar o envolvimento pessoal do general e a importância da "doutrina francesa" na história da ditadura brasileira e das ditaduras chilena e argentina.

Em 2000, o general Paul Aussaresses era conhecido apenas pelos historiadores franceses por ter participado da Batalha de Argel, de janeiro a outubro de 1957, como braço direito do general Jacques Massu, que quebrou a espinha dorsal do FLN. Apesar da carreira pontuada de atuações em diversos conflitos – seja na guerra convencional, seja como agente secreto, seja na "guerra contrarrevolucionária" –, até novembro daquele ano o general Aussaresses era um nome praticamente desconhecido do grande público na França.

Foi uma entrevista publicada no jornal *Le Monde*, em junho de 2000, que relançou o debate em torno de uma guerra que acontecera quase meio século antes e que os franceses consideravam definitivamente encerrada. Nessa entrevista, a militante nacionalista argelina (*fellagha*, em árabe) Louisette Ighilahriz contava as torturas e os estupros diários de que foi vítima, durante os três meses de detenção em Argel no Estado-Maior da 10ᵉ Division Parachutiste [10ª Divisão de Paraquedistas], comandada pelo general Massu.

A Guerra da Argélia, ferida supostamente cicatrizada pela lei de anistia de 1968, voltou ao debate público, e os franceses passaram a ver alguns dos antigos representantes de La Grande Muette nos jornais.

No entanto, o inesperado retorno da memória, recalcada por quase cinquenta anos, não levou o país a reconhecer a responsabilidade do Estado na tortura, morte e no desaparecimento de milhares de militantes anticolonialistas. Nem o levou a instaurar uma Comissão da Verdade, como sugeriu um dos maiores juristas franceses, o ex--ministro da Justiça de François Mitterrand, Robert Badinter, autor da lei que aboliu a pena de morte, em 1981.

Na sua campanha para presidente, em 1981, Mitterrand prometera abolir a pena de morte se eleito. Era uma extraordinária prova de coragem porque naquela época as pesquisas apontavam uma maioria de franceses favoráveis à pena capital. A promessa foi cumprida logo depois da eleição.

Em entrevista ao *Journal du Dimanche* de 16 de novembro de 2014, Frédéric Mitterrand, sobrinho do presidente e ex-ministro da Cultura de Nicolas Sarkozy, explicava essa determinação do tio por sua intransigência durante a Guerra da Argélia:

> Antes da eleição, ele disse em entrevista que era contra a pena de morte e prometeu a abolição. Era o mesmo homem que em 1956, como ministro da Justiça, negava-se a conceder a graça aos condenados à morte argelinos. Na época, ele se mostrava intransigente, recusando a graça. Em 1957, ao deixar o ministério, tinha permitido a morte na guilhotina de 45 nacionalistas argelinos. Era o mesmo homem que se declarava contra a pena de morte em 1947. Mas como ministro, deixou a razão de Estado sobrepor-se à sua convicção. Quando candidato à Presidência, ao se dizer favorável à abolição, colocou em risco sua eleição.

Se sobrou coragem a Mitterrand para abolir a pena de morte, faltou até agora vontade política para reconhecer a responsabilidade do Estado no desaparecimento do professor de matemática e militante comunista Maurice Audin, preso em seu apartamento, em 11 de junho de 1957, e levado para interrogatório por homens do general Aussaresses.

Em seu belo livro *Une vie brève* [Uma vida breve], publicado em Paris em 2013, Michèle Audin, filha de Maurice Audin, morto aos 25 anos, brilhante matemática como o pai, se pergunta:

> Ele deve ser designado como militante anticolonialista ou como militante comunista, sutil diferença defendida pelos que não esqueceram as posições discutíveis do PCF durante a guerra da Argélia? Deve-se dizer que ele foi assassinado pelo Exército francês ou pelos paraquedistas, deve-se dizer "assassinado" ou "torturado e assassinado"?[1]

Ainda em junho de 2000, o *Le Monde* entrevistou o general Jacques Massu, ex-comandante das Forças Francesas na Argélia. Aos 92 anos, desimpedido de seu silêncio, o general de pijama admitiu o uso da tortura naquela guerra e declarou que com o distanciamento pensava que "a tortura não é indispensável em tempo de guerra e pode ser evitada". Massu explicou que aquilo "fazia parte de uma atmosfera da época" em Argel. "Mas nós poderíamos ter agido diferentemente", disse.

Torturador arrependido que se declarava católico (como, aliás, a maior parte dos seus colegas de alto escalão que torturaram na Argélia), o velho general Massu confessou que sempre sofrera pelo fato de ver seu nome associado à tortura. Segundo ele, seria um avanço se a França fizesse um ato de contrição reconhecendo e condenando essas práticas. Ele morreu dois anos depois, em outubro de 2002, sem ter visto seu país reconhecer e condenar a tortura na Argélia. Até hoje, apesar de terem uma visão da missão civilizatória da França, nenhum presidente francês teve a coragem de fazê-lo.

Em 23 de novembro de 2000, foi a vez do general Aussaresses falar ao jornal *Le Monde*. Aos 82 anos, o ex-coordenador dos Serviços de Informação em Argel reconheceu, pela primeira vez, em entrevista à jornalista Florence Beaugé, as torturas e execuções sumárias que comandou. O criador do esquadrão da morte na Argélia garantiu que não tinha "nem remorso nem arrependimento". Ao contrário do general Massu, Aussaresses não queria ver a *République* fazer um *mea culpa*.

"Eu seria contra. Não temos de nos arrepender. Eu não me arrependo", declarou ao *Le Monde*, convicto de seus atos. Tempos depois, atribuiu a uma suposta senilidade de Massu o *mea culpa* tardio do antigo chefe.

"Ele estava senil e por isso se arrependeu. Considerando-se o tipo de guerra que nos pediam para fazer, não podíamos ter feito de outra forma..."

Na mesma edição de 23 de novembro de 2000 do *Le Monde*, o general Massu voltou a se declarar contra a tortura, que considerava "uma engrenagem perigosa". "Institucionalizar a tortura é a pior coisa que se pode fazer." Essa declaração correspondia a um *mea culpa* público, pois Massu fora, como militar, a autoridade máxima da institucionalização da tortura na Argélia.

Ele e Aussaresses assumiam, finalmente, a tortura, que intelectuais como Jean-Paul Sartre e historiadores como Pierre Vidal-Naquet não se cansaram de denunciar desde o final dos anos 1950, quando foi lançado o livro *La question*, de Henri Alleg, pela Éditions de Minuit.

Sartre e Vidal-Naquet levaram às últimas consequências o engajamento contra a Guerra da Argélia. Em setembro de 1960, o filósofo e o historiador assinaram, com outros 119 nomes de peso da vida intelectual francesa, o Manifeste des 121 [Manifesto dos 121]. No documento, Simone de Beauvoir, André Breton, Marguerite Duras,

Alain Resnais, Françoise Sagan, Simone Signoret, François Truffaut, Maurice Nadeau, Tristan Tzara e Jérôme Lindon (editor da Éditions de Minuit), além dos psicanalistas Jean-Bertrand Pontalis e Maud Mannoni, entre outros intelectuais, denunciavam a guerra e o "Exército que mantém aquele combate criminoso e absurdo".

O Manifesto, que tinha como subtítulo "Déclaration sur le Droit à l'Insoumission dans la Guerre d'Algérie" [Declaração sobre o Direito à Insubordinação na Guerra da Argélia], lembrava que aumentava a cada dia o número de franceses perseguidos, presos e condenados por terem se recusado a participar daquela guerra ou por terem auxiliado os combatentes argelinos. O corajoso texto proclamava a insubmissão como um direito dos franceses. E questionava:

> Não há casos em que a recusa a servir é um direito sagrado, em que a "traição" significa o respeito corajoso da verdade? (...) Nós respeitamos e julgamos que se justifica a recusa a pegar em armas contra o povo argelino. Respeitamos e julgamos que se justifica a conduta dos franceses que pensam que é do dever deles ajudar e proteger os argelinos oprimidos em nome do povo francês.

A circulação do manifesto foi imediatamente proibida, bem como os filmes ou peças de teatro dos signatários. Os que pertenciam a universidades públicas, como o matemático Laurent Schwarz, foram punidos com a perda do cargo.[2]

O velho general Aussaresses, cego de um olho coberto por uma venda, resolveu ir mais longe depois de dar a entrevista ao jornal *Le Monde*, em que admitia claramente a tortura na Guerra da Argélia. Em 2001, lançou o livro *Services spéciaux – Algérie 1955-1957* – um relato frio, sem nenhum arrependimento, dos dois anos em que combateu a insurreição argelina, numa guerra que a potência colonial não reconhecia como tal e chamava eufemisticamente de "acontecimentos da Argélia".

Ao reconhecer mais tarde os militares como ex-combatentes de uma guerra, a França se colocou fora da lei, pois se os "acontecimentos" foram uma guerra, a tortura e as execuções sumárias são violações flagrantes e inaceitáveis da Convenção de Genebra. E como a tortura é considerada "crime contra a humanidade", ela é imprescritível, apesar de os militares terem sido anistiados de todos os fatos relativos à Argélia, inclusive a tentativa de golpe da OAS contra o general De Gaulle.

**O torturador Le Pen**

Em 21 de abril de 2002, os franceses descobriram com estupefação que o fundador do partido de extrema direita Front National [Frente Nacional – FN], Jean-Marie Le Pen, disputaria o segundo turno das eleições presidenciais com Jacques Chirac, com a exclusão, totalmente inesperada, do socialista Lionel Jospin. O resultado do primeiro turno caiu como um raio, causando um dos maiores traumas da história recente do país.

Entre os dois turnos, no jornal *Le Monde*, a jornalista Florence Beaugé voltou a fazer novas revelações sobre a Guerra da Argélia, desta vez envolvendo um tenente que tinha o apelido de Borniol e era o chefe de seção de uma das companhias de combate. Alguns anos antes, ele tinha pertencido, como Aussaresses, à Juventude Universitária Católica (JUC). Esse tenente, não era outro senão Jean-Marie Le Pen. Descrito por Paul Aussaresses em *Services spéciaux* como "bastante turbulento", o tenente Le Pen "gostava de extravasar sua energia procurando brigas em locais chiques de Argel".[3]

Pelo *Le Monde*, a França tomou conhecimento de que o então tenente Jean-Marie Le Pen, engajado na Guerra da Argélia voluntariamente, era um torturador notório, tendo mesmo inaugurado uma espécie de tortura em domicílio durante a Batalha de Argel.

Na véspera do segundo turno, em 4 de maio de 2002, o jornal revelou como os paraquedistas franceses invadiram a casa do independentista Ahmed Moulay, situada na *casbah*, no Centro de Argel. Era dia 3 de março de 1957 e os militares queriam nomes de pessoas ligadas ao FLN. Moulay foi torturado diante de sua mulher e dos seis filhos do casal. Os militares franceses eram dirigidos por um homem alto, louro, a quem chamavam de tenente. O chefe de família foi morto à bala, mas um comunicado dos militares anunciou que ele fora abatido ao tentar fugir.

Acontece que durante a invasão da casa do independentista, um dos paraquedistas deixara cair seu punhal. Mohamed, um menino de 12 anos, filho de Ahmed Moulay, guardou a arma. Nela estava inscrito o nome do proprietário: JM LE PEN, IER REP. Mohamed teve a sagacidade de esconder o punhal no quadro de luz e quando os paraquedistas voltaram no dia seguinte para procurá-lo, revistaram a casa inteira mas não o encontraram. O garoto ficou em silêncio e escondeu posteriormente o punhal em local mais seguro.

Algumas semanas mais tarde, a família Moulay viu na primeira página dos jornais argelinos a foto do tenente louro sendo condecorado pelo general Massu. Seu nome: Jean-Marie Le Pen. Na reportagem do *Le Monde* de 2002, que reconstituiu a passagem de Le Pen pela Argélia, outros combatentes argelinos deram testemunho de sessões de tortura dirigidas por ele, em 1957.

Jacques Chirac, que tivera apenas 19,88% dos votos no primeiro turno, foi reeleito no segundo turno, em 5 de maio, com 82,21% dos votos, graças à mobilização dos franceses de todas as tendências contra o torturador Le Pen, que obteve apenas 17,79%.

O punhal de Jean-Marie Le Pen foi usado como prova no processo que este moveu contra o jornal *Le Monde*, que revelara sua implicação como torturador na Argélia. A arma em aço temperado mede 25 centímetros e foi fabricada por uma cutelaria alemã, da região de Ruhr. É o mesmo modelo usado pela Juventude Hitlerista e está exposta num museu argelino.

Mohamed, o menino de 12 anos que assistiu à tortura do pai pela equipe do tenente Le Pen, morreu em 2012, aos 67 anos.

Quando, em 2005, no final do processo contra Aussaresses feito por associações de defesa de direitos humanos, o presidente Jacques Chirac retirou do militar a Légion d'Honneur, dizendo-se chocado com as revelações do livro no qual assumira a tortura e as execuções sumárias, o general disse: "Eles me puniram pelo que eu disse e não pelo que fiz."

Em 2008, o general Aussaresses lançou seu segundo livro, *Je n'ai pas tout dit*, no qual conta sua experiência de militar e de agente secreto, na Segunda Guerra Mundial, na Indochina e na Argélia. O livro é uma entrevista pingue-pongue ao jornalista Jean-Charles Deniau. No capítulo "Professeur Aussaresses – Le camp d'entraînement des dictateurs" [Professor Aussaresses – O campo de treinamento dos ditadores], ele relata sua ação como adido militar em Brasília, de novembro de 1973 a novembro de 1975. Revela sua amizade com o general João Batista Figueiredo e sua experiência como instrutor no Centro de Instrução de Guerra na Selva, em Manaus.

Aussaresses escreveu como epígrafe do livro: "Acreditávamos que a Segunda Guerra Mundial tinha acabado e que começara a terceira. Chamaram-na Guerra Fria, mas era verdadeiramente uma terceira guerra mundial."

## 8. Na Alsácia

Ao ler esse novo livro de Aussaresses, me convenci de que era urgente voltar a procurar o general. Apesar de ter um capítulo sobre a atividade dele no Brasil, o jornalista que o entrevistou não o questionou sobre alguns momentos e personagens importantes da história da ditadura brasileira pós-1964, que Aussaresses conheceu intimamente como adido militar francês em Brasília. Era preciso fazê-lo falar mais de sua relação com o Brasil. Conversei com ele ao telefone e o general se mostrou muito interessado em falar.

Apesar do papel importante dos militares franceses nas ditaduras latino-americanas, a estreita colaboração franco-brasileira na área da informação e no treinamento de militares para a repressão da guerrilha urbana e rural começou a ser conhecida apenas em 2004, com o livro de Marie-Monique Robin. Naquela ocasião, li o livro repleto de revelações e depoimentos de militares de alta patente e fiz uma entrevista com a autora para a revista *Carta Capital*, publicada em fevereiro de 2005.

No dia 17 de abril de 2008, desembarquei do trem em Sélestat, uma cidade da Alsácia próxima ao vilarejo onde Aussaresses morava, para entrevistá-lo. Ele era totalmente desconhecido no Brasil e nunca falara a um jornalista brasileiro.

Ao chegar, encontrei um *gentleman*, de uma cortesia tipicamente francesa. Vaidoso, Paul Aussaresses tinha gostos requintados: usava sempre um lenço de seda no bolso do paletó, belas gravatas e exalava o inconfundível perfume Habit Rouge, de Guerlain. Um perfeito cavalheiro no trato social, o general sabia apreciar o bom vinho francês durante as refeições e se mantinha fiel ao *irish coffee*, que aprendeu a beber quando viveu na Grã-Bretanha, em 1940, ao aderir ao "Apelo do 18 de Junho" do general De Gaulle para se juntar à Resistência francesa no exílio e preparar a expulsão do invasor alemão.

Nessa primeira viagem, voltei a Paris no mesmo dia, depois de almoçar com o general e sua segunda mulher, Elvire, num restaurante tipicamente alsaciano. Paul Aussaresses sabia receber bem. Tinha a elegância de um lorde, era afável e generoso, apesar de seu passado nada recomendável, que eu conhecia perfeitamente.

O general confirmou a formação dos militares brasileiros e sul-americanos nos EUA, onde ele e outros franceses ministraram, na década de 1960, cursos sobre a Batalha de Argel. Contou que seu ensinamento teve prosseguimento no CIGS, em Manaus, e na Escola Nacional de Informação, em Brasília.

"Foram os brasileiros que me pediram para fazer conferências sobre a guerra contrarrevolucionária, que no início chamávamos de guerra antissubversiva", contou o militar.

Do encontro na Alsácia resultou uma entrevista publicada na *Folha de S.Paulo* em maio de 2008, que tinha como título a inequívoca defesa da tortura como arma de guerra: "A tortura se justifica quando pode evitar a morte de inocentes", uma das frases do general, que revelava sua visão utilitarista da tortura, desprovida de qualquer consideração moral ou ética.

Como ele se mostrara afável e não impusera nenhum limite à conversa, propus continuar o diálogo para um livro a fim de aprofundar a análise de seu trabalho como adido militar em Brasília, instrutor e formador de oficiais de informação no Centro de Instrução de Guerra na Selva, em Manaus, e, posteriormente, como vendedor de armas *made in France*, atividade legal que exerceu ao deixar o Exército.

Queria reconstituir a influência nas ditaduras latino-americanas, e no Brasil em particular, da chamada "doutrina francesa". E tentar conhecer em detalhe as atividades de Aussaresses no Brasil e sua amizade com o então chefe do Serviço Nacional de Informação, general João Batista Figueiredo.

Ele aceitou, encantado. Afinal de contas, experimentava um enorme prazer em contar suas façanhas durante a Guerra da Argélia: como impediu os atentados em Philippeville, em 1955, e como participou da Batalha de Argel, em 1957, na qual os militares franceses combateram o FLN. Vaidoso e narcisista, o general se entediava naquele vilarejo alsaciano que escolheu para sua aposentadoria confortável e segura.

Os argumentos que usava para justificar a tortura são os mesmos desenvolvidos por todos os textos que teorizam sobre sua utilidade no interrogatório de "terroristas": "para evitar a explosão de bombas que matariam inocentes". Essa tese, que tem o nome de "paradigma da bomba-relógio", é analisada longamente pelo filósofo Michel Terestchenko.

Ela diz o seguinte:

> Imagine que um terrorista foi preso e que seja suspeito (com sérios indícios) de ter posto uma bomba-relógio numa escola da cidade. Imagine que numa dessas escolas se encontram seus filhos. Todos os métodos de interrogatório legais foram empregados em vão. O homem não fala. Não seria legítimo recorrer à tortura?

Esse raciocínio tenta provar que a condenação da tortura é indefensável em algumas circunstâncias. Foi aliás o que tentou fazer Jean-Marie Le Pen ao ser entrevistado por um jornal francês quando se candidatou a deputado, em 1962. Acusado de ter participado, em 1957, de torturas na Argélia, ele respondeu:

> Não tenho nada a esconder. Torturei porque era preciso fazê-lo. Quando lhe trazem alguém que acaba de colocar vinte bombas que podem explodir a qualquer momento e que se recusa a falar, é preciso empregar métodos excepcionais. Quem se recusa a fazê-lo é que é criminoso porque vai ter as mãos sujas do sangue de dezenas de vítimas que poderiam ser salvas.[1]

O próprio general Jacques Massu defendeu a tortura, até se retratar no fim da vida. Ele a chamava de *interrogatoires musclés* [interrogatórios fortes]: "As bombas existiam em Argel. Era preciso encontrá-las. A urgência fez com que tivéssemos de aceitar conscientemente o emprego de métodos de interrogatórios fortes."[2]

Nas conversas que tivemos, ficou evidente que o general Aussaresses sentia enorme prazer em falar de seu passado, do Brasil e de suas atividades como militar especializado na área de informações. Sua experiência de agente dos serviços secretos franceses ajudou-o a estreitar uma amizade com o general João Batista Figueiredo, quando serviu no Brasil. Ao falar, se transportava da Alsácia ao Brasil. Visivelmente gostava de lembrar de seu engajamento na "guerra contrarrevolucionária".

Apesar da idade e do tempo afastado da ação militar, Aussaresses acompanhava o noticiário político na França e no mundo. Atualizou sua visão do inimigo, defendia a "guerra preventiva", conceito ambíguo, mas aceito até mesmo pela Organização das Nações Unidas (ONU), e identificava o novo inimigo do Ocidente: os fundamentalistas islâmicos. "São terroristas por quem não se pode ter clemência."

Utilizando linguagem menos diplomática que os civis que dirigem as grandes potências e defendem as guerras em nome de princípios elevados que escondem interesses inconfessáveis, o velho general pensava que é preciso combater esses novos inimigos "em nome dos interesses de nosso país".

Voltei à Alsácia para mais conversas sobre sua longa carreira, com ênfase na fase brasileira. Ele me tratava de *"chère amie"*, mostrando-se de uma amabilidade a toda prova. Nessa segunda viagem, fui recebida por ele e por sua esposa, Elvira, na estação de trem, tomamos a Mercedes do casal e fomos diretamente para a casa deles para continuar a conversa iniciada dias antes.

Por indicação do general, hospedei-me num hotel em Châtenois, cidadezinha alsaciana de 3.300 habitantes, perto do vilarejo de La Vancelle, onde ele vivia numa casa cercado de gatos e do cão, Alabama, mistura de labrador. Gravamos várias horas de conversa, interrompidas apenas para as refeições. Na hora do almoço, Aussaresses, sua mulher e eu fomos almoçar num restaurante de um hotel de luxo, onde ele era tratado pelo *maître d'hôtel* com a atenção reservada aos *habitués* de alto nível.

No dia de partir, ao me dirigir à recepção para pagar a diária do hotel, fui informada de que eu "era convidada do general Paul Aussaresses".

Como ele revela, o cargo de adido militar na embaixada em Brasília camuflava uma cooperação estreita com os serviços de informação brasileiros no combate ao "comunismo internacional". Em plena Guerra Fria, os militares sul-americanos se preparavam para "salvar o Ocidente da ameaça vermelha" e, para isso, utilizavam a experiência dos franceses.

No final de nossas conversas, ele relativizou suas ações ao dizer: "Mas atenção, não estou de acordo com tudo o que fiz." Paradoxalmente, no início da entrevista, tentou justificar a tortura, declarando, ao mesmo tempo, não apreciá-la, ao repetir enfaticamente: "Então, penso que se a tortura pode evitar a morte de inocentes ela é justificada. Esse é meu ponto de vista. Eu não gosto dela, não gosto dela, não gosto dela."

Apesar de em nenhum momento de nossas entrevistas eu ter manifestado minhas ideias, o general Aussaresses deve ter percebido que não concordava com suas teses, ainda que mantivesse a neutralidade profissional.

Talvez por isso, ele tenha querido terminar nossa conversa com uma profissão de fé, como quem faz questão de mostrar que não está preocupado com a unanimidade: "Sou um homem de direita, pró-americano e decididamente anticomunista. Não lhe peço para concordar comigo. Tanto faz."

Tratamos de todos os assuntos sem nenhum tabu ou censura. No final de nossos encontros, ele assinou um texto autorizando a publicação das conversas em um livro e me cedeu documentos e fotos. Em nenhum momento pediu para ler o que eu escreveria.

Por que Paul Aussaresses aceitou dar entrevistas para um livro a ser lançado no Brasil? Desejo de ajustar contas com seu passado? Vontade de contribuir para a reconstituição histórica do passado recente? Apreço pela verdade dos fatos? Ou simples narcisismo, para se colocar no centro da história contada pelos vencedores?

Suas motivações são insondáveis. Seja qual for o real motivo, ele não se cansava de repetir seu amor pelo Brasil, onde voltou diversas vezes como representante da empresa Thomson-Brandt, fabricante de armas, depois de deixar o posto de adido militar em Brasília.

Talvez o general obedecesse a um imperativo de consciência. Ele, que se dizia católico, queria, quem sabe, aliviar o peso da culpa de ter transmitido a tantos homens lições de como quebrar física e moralmente a resistência dos prisioneiros. Ele assumia ter executado pessoalmente duas dezenas de resistentes argelinos.

## 9. Janeiro de 2014

### A verdade sobre a morte de Maurice Audin

Apesar do engajamento de cidadãos franceses dispostos a denunciar a tortura no mundo inteiro, seja através da Action des Chrétiens pour l'Abolition de la Torture (fundada em 1974), seja através da ação de intelectuais ainda no fim dos anos 1950, a França nunca julgou os militares torturadores da Guerra da Argélia. Como no Brasil, a polêmica sobre uma anistia que teria "apagado" o crime dos torturadores permanece. Na lei de anistia francesa, a palavra crime nem aparece. O termo usado é *infractions*.

A lei de anistia, votada no Parlamento francês em 31 de julho de 1968, confirmou os decretos de 22 de março de 1962, promulgados depois dos Acordos de Evian, assinados em 18 de março de 1962 entre o presidente da França, De Gaulle, e os representantes do Front de Libération Nationale da Argélia. Os decretos anistiavam as "infrações" cometidas durante a "insurreição argelina", que os militares franceses ainda não chamavam de guerra.

A última guerra colonial francesa deixou um saldo de 300 mil a 400 mil argelinos mortos e milhares de desaparecidos. Entre a população de origem europeia contam-se 2.800 mortos e 800 desaparecidos e entre os militares franceses houve 27.500 mortos e 1.000 desaparecidos.

Os franceses haviam saído vitoriosos da Batalha de Argel, haviam eliminado os principais líderes nacionalistas argelinos, mas o emprego generalizado da tortura, denunciada por Henri Alleg em seu livro e por um grande número de intelectuais, levara a um desgaste político que desaguou na independência. De Gaulle foi considerado um traidor pelos partidários da "Argélia francesa".

Depois da publicação do livro do general Aussaresses, *Services spéciaux – Algérie 1955-1957*, em 2001, o Partido Comunista francês pediu uma comissão parlamentar para investigar a possível punição dos torturadores. O presidente da Câmara de Deputados, o socialista Raymond Forni, se posicionou contra a proposta: "Não vamos reacender o fogo. Uma guerra nunca é limpa. Devemos virar a página."

Em entrevista à revista *Le Nouvel Observateur* de 14 de dezembro de 2000, Robert Badinter, ex-ministro da Justiça, autor da lei que aboliu a pena de morte, explicava: "A lei de 1968 repete o que diziam os decretos de 1962: 'São anistiadas de pleno direito todas as infrações cometidas em relação com os acontecimentos da Argélia, todas as infrações cometidas por militares em serviço na Argélia.'"

O respeitado jurista francês continua:

> Quanto ao conceito de crime contra a humanidade, inscrito no estatuto de Nuremberg relativo às perquisições contra os criminosos nazistas, a Corte Suprema julgou que ele não poderia ser invocado por fatos cometidos durante a Guerra da Indochina, e menos ainda durante a da Argélia. Devemos relegar ao silêncio e ao esquecimento os crimes da época? A exigência de verdade permanece, mais forte ainda já que não pode ser feita justiça no caso de sequestros de pessoas cujos corpos não foram descobertos.

Para a jurista Monique Chemillier-Gendreau, professora da Université Paris Diderot – Paris VII, ouvida pelo jornal *Le Monde Diplomatique* em janeiro de 2001, os crimes cometidos pelos torturadores podem ser julgados com base nas convenções de Genebra de 12 de agosto de 1949.

Ela explicou que "nessas convenções a tortura é mencionada entre as infrações reprimidas". Segundo ela, "a competência é universal, todos os Estados signatários assumem uma obrigação de busca de pessoas acusadas de ter cometido ou ordenado uma ou outra dessas infrações graves para serem levadas a seus próprios tribunais (art. 146). As convenções de Genebra são anteriores aos fatos, a França aderiu a elas em 1951 e não há nenhum prazo de prescrição mencionado". Para a jurista, seria, portanto, possível julgar os autores de crime de tortura desde que "juízes corajosos decidam assumir a obrigação de julgar, o que o governo francês acatou ao aderir a essas Convenções e que tergiversa em honrar".

Há quase sessenta anos, o caso do professor Maurice Audin, desaparecido em junho de 1957, aos 25 anos, na Argélia, gera mal-estar e incomoda os governantes franceses. Dia 21 de junho de 2007, Josette Audin, viúva do professor de matemática morto sob tortura, enviou uma carta aberta a Nicolas Sarkozy. Ela pedia ao presidente recém-eleito que a França reconhecesse e condenasse a tortura. A carta nunca foi respondida.

Em janeiro de 2009, Michèle Audin, matemática como seu pai, foi agraciada com a Légion d'Honneur, atribuída pelo Palais de l'Élysée por indicação de Nicolas Sarkozy. A filha de Maurice Audin recusou a medalha.

Nas últimas seis décadas, Josette Audin foi aos tribunais diversas vezes. Todas as ações que fez contra o Estado francês encontraram um muro intransponível: as leis de anistia que permitem aos militares torturadores ainda vivos a total impunidade.

Em 2001, depois das revelações do general Aussaresses sobre a tortura, a viúva de Maurice Audin entrou com uma nova ação por "sequestro e crime contra a humanidade".

Em entrevista de 20 de junho de 2009 à revista *Le Monde 2*, Josette Audin desabafou:

> Nunca a França reconheceu oficialmente o assassinato de meu marido, nem condenou o uso da tortura pelos militares. Ainda

existem pessoas, militares e autoridades, que sabem o que se passou, mas eles são cada vez menos numerosos. Quanto mais se espera para exigir deles a verdade, menos chances teremos de conhecê-la.[1]

Mas a *République* deu um passo histórico ao reconhecer outro fato importante ligado à Guerra da Argélia. Em 17 de outubro de 2012, o presidente François Hollande, eleito em maio daquele ano, reconheceu em comunicado oficial em nome da República Francesa um fato sangrento ocorrido em Paris em 17 de outubro de 1961. Naquela noite, a Polícia francesa reprimiu brutalmente, em Paris, uma manifestação pacífica de cerca de 30 mil argelinos, chamados então de "franceses muçulmanos da Argélia". O texto oficial do Eliseu dizia: "No dia 17 de outubro de 1961, argelinos que se manifestavam pelo direito à independência foram mortos em uma sangrenta repressão. A República reconhece com lucidez esses fatos. Cinquenta e um anos depois dessa tragédia homenageio a memória das vítimas."

O número de vítimas, reprimidas em "sangrenta repressão" pela Polícia parisiense, até hoje é polêmico. Para reprimir os manifestantes, foram destacados 7 mil policiais que realizaram mais de 11 mil prisões e teriam causado a morte de cerca de 200 trabalhadores argelinos habitantes da periferia de Paris que haviam descido para a passeata. Muitos cadáveres foram achados boiando no rio Sena nos dias que se seguiram à manifestação.

O texto presidencial deixou de assinalar que a manifestação era pacífica e tinha como objetivo protestar contra um decreto racista e discriminatório de Maurice Papon, então chefe de Polícia, que instaurara o toque de recolher para toda a população argelina e do Magrebe em geral, no território francês. A decisão fora tomada para lutar contra os diversos assassinatos de policiais por militantes do Front de Libération Nationale argelina. Em 1998, Maurice Papon foi condenado por "cumplicidade de crimes contra a humanidade" por seu envolvimento na deportação de judeus da França para campos de concentração nazistas.

Em dezembro de 2012, dois meses depois de ter homenageado as vítimas de outubro de 1961, em visita oficial à Argélia, o presidente Hollande declarou diante de parlamentares argelinos "reconhecer os sofrimentos que a colonização infligiu ao povo argelino". Ele reconheceu "um sistema colonial profundamente injusto e brutal". Mas os que esperavam ver um dia um presidente francês apresentar desculpas ao povo argelino em nome do povo francês vão ter que esperar ainda.

Quando presidente do Parti Socialiste [Partido Socialista], François Hollande declarou que a França "devia ainda um pedido de perdão ao povo argelino". Confrontado a essa declaração passada, o presidente Hollande respondeu que hoje ele é presidente da República, fala em nome da França e não apenas em nome de um partido.

O que significa que a França ainda não está pronta para fazer o *mea culpa*.

Em fevereiro de 2014, quase dois meses depois da morte de Aussaresses, retomei minhas pesquisas no Ministério da Defesa, em Paris. Frequentei com assiduidade os arquivos guardados no Château de Vincennes, que podem ser consultados na sala Louis XIV do castelo, diante do olho vigilante de um funcionário. Tive que obter permissão especial para ler os documentos secretos e assinei um termo de compromisso de não atentar, com meu trabalho, contra a segurança do país.

No Brasil, os arquivos militares continuam inacessíveis. No Ministério das Relações Exteriores, os únicos documentos liberados foram cartas da embaixada francesa pedindo visto para as filhas de Aussaresses, que podem ser lidos no site *Documentos Revelados*, do pesquisador Aluízio Palmar.

Antes de recomeçar a pesquisa dos documentos secretos no Ministério da Defesa, voltei à Alsácia em janeiro de 2014. Na casa do general, reencontrei o cão Alabama e os gatos. Com a ajuda da viúva de Aussaresses, Elvire, procurei em documentos e fotos vestígios da vida do general no Brasil. Alabama não saía de perto. O nome do cão revela uma certa nostalgia dos anos 1960, época em que o general morou nos Estados Unidos, no Alabama e na Geórgia, quando ensinou aos americanos como enfrentar os vietnamitas. Suas lições resultaram em massacres de populações civis que entraram para a História.

Naquela tarde de inverno, passei horas examinando os arquivos do general e conversando com Elvire sobre o livro do jornalista Jean--Charles Deniau, *La vérité sur la mort de Maurice Audin* [A verdade sobre a morte de Maurice Audin], publicado em janeiro de 2014, um mês depois da morte do militar. Nele, o general revelou sua verdade sobre o mais famoso desaparecido francês da Guerra da Argélia.

Indagado se o general realmente lhe contara toda a verdade, Jean--Charles Deniau me respondeu em entrevista publicada na revista *Carta Capital*: "Acho que sim. Ele me disse um dia: 'Em breve vou passar para o outro lado e ao chegar lá devo atravessar uma porta onde há um espelho e não quero que a imagem projetada seja a de um canalha.' Acho que ele contou a verdade para esse novo livro."

No fim do dia, retornei a Paris com um presente da viúva do general: uma garrafa de Gewürztraminer, o vinho que bebêramos no restaurante alsaciano, com a filha de Elvire, Martine.

Quando jovem, em 1935, o general Aussaresses ganhara um concurso de tradução de latim, da cidade de Bordeaux, devidamente acompanhado de uma medalha que Elvire me mostrou, orgulhosa. Ele contou em seu livro que naquela época de jovem estudante, uma de suas obras preferidas era a *Eneida*, do poeta Virgílio (*L'Enéide*, em francês). Ocorre que meu nome é pronunciado pelos franceses da mesma maneira que a obra de Virgílio, o que provavelmente despertou no general antigas reminiscências de brilhante latinista, quando ainda não tinha feito a sinistra opção pelo fanatismo anticomunista que o levou a torturar e executar sumariamente os inimigos, passando da poesia à barbárie.

A nostalgia de Virgílio mexeu com o velho general. Quando retornei para o nosso segundo encontro ele e sua mulher me apresentaram, orgulhosos, uma gatinha recém-nascida que haviam batizado com meu nome. E continuamos a remexer o baú de lembranças de um velho general francês, em plena Guerra Fria numa ditadura latino-americana.

# PARTE II

## ENTREVISTA COM O GENERAL FRANCÊS PAUL AUSSARESSES

## 10. Enfrentar um tabu e assumir a tortura

### "Toda verdade merece ser dita"

Em seu livro, *Je n'ai pas tout dit*, o senhor cita uma frase do general Jacques Massu, que dizia: "Toda verdade não merece ser dita." O senhor concorda com ele?

PAUL AUSSARESSES: Não. Não.

Toda verdade deve ser dita?

PA: Sim, por isso eu disse a verdade

Valeu a pena, mesmo arriscando sua reputação? O presidente Chirac lhe retirou a Légion d'Honneur, o senhor não foi compreendido. Como foi a decisão de contar tudo?

PA: Fui influenciado por certas regras de vida e da minha carreira militar que tratavam do dever. O que fiz era meu dever.

A maioria dos militares pensa que o dever deles é manter o silêncio. Por que o senhor não manteve o silêncio?

PA: Porque entendi que meu dever era falar e contar o que vi e fiz.

Depois de escrever seu primeiro livro contando detalhes da atuação dos militares franceses na Argélia, revelando a tortura e as execuções sumárias, Paul Aussaresses recebeu ameaças e por três vezes escapou de atentados. Por duas vezes, recebeu em casa um pacote com uma bomba que acabou desativada. Outra vez, na place de la Bastille, escapou por pouco de uma bala. Um amigo, que o acompanhava como segurança, foi ferido na coxa.

**Professor do CIGS, em Manaus**

> "Foram os brasileiros que me pediram para fazer conferências sobre a 'guerra revolucionária' e a 'guerra subversiva'."

**O senhor viveu no Brasil de novembro de 1973 a novembro de 1975. Qual era sua missão junto à embaixada francesa?**

PA: Era adido militar, um posto que existe na maioria das embaixadas. Quando cheguei a Brasília em 1973, a embaixada não estava terminada e ficamos hospedados em uma superquadra, num prédio de apartamentos. A embaixada também funcionava nesse prédio enquanto a sede era construída.

**Isso durou quanto tempo?**

PA: Pouco tempo depois recebi a casa funcional que ficava não muito longe da embaixada que tinha acabado de ser construída. Fiz uma recepção para 19 adidos militares com bebidas que a embaixada fornecia com tarifa diplomática. Tivemos champagne Veuve Clicquot para festejar a nova sede.

Em *Je n'ai pas tout dit* há um capítulo sobre sua experiência de dois anos no Brasil, em Brasília e no Centro de Instrução de Guerra na Selva, em Manaus. Quais as suas atribuições em Manaus, o senhor ensinava técnicas de interrogatório e estratégias da Batalha de Argel, não?

PA: Eu ia à Amazônia porque havia uma escola militar das Forças Especiais que pertencia às forças armadas brasileiras, o Centro de Instrução de Guerra na Selva [CIGS]. Nos anos 1960, eu tinha sido instrutor das Forças Especiais [Serviço Secreto] do Exército americano em Fort Bragg. Fui nomeado instrutor dos paraquedistas da infantaria americana em Fort Benning, na Geórgia, e me pediram para ser instrutor das forças especiais em Fort Bragg na Carolina do Norte. E foi nessa escola que conheci oficiais estagiários das forças especiais de diversos países da América do Sul.

O caráter secreto dos cursos ministrados pelo general Aussaresses em Manaus pode ser comprovado pelo fato de que em seus relatórios ao Ministério da Defesa, classificados "Secret Défense", que tive autorização para consultar, não há nenhuma menção à sua atividade de conferencista no CIGS.

Inclusive do Brasil?

PA: Inclusive do Brasil.

Quem eram eles?

PA: Quando fui nomeado adido militar no Brasil, em 1973, encontrei generais que me disseram: "Fui seu aluno em Fort Bragg!" Lembro-me de Gordon, um chileno que depois foi chefe do serviço de informação do Chile. Nós éramos muito próximos.

O general Juan Manuel Contreras, próximo de Pinochet e diretor da Dina, a Polícia secreta chilena, contou à jornalista Marie-Monique Robin que ele e seus colegas chilenos eram grandes admiradores da OAS, grupo de militares extremistas que organizou vários atentados, inclusive contra De Gaulle, para tentar evitar a independência da Argélia. Um antigo membro da OAS, que lutou na Argélia, participou do sequestro das duas freiras francesas desaparecidas na Argentina, Leonie Duquet e Alice Domont.

"Manaus era um centro muito importante de treinamento para a América do Sul. Mandei um contingente de oficiais ao Brasil para serem formados por dois meses com o Aussaresses. Mas também havia cursos em Brasília", disse Contreras.

> Sobre o Centro de Instrução de Guerra na Selva o que o senhor tem a dizer? Qual era a importância desse centro para o Brasil? E qual sua importância para a formação de oficiais sul-americanos de informação?

> PA: Era importante para a ação e para o ensino. Eu não ia todos os meses, não trabalhava sempre lá.

> O senhor dava cursos?

> PA: Sim, claro.

> Sobre que assunto?

> PA: Sobre a Batalha de Argel. Esse ensino era útil para os brasileiros lutarem contra a guerrilha urbana que existia naquele momento, de movimentos revolucionários insuflados pela União Soviética. O centro de treinamento das forças especiais de Manaus era uma cópia do de Fort Bragg.

O senhor ficava basicamente em Brasília?

PA: Sim, eu trabalhava em Brasília.

Mas também viajava muito pelo país?

PA: Bastante. O Exército brasileiro organizava visitas com os governos dos estados e os chefes das Forças Armadas e nós, adidos militares e nossos adjuntos, fazíamos viagens pelo Brasil.

Por todo o país?

PA: Sim. Encontrei governadores que me diziam: "Mas eu o conheço de Fort Bragg." Eu era conhecido deles do tempo de Fort Bragg. Esses governadores tinham sido estagiários. Havia um boliviano, Franco, que era chefe do Estado-Maior do Exército da Bolívia. Eu devo tê-lo encontrado em Fort Bragg, mas não estou certo. Mas reencontrei-o em Brasília onde ele era também adido militar. Havia também Gordon, que era adido militar do Chile em Brasília.

E como adido, o senhor participava diretamente do trabalho de informação?

PA: Mas é o que fazem os adidos militares! Todos se informam sobre o que pode interessar a seus países e sobretudo sobre as necessidades do país no qual servem, quanto ao material que podem vender. O general Figueiredo estava no Rio quando cheguei. Um oficial dos nossos serviços secretos que se chamavam na época DGSE me disse: "Todo mundo sabe que você é um ex-agente dos Serviços Especiais (serviços de informação) franceses, com atuação no serviço Action. Não precisa esconder, pois todos compreendem. Você vai encontrar

Figueiredo que é o chefe do Serviço Nacional de Informação, o SNI. Não esconda que você pertenceu ao serviço equivalente na França."

**Por que o senhor foi designado adido militar no Brasil?**

PA: Quando estava terminando minha missão em Bruxelas junto ao comitê militar da OTAN [Organisation de Traité de l'Atlantique Nord – Organização do Tratado do Atlântico Norte], o general-chefe do Estado-Maior me disse que eu seria enviado como adido militar ao Brasil. Ele acrescentou: "Sei que o senhor esteve em missão na Espanha e aprendeu o espanhol e entre esta língua e o português há uma grande semelhança. Além disso, o senhor também realizou uma missão em Portugal." Fiquei mudo, pois essa missão tinha sido secreta e nela eu tinha aprendido português. Ele me disse que eu teria um ano para aperfeiçoar meu português e assumir como adido militar em Brasília, onde eu teria uma casa nova com jardim e piscina.

**Qual era a missão secreta em Portugal?**

PA: Eu tinha um passaporte com um nome falso. Estudei bem o mapa de Portugal com o oceano Atlântico e suas praias turísticas. Mas eu tinha que estudar a costa e a areia das praias. Tinha que recolher os pedregulhos das praias, que não tinham areia fina, para estudar a qualidade do solo e saber se os tanques da Libertação da França poderiam passar por ali, em 1944. Depois, os Aliados acabaram entrando pela Normandia. Mas aquela era uma hipótese de trabalho e quando nos pedem isso, temos de agir, sendo interessante ou não. Então, fui estudar os pedregulhos de uma praia portuguesa que não reverei jamais. Foi lá que aprendi português.

**Quando chegou ao Brasil o senhor já falava perfeitamente o português?**

PA: Eu falava português com o sotaque de Portugal. No Brasil, ao fazer as visitas protocolares me diziam: "Mas o senhor fala com sotaque de Portugal!" Um general me disse: "O senhor fala português carregado!" Eu aprendi logo a falar como os brasileiros. O embaixador me aconselhou a fazer um curso de português.

**O senhor conta que o embaixador francês conhecia muito bem a natureza de seu trabalho. Toda sua atividade era baseada em acordos bilaterais e de cooperação entre a França e o Brasil. Existem documentos que eu possa consultar?**

PA: Não existem documentos. Não havia necessidade.

**Era uma missão oficial, mas não há documentos que provem que o senhor era enviado para essa missão especial...**

PA: Mas é claro...

**E o senhor contou imediatamente a Figueiredo que era um ex--oficial dos serviços franceses de informação?**

PA: Disse a ele imediatamente.

**Figueiredo gostou de saber que o senhor era um ex-oficial de informação, um "homem da sombra"?**

PA: Claro. Mas outra pessoa que também gostou da minha chegada foi o adido americano. Tendo tomado conhecimento pelos brasileiros de que eu iria assumir o posto de chefe dos representantes das forças armadas francesas em Brasília, o americano telefonou ao Pentágono dizendo: "Os franceses mudaram o adido militar no Brasil. Vocês têm a ficha de Paul Aussaresses?" E o Pentágono lhe enviou as informações sobre o comandante Aussaresses, que participara das forças especiais aliadas.

**Todos os adidos militares eram também agentes secretos na época da ditadura?**

PA: Todos.

**Os adidos militares são todos oficiais dos serviços de informação?**

PA: Mas é claro!

**É assim que funcionam as embaixadas?**

PA: Mas é claro. Disse a Figueiredo: "Pertenci como militar aos Serviços Especiais. Não pertenço mais a eles." Deixei os Serviços Especiais quando comandei o 11º Batalhão de Choque, que eu criei e que era parte integrante dos Serviços. Depois fui designado para o Estado-Maior e servi na OTAN. Isso é assim em todos os exércitos. Os oficiais que pertenceram aos serviços secretos não ficam neles toda a vida. Eles voltam depois ao Exército regular.

**O senhor tem cartas ou documentos escritos por Figueiredo em seus arquivos?**

PA: Devo ter.

**Há uma frase no livro *Escadrons de la mort, l'école française* em que o senhor diz: "Foram os brasileiros que me pediram para vir fazer conferências sobre a 'guerra revolucionária' e a 'guerra**

subversiva'." Existem documentos que provam que os brasileiros pediram aos franceses esse tipo de cooperação durante a ditadura militar brasileira?

PA: Claro que não! Não existem documentos. Havia apenas contatos pessoais.

E entre os brasileiros, havia militares que o senhor conhecera nos Estados Unidos?

PA: Não. Conheci bem Paiva Chaves. Eram dois oficiais Paiva Chaves: um deles era muito próximo do presidente Geisel e o outro fazia esporte equestre.

Na embaixada do Brasil na França, no Ministério das Relações Exteriores em Paris ou no Ministério da Defesa há documentos que tratam de sua missão no Brasil como adido militar?

PA: Sobre meu trabalho não havia nada de preciso. O Estado-Maior da Defesa fez meu processo e enviou ao governo brasileiro, que concedeu o *agrément* [aprovação]. O chefe do SNI respondeu que iam se informar com os amigos mais próximos. O adido militar americano pediu informação ao Pentágono sobre Paul Aussaresses e o Pentágono deu o sinal verde.

O senhor conta que era muito amigo de João Batista Figueiredo, que se tornou o último presidente militar. Ele era de fato juntamente com Sérgio Fleury o responsável direto pelos esquadrões da morte brasileiros, como o senhor diz no seu livro?

PA: É uma maneira de falar. Não dizemos assim. Sérgio Fleury era o responsável pelos esquadrões da morte e Figueiredo era o chefe do SNI. O embaixador Michel Legendre não podia ouvir falar dos esquadrões da morte!

Aussaresses disse a Marie-Monique Robin:[1] "Era ele [Figueiredo] quem dirigia, com o delegado Sérgio Fleury, os esquadrões da morte brasileiros..."

Em seu livro *Je n'ai pas tout dit*, Aussaresses responde à pergunta se era Figueiredo quem dirigia os esquadrões da morte: "Sim, claro, mas é uma maneira de falar. A gente não chamava realmente esquadrões da morte, não se apresentava assim."[2]

Num relatório da Anistia Internacional, intitulado "Relatório sobre denúncias de tortura no Brasil", de 1972, o comissário Sérgio Fleury é citado 86 vezes como responsável direto de sevícias. Numa lista de 151 torturadores feita por presos políticos de São Paulo em 1975, o nome de Sérgio Fleury é o 32º.

Numa carta endereçada a Fleury, datada de 20 de outubro de 1977, a Acat lhe faz a pergunta:

> Por que o senhor cobre sua vítima com um capuz antes de torturá-la? Não é unicamente para não ser reconhecido por ela mais tarde. É também porque o olhar daquele que o senhor tortura é insuportável ao seu olhar. Não é assim? No início, o torturador se acorda durante a noite com pesadelos que o fazem gritar de horror. Depois, começa a sentir prazer em seu ofício de carrasco.

**O embaixador da França, Michel Legendre, não suportava Sérgio Fleury, como o senhor disse. E de Figueiredo, ele tinha melhor impressão?**

PA: O embaixador era muito amável. Um dia ele me disse: "Você tem amigos estranhos." Eu lhe disse: "Tenho amigos que me permitem mantê-lo informado." Ele não falou mais disso.

**Pode contar a história da mulher que Figueiredo interrogou pessoalmente em Brasília?**

PA: Está no meu livro *Je n'ai pas tout dit*. Pode reproduzi-la.

Foi no início de 1974, me lembro bem, durante o escândalo de Watergate. Richard Nixon, o presidente dos Estados Unidos, deixou a Presidência alguns meses depois. Eu tinha voltado à França para um relatório de rotina à minha chefia. Aproveitava de um momento de folga para beber um uísque no bar do hotel Lutétia, no Boulevard Raspail, como fazia de vez em quando. Nessa noite, uma bela mulher, sentada não muito longe, me pediu para acender seu cigarro. Ela tinha um belo tipo latino e um sotaque que não pude reconhecer. Eu a convidei a tomar um drinque. O garçom nos deixou discretamente. Conversamos bastante e eu lhe disse que era diplomata e vivia em Brasília. Ela se disse surpresa com a coincidência. "Tenho que viajar à América Latina, pois tenho parentes no Brasil e meu pai representa a Mercedes na Argentina!" Ela gesticulava muito e fumava um cigarro atrás do outro. "Quando eu for a Brasília poderíamos nos rever..."

Bebemos bastante. Fiquei sabendo que seu pai era grego e sua mãe, alemã. Passamos uma noite muito agradável e na hora da despedida dei meu cartão a ela e recebi o dela. Voltei ao meu apartamento com o coração cheio de promessas (pelo menos para mim).

De volta a Brasília, uns dias depois, recebi um telefonema de Eva, a moça do hotel Lutétia. Ela me disse que ia chegar ao Brasil. Fiquei animado com a possibilidade de revê-la, pedi emprestada a casa de um amigo, enchi a geladeira de champanhe e fui para Manaus para um curso a novos estagiários antes de participar de manobras de luta antiguerrilha na selva. Essas manobras na selva me davam muito prazer. Caminhávamos horas no calor úmido, colocando nossa capacidade física em jogo, indo até o limite de nossas forças. Por isso, a ideia do que me esperava em Brasília era particularmente agradável.

Em plena selva, o radiotransmissor tocou com uma chamada de Brasília. Me disseram que o chefe do SNI, João Figueiredo, queria falar comigo e ia me ligar. Na hora marcada, a ligação foi feita e ouvi Figueiredo. Ele estava lacônico. Sem me explicar, me disse que devia voltar a Brasília urgentemente. Disse que me mandara um helicóptero a Manaus. Fiquei estarrecido. Na volta, me perguntava o que ele podia querer me dizer de tão urgente e de tão grave para interromper minhas manobras na selva e me fazer percorrer mil e quinhentos quilômetros. Em Brasília, um carro me esperava na pista e me levou diretamente à sede do serviço secreto brasileiro. Figueiredo estava no escritório. Ele se levantou para me cumprimentar secamente. Não compreendi o que se passava, ele sempre era caloroso. Não me convidou a sentar e fiquei em pé diante dele, que mexia em alguns papéis, retirou os óculos, levantou-se e me disse para acompanhá-lo. No elevador, via os andares passando, do oitavo ao térreo, subsolo, segundo subsolo. Será que vamos à garagem? Será que ele vai me levar para uma volta fora do prédio? Um guarda nos abre uma porta blindada. Eu conhecia bem esse tipo de lugar. Penetramos numa sala pouco iluminada. Dentro estavam dois agentes do serviço secreto brasileiro e uma mulher deitada no chão. "Você a conhece?", perguntou João Figueiredo, voltando-se bruscamente para mim. Disse que não. De fato, não a reconheci, ela estava num estado deplorável. Não preciso dar detalhes. Cheguei perto da mulher jogada no chão: era Eva. Fiquei estarrecido: "Escuta, João, deixe-a ir embora, não é o que você pensa." "Ela tinha um cartão com seu nome. Você lhe deu seu cartão ou ela o roubou?" "Eu lhe dei em Paris, por favor, solte-a, deixe-a ir embora." "Pelo jeito você não entendeu. Você não sabe que essa mulher é uma agente do Leste. Você foi seguido em Paris ou aqui, não sei ainda, os russos montaram uma operação para você. Eles não pouparam nem meios nem o tempo que foi preciso. Você compreende? Esse plano vem de Moscou, diretamente. Precisamos saber mais. Ela vai falar, ela deve falar." Me despedi de Figueiredo muito pouco à vontade e muito preocupado.

No dia seguinte, telefonei-lhe. Disse-lhe que não contei nada a ela, que não tivemos nada, que não fez nada, que só tomamos um drinque juntos em Paris, no bar do hotel Lutétia. Ele me respondeu, frio e distante: "Esqueça esta mulher e não pense mais nisso. Digo isso para seu bem." Dias depois, cada vez mais preocupado, voltei a ligar. Não desistira de convencê-lo a soltar aquela moça. Tive a impressão de que ele esperava que eu ligasse. Compreendi que era um mau sinal. Figueiredo foi direto: "Paul, aquela mulher era frágil fisicamente. Ela foi levada ao hospital e morreu."

    Essa história me angustiou muito tempo. Durante várias semanas não vi o chefe do SNI. Depois, encontrei-o numa recepção de militares paraquedistas. Ele se mostrou cordato, mas eu fiquei retraído. Ele me contou o que se passara. No controle de passaportes em Orly, a Polícia da Aeronáutica foi alertada para aquela mulher, pois seu passaporte grego era estranho. Eles copiaram seu documento e a deixaram partir para o Brasil. O Serviço Secreto não precisou de muito tempo para descobrir que o passaporte era falso, que essa mesma mulher já tinha sido notada em ações de contato de diversos diplomatas, que era um agente do Leste. A Maison[3] preveniu o SNI que ela se encontrava em Brasília e, logo que chegou ao hotel, ela foi presa pelos serviços secretos brasileiros. Soube mais tarde que Eva era uma agente tcheca. Minhas relações com Figueiredo nunca mais foram as mesmas depois desse episódio e seis meses depois eu voltei para a França. Eu o revi alguns anos depois, quando eu trabalhava para a empresa Thomson. Ele tinha se tornado presidente da República.[4]

**Naquele momento, quando o senhor soube da morte dessa mulher sob tortura, não pensou na barbárie que os atos de tortura representam?**

PA: De jeito nenhum. Era meu ponto de vista. A morte daquela mulher era um ato de defesa. Era uma espiã enviada pela KGB.

Mencionando a Declaração Universal dos Direitos Humanos, que completou sessenta anos em 2008, Michel Terestchenko pergunta: "Como as democracias liberais e seus cidadãos poderiam aceitar o uso da tortura, uma prática contrária a todos os seus princípios e explicitamente condenada pela Declaração Universal dos Direitos Humanos, de 1948? No artigo 5, está escrito: 'Ninguém será submetido a tortura, nem a penas ou tratamentos cruéis, desumanos ou degradantes.'"[5]

O senhor teve contato com o presidente Geisel?

PA: Sim, tive contato próximo.

Havia também dois irmãos Geisel. O presidente Ernesto Geisel e o irmão dele, Orlando, ministro do Exército do presidente Médici.

PA: Conheci o presidente.

Chegou a ter um contato maior com ele?

PA: No Brasil e na França. Tinha conhecido Geisel no Brasil e quando fui para a reserva por limite de idade o ex-primeiro-ministro Pierre Messmer me convocou, em 1976, e disse: "O presidente Geisel virá a Paris em visita de Estado e estamos criando uma pequena missão militar para organizar sua estada em Paris. Muitas forças de Polícia serão convocadas para escoltar as autoridades brasileiras. O presidente ficará hospedado no castelo de Versalhes, com a mulher e a filha, no quarto que foi do rei da França."

O senhor participou da organização da visita?

PA: Sim, claro.

Que tipo de participação teve?

PA: Preparamos a recepção que o prefeito de Paris Jacques Chirac e o presidente Giscard d'Estaing deram a Geisel.

Foram assinados acordos muito importantes?

PA: Sim.

Sobretudo de venda de armas?

PA: Acho que os brasileiros compraram aviões militares. O Brasil tinha também pedido que formássemos pilotos brasileiros para pilotarem os novos aviões. Marcel Dassault vendia aviões ao Brasil a um preço interessante.

Naquela época a França era o principal fornecedor de armas ao Brasil?

PA: Acho que era, mas não tenho certeza.

Um ex-agente do Uruguai chamado Mario Neiva Barreiro revelou que Geisel autorizou o assassinato do ex-presidente João Goulart, encontrado morto em dezembro de 1976. O senhor conheceu esse caso?

PA: Não sei nada sobre isso. Tinha acabado de voltar à França. Não sei nada sobre essa história.

O coronel Thibault, promovido em 2003 a chefe do Estado-Maior do Comando da Legião Estrangeira, teria obtido o diploma do Centro de Instrução de Guerra na Selva, em Manaus. O senhor conheceu-o? Ele poderia contar como funcionava esta escola?

PA: Eu não o conheci. Eu não estava mais lá. Nunca tive aluno francês. Na verdade, tive um que era oficial do Regimento da Legião Estrangeira na Guiana.

**E não era por acaso o coronel Thibault?**

PA: Não, esse era tenente e tinha ouvido falar de Manaus e contou ao coronel. Este não deu importância à história. O tenente me escreveu pedindo um estágio em Manaus. Pedi aos brasileiros a vaga para um estagiário francês. Liguei para o diretor da seção Informação do Estado-Maior do Exército francês e disse ao general que eu queria mandar um militar do 3º Regimento estrangeiro para um estágio em Manaus. Ele me disse que não havia possibilidade. Eu lhe disse que não custaria nada ao governo francês, que esse tenente era muito inteligente e capaz e que eu cuidaria dele. Depois, ele veio me ver muito feliz e lhe disse para fazer um relatório sobre o Centro de Instrução de Guerra na Selva, em Manaus, para o Exército francês. Ele se chamava Legrand. Voltou para a França, para o Regimento estrangeiro paraquedista, e morreu.

**Ele foi o único aluno francês que o senhor teve lá?**

PA: Os outros eram todos sul-americanos.

**Quando o senhor serviu como adido militar, a França vendia armas ao Brasil?**

PA: Claro. Havia adidos militares há muito tempo no Brasil e o chefe do posto era o oficial do Exército, mas também havia um militar da aviação e um da Marinha. O Brasil estava interessado nos aviões franceses, fabricados pela Sociedade Dassault. O Mirage...

**Quando o senhor chegou ao Brasil em novembro de 1973, o golpe de Estado do Chile acabara de acontecer. Qual o papel do**

Brasil na preparação do golpe de Estado de Pinochet? O Brasil participou ativamente?

PA: Ora, que pergunta! Eu seria um idiota se não estivesse a par. Claro que o Brasil participou!

O senhor conta no livro. Gostaria que o senhor relembrasse. O Brasil enviou aviões e armas?

PA: Sim, claro, mandou armas.

E militares também?

PA: Sim, claro. As armas não sei exatamente quais, são detalhes. Mas o Brasil enviou aviões, inclusive franceses com bombas fabricadas na França pela sociedade Thomson-Brandt...

Thomson-Brandt para quem o senhor trabalhou depois, quando foi para a reserva.

PA: Sim, claro.

Quando o senhor chegou a Brasília, o presidente era o general Médici. Na França, o presidente era Georges Pompidou. Como o senhor define as relações entre o Brasil e a França naquela época?

PA: Excelentes. O embaixador, em Brasília, Michel Legendre, tinha sido oficial da reserva, como aliás a maioria dos nossos embaixadores, e tinha feito a guerra de 1939 na infantaria, onde fora um bom oficial. Ele guardou um pouco do rigor militar. Por exemplo, certas expressões que se usam no Exército como "A hora é na hora". Quando ele falava com seus colaboradores dizia: "Senhores, disse que a reunião na embaixada é às 15 horas." Se um diplomata chegava às 15h05, ouvia uma bronca. Eu me dei bem com ele. Se havia uma reunião às 15h eu chegava quinze minutos antes. O adido militar na diplomacia francesa faz o que quer. Alguns nem veem o embaixador.

**Eles então se reportam diretamente ao Ministério da Defesa e não ao Ministério das Relações Exteriores?**

PA: Sim, diretamente ao Ministério da Defesa. Eu pertencia ao Estado-Maior e à divisão de Informação e tinha todo dia um encontro com o embaixador. Um dia ele me disse: "Examinando seu histórico, vi que sua permanência aqui pode ser interrompida pelo limite da idade. O senhor deve partir em novembro de 1975, ao atingir a idade de deixar o serviço ativo. Fiz um relatório e o governo francês deve nomeá-lo general quando o senhor se aposentar. Mas pedi que o senhor fique ainda na embaixada por um tempo como adido militar." Era um homem muito íntegro.

**De que ponto de vista seu trabalho de informação era importante para a França?**

PA: Todas as informações são importantes. Mas era sobretudo para mostrar ao Brasil que a França tinha uma atitude de amizade. Nós estávamos dispostos a fornecer o material de que eles necessitavam. Eles tinham necessidade de fabricar certos equipamentos e precisavam de informações sobre a fabricação.

**Que tipo de equipamento?**

PA: Material de aviação. Nós tínhamos conhecimentos técnicos, mas o que era importante é que podíamos pedir a nossos superiores o que eles queriam. E o Estado-Maior francês nos enviava especialistas desses equipamentos. O essencial era provar que éramos amigos.

A França tinha sobretudo interesse em vender armas ao Brasil, não?

PA: Claro.

E naquela época as vendas eram volumosas?

PA: Naquela época e em todas as épocas.

Ainda hoje a França vende muitas armas ao Brasil?

PA: Isso eu não sei, e se soubesse não diria.

## 11. Casos Herzog e Paiva

"Fuga" e "suicídio": os métodos dos militares na Argélia

General, o senhor sabe que no Brasil havia um deputado chamado Rubens Paiva, preso pelos militares em 1971, que, segundo os órgãos de informação, foi sequestrado por revolucionários na transferência entre duas prisões? Desde então ele está desaparecido. Quatro anos mais tarde, o jornalista Vladimir Herzog foi preso, interrogado e morto na prisão. Segundo as autoridades, ele teria se enforcado na cela. Os militares divulgaram uma foto que mostrava o corpo do jornalista com uma corda amarrada ao pescoço. Essas duas histórias se assemelham demais à história do desaparecimento do professor Maurice Audin, também atribuído a uma transferência com uma fuga, e à história do suicídio na prisão de Larbi Ben M'Hidi, chefe do Comité de Coordination et d'Exécution [Comitê de Coordenação e Execução – CCE] do Front de Libération Nationale na Argélia, ocorridas em 1957. O senhor pensa que é uma coincidência ou os militares brasileiros conheciam bem os métodos dos franceses na Argélia?

PA: Era a atmosfera da época. A senhora viu o filme *Hôtel du Nord*, no qual Arletty fala com Louis Jouvet? O camarada fala de atmosfera e Arletty responde: "Atmosfera, eu tenho cara de atmosfera?" Eu lhe digo que naquela época havia uma atmosfera. Sobre Ben M'Hidi estou a par.

**De quê?**

PA: De seu suicídio...

**Mas foi um suicídio ou Ben M'Hidi foi "suicidado"?**

PA: Nós o ajudamos...

**O senhor pode contar essa história?**

PA: A senhora pode contá-la como está no meu livro.

Durante a Guerra da Argélia, o chefe do FLN, Larbi Ben M'Hidi, e o professor de matemática Maurice Audin, ligado ao Parti Communiste Algérien, encontraram a morte em circunstâncias que lembram nos detalhes mais sórdidos as mortes de Vladimir Herzog e de Rubens Paiva.

Catorze anos antes da morte de Paiva e dezoito anos antes da morte de Herzog, os serviços de informação franceses na Argélia perpetraram o mesmo tipo de crime. Os militares franceses tornaram-se mestres na encenação de desaparecimentos e de enforcamentos. E instauraram as execuções sumárias para se desembaraçar do excesso de presos políticos.

Aussaresses conta: "Tantos rumores e histórias falsas corriam sobre essa morte misteriosa que era preciso um dia dizer como ela realmente se passou:"

A prisão de Ben M'Hidi ficou secreta quase uma semana. Durante esse tempo, ele foi ouvido pelo coronel Marcel Bigeard, que tentava fazê-lo mudar de campo, se aliar a nós. Se isso acontecesse, a situação em Argel, onde havia atentados frequentes, poderia

> mudar rapidamente. Bigeard não conseguiu convencê-lo. Dia 3 de março de 1957, o general Jacques Massu me chamou no seu escritório. O coronel Roger Trinquier, chefe do Estado-Maior, já estava lá. Conversamos sobre o destino de Ben M'Hidi e finalmente Massu me diz: "Cuide dele, faça o melhor, eu cobrirei o que for feito." Entendi o que ele queria dizer e também que ele havia tido o sinal verde do juiz Bérard. Esse juiz representava o gabinete do ministro da Justiça, François Mitterrand, junto ao Estado-Maior. Seu telefone era diretamente ligado a Mitterrand. Meu escritório era ao lado do escritório do juiz.[1]

Segundo Aussaresses, uma ordem veio de Paris para deixar o prisioneiro com "sua cápsula de cianureto", que todos guardavam para a eventualidade de caírem nas mãos do inimigo.

> Entendi que era preciso que Ben M'Hidi se suicidasse, como um grande chefe. Mas em Argel era impossível encontrar uma cápsula de cianureto. Foi preciso encontrar outra coisa para "suicidar" Ben M'Hidi. Conduzimos o prisioneiro muito bem protegido e meus homens amarraram uma corda a um cano com um banquinho. Um deles testou a resistência da corda. Ben M'Hidi entrou e empurrou um paraquedista que quis vendá-lo, dizendo que ele também era um soldado. O paraquedista disse que era uma ordem. Ben M'Hidi respondeu: "Sei o que é uma ordem, sou coronel do FLN." Foram suas últimas palavras. Finalmente, ele foi vendado e pusemos a corda em seu pescoço. Coisa do destino: a primeira corda se rompeu, mas a segunda resistiu. Para reforçar a tese do suicídio, mandamos o corpo para o hospital. Preveni Massu. Eram duas horas da manhã. Quanto ao juiz Bérard, ele tinha sobre a mesa de trabalho o relatório sobre o "suicídio" de Ben M'Hidi que eu tinha redigido de tarde. Eis o que aconteceu.[2]

Aussaresses contou que percebeu que os políticos preferiam que o prisioneiro fosse eliminado para evitar um processo que teria tido uma repercussão internacional e teria sido útil à causa do FLN.

O mesmo raciocínio deve ter sido feito pelas autoridades brasileiras quando decidiram que prender e julgar Carlos Marighella seria muito arriscado. Preferiram eliminá-lo e simular uma reação que não houve, pois ele não estava armado na noite de 4 de novembro de 1969.

Anos depois, em 1975, o jornalista Vladimir Herzog teve sua morte encenada como a de Ben M'Hidi. No caso de Herzog, a corda foi apenas um elemento cênico para a foto.

### Vladimir Herzog – São Paulo, 25 de outubro de 1975

O jornalista Vladimir Herzog, de 38 anos, diretor de jornalismo da TV Cultura de São Paulo, morreu depois de ser torturado nas dependências do DOI-Codi. Ali já havia outros jornalistas presos, suspeitos de pertencerem ao Partido Comunista Brasileiro (PCB).

Convocado na véspera, o jornalista se apresentara na manhã seguinte para prestar depoimento e imaginava retornar para almoçar em casa.

No início da noite, o comando do II Exército anunciou que Herzog se enforcara em sua cela.

No dia seguinte, os jornais reproduziram a versão oficial. A "prova" foi uma foto distribuída pelos órgãos de segurança, na qual o corpo de Herzog pende de uma corda.

A morte de Vladimir Herzog sob tortura comoveu o país. Na Catedral da Sé, representantes de três religiões realizaram um culto ecumênico, dirigido pelo cardeal dom Paulo Evaristo Arns, pelo cardeal arcebispo de Olinda e Recife, dom Hélder Câmara, pelo rabino Henry Sobel e pelo pastor luterano James Wright. Apesar da censura, da repressão e dos desmentidos, a realidade da tortura nos porões da ditadura emergia à luz do dia, em plena era Geisel.

## CASOS HERZOG E PAIVA - "FUGA" E "SUICÍDIO"...

Cinco dias após a morte de Herzog, a mídia divulgou uma nota do Serviço Nacional de Informação – o serviço secreto do regime, criado pelo general Golbery do Couto e Silva. A nota sustentava a tese do suicídio e dizia:

> É por todos os motivos profundamente lamentável o suicídio do jornalista Vladimir Herzog. Sua morte ocorre no contexto da crescente atividade desenvolvida pelo comunismo no Brasil, com sua ação de infiltração e de proselitismo. As chamadas "prisões em massa" constituem parte da técnica desenvolvida pelas organizações comunistas para neutralizar ou impedir a ação dos órgãos de segurança. Não há prisões em massa e sim prisões legais, para identificar e aprofundar os dados disponíveis sobre a ação comunista. Situam-se dentro do quadro de combate à subversão, que motivou a nota circular do Ministério da Justiça.

Um ano depois, a família de Vladimir Herzog ajuizou uma ação declaratória contra a União Federal cujo texto dizia:

> Clarice Herzog, brasileira, viúva, publicitária, Ivo Herzog e André Herzog, brasileiros, menores absolutamente incapazes, representados por sua mãe, a primeira suplicante, todos residentes e domiciliados nesta Capital, propuseram a presente Ação Declaratória contra a União Federal para o fim de verem declarada a responsabilidade da Ré pela prisão arbitrária, torturas e morte do marido da primeira suplicante e pai dos outros, Vladimir Herzog, brasileiro naturalizado, jornalista e professor, pedindo consequentemente a declaração da existência de relação jurídica obrigacional indenizatória entre eles e a União Federal.
> 
> Aduzem que Vladimir Herzog, no exercício da profissão de jornalista, trabalhava na TV Cultura, quando na noite de

24 de outubro de 1975 foi procurado nas dependências daquela empresa por agentes do Destacamento de Operações de Informações do DOI-Codi do II Exército.

No dia 25 de outubro de 1975, por volta das 8 horas da manhã, Vladimir Herzog, cumprindo a determinação que lhe fora feita na noite anterior, compareceu à sede do DOI-Codi, situada à rua Tomas Carvalhal, n° 1.030 e ao fim do mesmo dia, o Comando do II Exército fez distribuir uma nota que, amplamente divulgada pela imprensa, comunicava sua morte. Tal nota afirmava que: (...) Por volta das 15 horas, deixado sozinho em sala, redigiu declaração dando conta de sua militância no Partido Comunista; aproximadamente às 16 horas, ao ser procurado na sala onde ficara, foi encontrado morto, enforcado com uma tira de pano.

Aconselhado por colegas a adiar a sentença até a queda do AI-5, já prevista para o início de 1979, o juiz Márcio José de Moraes, então com 33 anos e apenas dois anos de magistratura, teve a coragem de assinar o veredito em 25 de outubro de 1978, dia do terceiro aniversário da morte do jornalista. Nele, o juiz conclui que a prisão de Vladimir Herzog havia sido feita de modo ilegal, sem ordem expedida por autoridade competente. Além disso, anula o laudo que atestava a morte por suicídio, do legista Harry Shibata, feito sem a presença de dois peritos como exigia a lei. O veredito sublinha os depoimentos de testemunhas presentes no DOI-Codi quando Vladimir Herzog era torturado, os jornalistas Rodolfo Konder e George Duque Estrada. A União foi julgada responsável pela morte do jornalista e condenada a pagar indenização por danos materiais e morais à família Herzog.

No final da peça jurídica, o juiz determina "a abertura de um Inquérito Policial Militar para punir as autoridades militares e policiais responsáveis pelas torturas". O inquérito nunca foi aberto, apesar de juristas, como Moraes, considerarem a tortura como crime de lesa-humanidade e, como tal, imprescritível.

Em entrevista ao jornal *O Estado de S. Paulo* de 21 de junho de 2009, o juiz Márcio José de Moraes declarou ter vivido "uma encruzilhada pessoal": "Tive de ser digno da situação que o destino me colocou ou não poderia mais me olhar no espelho." Sua cassação, segundo o jornal, chegou a ser discutida em uma reunião da qual participaram o presidente Ernesto Geisel, o ministro da Justiça Armando Falcão e o procurador-geral da República, Henrique Fonseca de Araújo. Geisel se negou a cassá-lo.

Os originais da sentença foram entregues ao filho mais velho de Vladimir Herzog, Ivo Herzog, e fazem parte do acervo do Instituto Vladimir Herzog inaugurado em 2009, em São Paulo.

Os métodos dos serviços de informação que mataram Larbi Ben M'Hidi, na Argélia e Vladimir Herzog, em São Paulo, eram os mesmos. O brasileiro, morto sob tortura, teve sua morte divulgada como suicídio por enforcamento. O argelino, enforcado por Aussaresses e seus homens, teve sua morte anunciada como suicídio por enforcamento.

"Nós o ajudamos", comentou o general.

E a história de Maurice Audin, o professor de matemática desaparecido em Argel em 1957? Até hoje não se conhece a verdade.

PA: Exatamente.

E não se saberá nunca?

PA: Não. Se depender de mim, não.

## Maurice Audin – Argel, 11 de junho de 1957

Em *Services spéciaux – Algérie 1955-1957*, o general Aussaresses não foi muito loquaz quando escreveu sobre o professor de matemática Maurice Audin, de 25 anos, preso no dia 11 de junho e desaparecido a partir de 21 de junho de 1957. O general explica que o endereço do professor, quadro do PCA, estava na jurisdição que pertencia a um outro oficial, Charbonnier. E passa por cima de um caso emblemático de tortura na Argélia.

No livro de entrevistas ao jornalista Jean-Charles Deniau, *Je n'ai pas tout dit*, questionado insistentemente sobre o caso manteve silêncio. Mas Deniau lhe diz que vai reconstituir a história do professor, na esperança de que o general fale. No fim do relato hipotético feito pelo jornalista, a resposta do militar é lacônica, mas confirma a versão de Deniau.

O PCA estava na ilegalidade desde 13 de setembro de 1955 e a militância era feita na clandestinidade. Maurice Audin fora preso em sua casa, onde os militares prenderiam no dia seguinte Henri Alleg, que dirigia o jornal comunista *Alger Républicain* e tinha vindo ao apartamento para um encontro com o professor, que preparava uma tese de doutorado na Sorbonne. Um ano antes de sua prisão, em 1956, Audin fora a Paris encontrar professores que comporiam a banca de sua tese. Nessa ocasião, encontrou, entre outros, o grande matemático Laurent Schwartz.

Segundo Pierre Vidal-Naquet, citado por Jean-Charles Deniau, Audin teria sido interrogado imediatamente numa prisão chamada El Biar. Os paraquedistas queriam pôr as mãos em André Moine, um importante dirigente comunista argelino, e com a prisão de Audin esperavam obter informação sobre seu paradeiro. Um médico comunista, o doutor Hadjadj, preso e interrogado na mesma prisão que Audin, contou que o viu de cueca, sendo preparado para mais uma sessão de tortura. Henri Alleg foi torturado na mesma prisão.

No relato que fez em ser livro *La question*, Henri Alleg conta que ao vê-lo, Audin, já transformado num farrapo humano, lhe disse: "É duro Henri." O texto saiu clandestinamente do cárcere e o livro foi apreendido pelas autoridades francesas. Foi publicado depois na Suíça.

Logo depois da prisão, a mulher de Audin, Josette Audin, alertou as autoridades francesas sobre o desaparecimento do marido. Estas lhe disseram para não se preocupar, pois "não há tortura, apenas interrogatório longo". Um dos advogados de madame Audin enviou um telegrama ao presidente da República, René Coty, pedindo que ele interferisse em favor de Maurice Audin e Henri Alleg.

Quando uma comissão do governo chegou para investigar o caso, os paraquedistas informaram que os presos haviam sido transferidos. Na realidade, não podiam mostrar os dois presos no estado em que estavam.

Maurice Audin nunca mais foi visto. A história oficial, rocambolesca, contada pelos militares dias depois, tem todos os ingredientes de um roteiro cinematográfico: Audin estava sendo transferido com uma escolta e tentou fugir. Houve tiros, o preso se evadiu, diante de algumas testemunhas, que apareceram nas janelas ao ouvir os tiros. Um médico chegou a ser ouvido pela comissão encarregada de investigar o caso. Ele deu um testemunho verdadeiro sem saber que presenciara a farsa que serviria de "prova" da história que os militares criaram.

Na realidade, os militares montaram uma cena em que cada militar tinha um papel. Um homem de capuz representava o prisioneiro, para que testemunhas oculares, perfeitamente ingênuas, confirmassem depois o momento em que ele entra no jipe encapuzado e o momento em que foge. Depois dessa "evasão" e do desaparecimento do jovem professor, que teve enorme repercussão em Paris, Henri Alleg e o doutor Hadjadj pararam de ser torturados.

Como Audin não era um muçulmano argelino, mas um francês branco, seu desaparecimento causou um grande impacto na opinião pública. O sumiço de milhares de argelinos, torturados e executados pelos militares, não tinha maior repercussão na metrópole, a não ser entre intelectuais anticolonialistas como Jean-Paul Sartre, e entre comunistas que militavam pela independência argelina.

Segundo uma versão do jornal comunista *L'Humanité*, Maurice Audin fora morto por estrangulamento no dia 21 de junho de 1957 numa casa conhecida como El Biar, em Argel, nas mãos de um torturador, tenente paraquedista do Exército francês. O jornal contou em sua edição de 4 de dezembro de 1997 que o torturador recebeu mais tarde a Légion d'Honneur.

No livro *Je n'ai pas tout dit*, Aussaresses se recusou a comentar o caso Audin e o jornalista Jean-Charles Deniau levantou a hipótese que os militares teriam feito um pacto de silêncio. Para quem esperava que o título do livro, *Je n'ai pas tout dit*, fosse selar o fim de um silêncio, ele aparece como uma confissão de que ainda há coisas a serem reveladas.

Mas em janeiro de 2014, o jornalista Jean-Charles Deniau lançou o livro *La vérité sur la mort de Maurice Audin*.[3] O livro é o resultado de longas entrevistas com Aussaresses, as últimas que concedeu ao jornalista pouco antes de morrer.

Audin é o desaparecido mais célebre da Guerra da Argélia. Desde seu desaparecimento, sua viúva Josette Audin busca na Justiça o reconhecimento da responsabilidade do Estado francês no que ficou conhecido como o *affaire Audin*.

Pouco antes de morrer aos 95 anos, o último sobrevivente dos chefes militares da Argélia resolveu contar a Deniau como tudo se passou, revelando um segredo guardado por mais de meio século e que todos os militares implicados se recusavam a esclarecer.

Segundo o relato retirado a fórceps por Deniau em idas e vindas entre Paris e a Alsácia, depois de ter sido barbaramente torturado, em junho de 1957, Maurice Audin foi morto esfaqueado por ordem de Jacques Massu "para servir de exemplo". Segundo Aussaresses, o executor foi um militar comandado por ele, o tenente Gérard Garcet, que ainda está vivo. Procurado pelo jornalista, ele se recusou a recebê-lo para uma entrevista.

Ao sair de seu mutismo sobre o caso Audin, o general desmontou de uma vez por todas a versão oficial, divulgada pelos militares franceses na Argélia, de que o jovem de 25 anos se evadira ao ser transferido de uma prisão a outra. A versão mirabolante serviu certamente de modelo aos militares brasileiros para justificar o desaparecimento do ex-deputado Rubens Paiva.

Em 2001, depois das revelações do general Aussaresses sobre a tortura em seu primeiro livro, a viúva de Audin entrou com uma nova ação por "sequestro e crime contra a humanidade". A lei de anistia foi evocada mais uma vez.

Em janeiro de 2014, logo após a publicação do livro revelando a nova versão sobre a morte de Maurice Audin, a Liga de Direitos Humanos publicou nos jornais um Comunicado no qual conta a história do professor de matemática desaparecido. O título era "Maurice Audin foi assassinado por ordem dos militares?".

O documento lembra a luta de Josette Audin e do Comité Maurice Audin (presidido pelo historiador Pierre Vidal-Naquet até sua morte) para que as autoridades francesas digam a verdade sobre o desaparecimento do jovem professor. E relembra que quando, em 2012, a revista *Le Nouvel Observateur* publicou uma reportagem dando uma nova versão para a morte de Audin, a Liga de Direitos Humanos voltou a pedir a verdade sobre o desaparecimento.

O governo francês permitiu à viúva o acesso aos arquivos sigilosos da Defesa, em fevereiro de 2013. Nenhum elemento esclarecedor foi encontrado neles.

O comunicado da Liga termina afirmando que "é mais que tempo, meio século depois desses acontecimentos, que as altas autoridades da República francesa, assim como as diferentes instituições da sociedade, reconheçam aquela responsabilidade".

### Rubens Paiva – Rio de Janeiro, 20 de janeiro de 1971

O deputado federal Rubens Beyrodt Paiva, eleito em 1962 por São Paulo, pelo Partido Trabalhista Brasileiro, não conheceu Maurice Audin. Mas no filme macabro da ditadura brasileira, os roteiristas de farda lhe atribuíram praticamente o mesmo papel do jovem professor de matemática: um prisioneiro que foge numa transferência de prisão. No caso de Paiva, ele teria sido sequestrado por outros "subversivos".

Rubens Paiva participara em 1963 da Comissão Parlamentar de Inquérito (CPI) que investigou as atividades do Instituto de Pesquisas e Estudos Sociais – Instituto Brasileiro de Ação Democrática (Ipes--Ibad), que ajudaram a preparar o golpe militar. Entre outras coisas, essas instituições financiavam palestrantes e escritores para denunciar a "ameaça vermelha" no Brasil. O deputado foi cassado no dia 10 de abril de 1964, pelo Ato Institucional editado no dia anterior.

No final de 1970, Rubens Paiva fora a Santiago do Chile. O eixo Paris-Argel-Santiago era o centro nevrálgico da diáspora brasileira. Mas os perseguidos por crimes políticos eram seguidos, vigiados e tinham suas organizações infiltradas permanentemente por agentes secretos do SNI nas três capitais. A viagem de Paiva fora, portanto, monitorada por agentes do SNI.

No dia 20 de janeiro de 1971, a casa de Rubens Paiva foi invadida por pessoas armadas de metralhadoras, sem apresentar mandado de prisão, mas se dizendo da Aeronáutica. Rubens Paiva acalmou-os e saiu de casa dirigindo seu próprio carro.

Desde então, foi dado como desaparecido. Nota oficial dos órgãos de segurança informou que dois dias depois, ao ser transferido da prisão ao Centro de Operações de Defesa Interna, o carro que o conduzia foi atacado por indivíduos desconhecidos que o teriam sequestrado. Em suma, o preso teria fugido com a ajuda de cúmplices.

Na realidade, Rubens Paiva morreu por causa dos ferimentos devidos à tortura. Segundo testemunho do médico do Exército Amílcar Lobo, que o examinou, o ex-deputado morreu após diversas sessões de tortura.

Na carta que escreveu em 1971 ao Conselho de Defesa dos Direitos da Pessoa Humana, criado em março de 1964, com base em relato de testemunhas – inclusive a professora Cecília Viveiros de Castro[4] –,

Eunice Paiva afirmava que seu marido provavelmente começara a ser torturado no mesmo dia de sua prisão, durante o interrogatório feito na 3ª Zona Aérea, no Aeroporto Santos Dumont, sob o comando do brigadeiro João Paulo Penido Burnier. Nesse mesmo local, morreu o estudante Stuart Angel Jones, obrigado a respirar o escapamento de um jipe até morrer. O brigadeiro Burnier, um homem de muita imaginação, é o mesmo que concebeu um sinistro plano que por pouco não foi executado: queria que seus comandados fizessem explodir o gasômetro do Rio para acusar os comunistas da autoria do crime.

Até hoje, o corpo do deputado Rubens Beyrodt Paiva não foi encontrado, mas em 1996 a viúva Eunice Paiva recebeu um atestado de óbito reconhecendo oficialmente sua morte, graças a uma Lei sobre os Desaparecidos. Um dos filhos do deputado, o escritor Marcelo Rubens Paiva, escreveu no jornal O *Estado de S. Paulo*, de 25 de fevereiro de 2014:

> Em 1996, pegamos o metrô até o cartório de Registro Civil das Pessoas Naturais – Primeiro Subdistrito da Sé. Os funcionários estavam assustados com a quantidade de fotógrafos e cinegrafistas. Mal sabiam que se fazia História naquele cartório abafado e comum.
> Um cordão da imprensa respeitou nossa passagem. A escrevente substituta Cibeli da Silva Bortolotto entregou o atestado: "Certifico que, em 23 de fevereiro de 1996, foi feito o registro de óbito de Rubens Beyrodt Paiva. Profissão, engenheiro civil. Estado civil, casado. Natural de Santos, neste estado. Observações: Registro de Óbito lavrado nos termos do Artigo 3º. da Lei 9.140 de 4 de dezembro de 1995.
> Meu pai morria pelos termos da Lei 9.140, 25 anos depois de ter morrido por tortura.
> Na saída, Eunice Paiva sorriu, falou com a imprensa e ergueu o atestado de óbito como um troféu.

Sobre Ben M'Hidi o senhor conta que não foi um verdadeiro suicídio...

PA: Não, a gente ajudou-o. Mas o ministro da Justiça, François Mitterrand,[5] estava a par.

Mitterrand estava a par desde o início?

PA: Desde o início.

E qual é a responsabilidade dele nesse caso?

PA: Como ministro da Justiça, ele fez uma reunião do Conselho dos ministros no início de 1957 à qual estava presente Robert Lacoste, governador-geral da Argélia. Este fez um relatório dizendo que Argel sobretudo sofria muito por causa do terrorismo. Guy Mollet respondeu: "Uma divisão de paraquedistas vinda de Suez, no Egito, sob as ordens do general Massu, vai ocupar Argel." Investido de plenos poderes em matéria de polícia, o general Massu foi nomeado responsável pela luta contra o terrorismo em Argel, que tinha 600 mil habitantes. Guy Mollet disse a Lacoste: "Diga ao general Massu que ele deve erradicar o terrorismo por todos os meios, entendeu? Por todos os meios. E que ele destaque um oficial que sirva de ligação entre os serviços de Polícia e a Justiça." Então fui designado para ser o braço direito de Massu.

O senhor acredita que o Brasil, muito maior, foi tão bem controlado pelo SNI quanto a Argélia foi controlada pelos seus serviços de informação?

PA: Sim, acredito.

Eram mais ou menos os mesmos métodos de controle?

PA: Havia atentados. Havia uma ação permanente dos terroristas, sobretudo à noite. A noite pertencia ao FLN. Era preciso reprimir. E fui o oficial designado para fazer a ligação entre a Polícia e o Exército. Eu era comandante naquela época. No livro *Le temps des léopards*[6] o autor diz que eu tinha um apelido, "o comandante O". Robert Lacoste disse que Massu não conhecendo as ações da Polícia precisava de um oficial que iria à Central de Polícia ver o *"préfet"*. Massu foi comigo falar com o secretário-geral Paul Teitgen para que ele nos explicasse a ação da Polícia. Todos os dias eu passava a noite fora e, ao amanhecer, ia ver Paul Teitgen.[7]

## 12. Os voos da morte

"Todas as polícias do mundo utilizam a tortura"

Sabe-se que os militares argentinos jogavam prisioneiros dos chamados voos da morte. Depois dos interrogatórios, os prisioneiros eram dopados, colocados em aviões e jogados do alto. Isso era uma especificidade argentina, criada pelos franceses na Argélia. Quando o senhor esteve no Brasil, havia prisioneiros sendo jogados nos voos da morte?

PA: Jamais, nunca ouvi falar disso no Brasil. Nunca.

Na Argentina, foi uma prática corrente durante a ditadura militar. Os corpos apareciam boiando...

PA: Já me perguntaram isso. Mas eu não conhecia essas histórias.

Sobre esse assunto, o general não é muito loquaz. O adido militar francês na Argentina no mesmo período em que o general Aussaresses servia no Brasil era Robert Servant. Procurado pela jornalista Marie--Monique Robin, ele se recusou a dar entrevista para o livro dela. Servant dava cursos na Escola de Guerra e no Estado-Maior do Exército e, para isso, era remunerado pelos argentinos, como informou o general Reynaldo Bignone, presidente da Junta Militar que dirigiu a Argentina de 1º de julho de 1982 a 10 de dezembro de 1983. Robert Servant preferiu manter o pacto de silêncio dos militares franceses, rompido por Aussaresses.

> O senhor nunca foi à Argentina ou ao Chile enquanto esteve no Brasil como adido militar?

> PA: Jamais. Nunca fui à Argentina enquanto estava servindo no Brasil. Mas eu sabia que na Argentina havia um adido militar das forças armadas – ele era menos rico que eu que tinha um adjunto da Força Aérea e outro da Marinha –, mas a Argentina tinha apenas um adido das Forças Armadas chamado Jozen. E eu nunca iria me meter no terreno de Jozen.

> O general argentino Bignone disse à jornalista Marie-Monique Robin: "Li o que o general Aussaresses escreveu sobre esse assunto [a tortura]. Estou de acordo com ele. Vamos deixar de lado a hipocrisia, todas as polícias do mundo utilizam a tortura. Em Israel, ela é até mesmo reconhecida nos textos."[1] O que o senhor pensa dessa opinião do general Bignone?

> PA: Não mudaria uma palavra da declaração do general.

> Ele diz que todas as polícias do mundo utilizam a tortura e que em Israel ela está reconhecida...

> PA: Não sei se utilizam a tortura em Israel, se eu soubesse não o diria, mas não tenho certeza de que a utilizam. Não creio...

Michel Terestchenko escreveu:

> Numerosos relatórios, entre eles alguns produzidos por organizações israelenses independentes como o Public Commitee

Against Torture in Israel [Comitê Público contra a Tortura em Israel], denunciam terríveis condições de detenção das quais são vítimas milhares de palestinos, inclusive crianças. Segundo Darius Rejali, 85% dos prisioneiros e 94% dos que foram interrogados foram submetidos a diversas formas de tortura.[2]

Mas o senhor está de acordo com o general Bignone que diz que todas as polícias do mundo utilizam a tortura? Mesmo os Estados Unidos a usaram no Iraque...

PA: Infelizmente tenho de concordar com o que ele diz.

No artigo "Cuba 1959-2009 – Il était une fois la révolution" [Cuba 1959-2009 – Era uma vez a revolução], publicado na revista do jornal *L'Humanité,* que comemorou os cinquenta anos da revolução cubana (janeiro de 2009), Frei Betto diz:

> Diferentemente de outros países, não houve desaparecidos nem tortura em Cuba. Eu, que fui preso duas vezes pela ditadura militar do Brasil, pude encontrar pessoas em Cuba que foram presas. Pergunto sempre a ex-prisioneiros se foram torturados. Nenhum foi torturado em Cuba. Aliás, eu não poderia ser solidário com Cuba, levando em consideração o que vivi, além de meus princípios cristãos, se tivesse conhecimento de algum caso de tortura.

O general Bignone também diz que a melhor maneira de evitar os atentados é matar os terroristas antes que eles cheguem a colocar a bomba. Era essa a preocupação na Argélia, no Brasil e na Argentina e esse medo justificava a tortura?

PA: Sim.

## 13. Aussaresses se torna vendedor de armas
### Franceses na Operação Condor

O senhor deve conhecer a Operação Condor...

PA: Não, de forma alguma...

Mas depois de ter deixado o Brasil, o senhor deve ter ouvido falar da Operação Condor, que reunia os serviços de informação das ditaduras da América do Sul.

PA: Quando eu estava no Brasil, nunca ouvi falar da operação Condor. Soube que ela foi montada entre países sul-americanos como um acordo oficial. Mas não ouvi falar dela quando trabalhei no Brasil.

O juiz espanhol Baltasar Garzón em 1998 expediu um mandado de prisão internacional contra o general Pinochet. Ele o designava como "um dos responsáveis principais por um sistema de coordenação terrorista internacional (chamado Operação Condor) visando ao extermínio de numerosas pessoas por razões ideológicas". Na sua opinião, a Operação Condor era um "sistema de coordenação terrorista internacional" no Cone Sul?

PA: Não estive a par da Operação Condor enquanto estava na ativa. Mas o que eu soube através de militares e juízes é que a Operação Condor era uma organização oficial dos serviços de informação dos países aliados do Cone Sul. Havia também oficiais franceses...

Oficiais franceses também colaboraram com os governos da América do Sul durante a Operação Condor?

PA: Sim, claro.

Existem documentos que provem isso?

PA: Não, não existem documentos, claro.

Mas havia com certeza oficiais franceses?

PA: Sim, havia oficiais franceses implicados na Operação Condor.

E qual era o papel deles?

PA: A Operação Condor tinha como principal responsável o general Pinochet.

E qual era o papel dos franceses? Esse papel não é muito conhecido, não?

PA: Não é conhecido, mas os oficiais eram dos serviços de informação e eram designados pelos governos.

Se eles eram dos serviços de informação eram agentes secretos, homens da sombra...

PA: Sim, eram agentes secretos.

Isso quer dizer que os franceses colaboraram estreitamente com Pinochet.

PA: Estreitamente. Mas enquanto estive no Brasil não ouvi falar da Operação Condor. Depois que voltei à França, tomei conhecimento dos detalhes de como ela funcionava.

Somente quando o senhor deixou o Exército?

PA: Sim, deixei o serviço ativo na data do meu aniversário, quando completei 57 anos, dia 5 de novembro de 1976.

Quando o senhor saiu do serviço militar ativo, começou uma nova carreira na empresa Thomson-Brandt, como executivo da venda de armas.

PA: Exatamente.

O senhor se tornou um vendedor de armas porque tinha experiência no serviço secreto, no setor de informações, ou porque tinha uma experiência militar?

PA: Acho que pelos dois motivos. Tinha uma experiência técnica e militar.

A que país o senhor vendeu mais armas?

PA: Ao Brasil.

Que tipo de armas o Brasil comprava?

PA: Os brasileiros pediam à França sobretudo materiais de aviação e aviões. O Brasil poderia comprar dos Estados Unidos, mas eles pensavam que o Brasil deveria ser armado com moderação. Os brasileiros pensavam que os riscos de desordem na América Latina precisavam ser prevenidos de forma eficaz...

Que riscos? O que Roger Trinquier chamou "o inimigo interno"? O Brasil não corria o risco de ser invadido por seus vizinhos, nem pela Argentina, nem pelo Paraguai nem pela Bolívia...

PA: Isso mesmo. Era para a "guerra contrarrevolucionária". O Pentágono dizia: "O Brasil não tem necessidade de tantas armas. Se houver um verdadeiro risco, os Estados Unidos lhe darão o que for preciso, mas nós calcularemos esse risco." Então os brasileiros se voltaram para a França, especialmente para o fabricante Dassault. Eles compraram aviões Mirage.

No seu relatório secreto ao Ministério da Defesa (novembro de 1973), Aussaresses escreveu:

> A *ameaça da subversão, qualificada explicitamente de comunista é levada bem mais a sério que uma ação externa* [sublinhado em vermelho no original]. Nesse sentido, é importante constatar que entre os condenados que se beneficiaram da graça presidencial na semana de Natal não consta nenhum culpado de crimes contra a "Segurança Nacional" nem os traficantes de droga. E associando-os ao mesmo texto, as autoridades mostram que eles estão no primeiro plano de suas preocupações.

Havia uma certa rivalidade entre os Estados Unidos e a França para manter o mercado brasileiro. Durante quanto tempo o senhor vendeu armas ao Brasil?

PA: Digamos entre 1960 e 1980.

Sobretudo nos governos militares...

PA: Sim. O Brasil comprou Mirage, munições e aparelhagem de escuta, de localização e um sistema eletrônico muito amplo.

Há um personagem francês no livro de Marie-Monique Robin que diz: "Não podíamos nos indispor com os argentinos porque tínhamos interesses comerciais com eles"... O pragmatismo era a palavra de ordem da política externa francesa em relação ao Brasil, ao Chile e à Argentina? Antes de tudo, negócios, os direitos humanos, veremos depois...

PA: Pode-se pensar assim, mas não era o principal.

O essencial era a luta contra o comunismo?

PA: Havia essa identificação da necessidade da luta contra o comunismo. E quando eu fui oficial de informação em Philippeville, na Argélia, antes de ir para Argel, recebíamos instruções do Estado-Maior para investigar as ligações do Parti Communiste Algérien e do Front de Libération Nationale. Uma vez por mês eu recebia de Paris ordem de investigar o PCA e o FLN.

Para os governos da América Latina era a mesma coisa? Os franceses viviam as consequências da Guerra Fria?

PA: Era a mesma coisa. O essencial era saber que sem a ajuda dos comunistas os independentistas argelinos não conseguiriam nada em suas ações contra a França.

**Com quem o senhor negociava quando ia ao Brasil vender armas?**

PA: Tratei diretamente com a sociedade que fabricava os blindados brasileiros. Eu negociava com a Aeronáutica, com o ministro e com a escola militar da Aeronáutica que ficava numa região de São Paulo. Para a França, tínhamos um bom argumento de venda. Marcel Dassault tinha feito um cálculo sobre o preço de fabricação dos aviões. Os brasileiros acharam muito caro. Dassault disse que venderia a crédito, em vários anos e se entenderia com o governo francês. Vários pilotos brasileiros vieram fazer estágio na França para aprender a pilotar os Mirage.

**E além dos Mirage o que mais o senhor vendia ao Brasil?**

PA: Havia também veículos de transporte de tropas.

**Os políticos e os militares brasileiros recebiam comissões para comprar armas?**

PA: Mas é claro.

**A quem as comissões eram dadas, aos militares?**

PA: Sim. As comissões eram pagas aos que assinavam os acordos. Mas, veja bem, as comissões eram cobertas pela Coface [Compagnie Française d'Assurance pour le Commerce Extérieur, órgão de controle de transações entre a França e outros países]. Era oficial. Havia um organismo da Direção de Material, a DAI, que ficava no Boulevard Saint-Germain. Quando estávamos com um contrato em preparação, eles examinavam todos os detalhes, sobretudo as comissões. Não se podia ultrapassar certa percentagem.

E essas comissões eram dadas a intermediários ou aos compradores? Ou aos dois?

PA: Isso mesmo, aos dois.

A Matra vendia armas também?

PA: Nós tínhamos acordos com a Matra...

Mas Thomson e Matra são concorrentes, não?

PA: Sim, mas eles não são realmente concorrentes, cada um tem sua especialidade.

O que a Matra vendia?

PA: Eles vendiam aparelhos para o lançamento de bombas de um avião. Havia um acordo entre Matra e Dassault. Thomson, para a qual eu trabalhava, é uma outra empresa. Havia acordos para a fabricação de armas.

No Brasil, a última instância para a decisão de compra de armas era o presidente da República?

PA: Sim, era o presidente da República.

E o senhor negociava com quem?

PA: Sobretudo com oficiais aviadores. Quando eu era adido militar na embaixada francesa, o general Geisel foi empossado presidente. Quando houve eleições para a Presidência, fiz um relatório. O primeiro secretário da embaixada, filho de um de meus colegas da Escola Militar morto na Indochina, não estava de acordo com minha análise. Ele dizia que, em relação a seus predecessores, Geisel seria de tendência liberal. Eu disse que pensava diferentemente: "Geisel manterá a linha anterior porque o Brasil vive ainda uma ameaça comunista. E nessa lógica, seu sucessor será Figueiredo."

**O senhor disse isso na época da posse de Geisel?**

PA: Eu escrevi.

Como fino analista da política interna brasileira, o general anotou no seu relatório anual, que cobria o período de novembro de 1973 a março de 1975:

> As eleições de novembro deram a vitória à oposição. Me parece que até agora esse sucesso não inquieta as forças armadas para quem, exceto os "radicais" [*les ultras* em francês] liderados pelo general [Humberto de] Souza Melo, ex-chefe do Estado-Maior das Forças Armadas, é preciso uma oposição, contanto que ela seja nacional: as FFAA dão a entender que não vão tolerar que as noções de OPOSICÃO sejam confundidas com SUBVERSÃO – esta última podendo receber ajuda de elementos ativos baseados na Argentina a quem falta o presidente Peron.

No relatório anual do final de 1974, Aussaresses fez uma análise precisa do futuro governo Geisel:

> No plano interno, parece que vai haver uma continuidade entre o terceiro "governo da revolução" (Médici) e o quarto (Geisel) – um cooptado pelo outro: e ainda é um governo de colegas [*copains* no original].
> O arcabouço institucional continua o que foi definido pela Constituição de 1967, modificada em 1968 e 1969, que define, nos termos do célebre Ato Institucional n° 5, o primado do poder Executivo. Esse arcabouço não mudará. Ele constitui, com certeza um estado de exceção e tal fenômeno não deve-

ria ser durável. Aliás, é o que afirmarão os porta-vozes do governo, dizendo que pelo menos durante o primeiro ano do 4º governo e levando-se em conta as dificuldades econômicas que ele deve enfrentar, não há hipótese de modificação desse arcabouço institucional, ou seja, não irão revogar o Ato nº 5.

O presidente Geisel deve certamente querer mostrar, através de eleições livres, a realidade no Brasil de uma "democracia formal". O telegrama que segue, da embaixada francesa, dá uma excelente ideia do que significam essas eleições. No seu discurso de fim de ano, o presidente Geisel disse sem ambiguidade que "os instrumentos de exceção não serão de forma alguma revogados".

Se o general Médici parecia desprovido de paixão pelas questões diplomáticas, seu sucessor, por sua vez, se entrevista com frequência e longamente com seu ministro das Relações Exteriores e parece ter prazer em receber seus embaixadores.

**Mas, de qualquer forma, Geisel preparou a abertura, era mais liberal em relação a Médici. O ex-chefe do SNI, Golbery do Couto e Silva, era seu chefe da Casa Civil, sua eminência parda.**

PA: Escrevi isso e dei ao embaixador e a um de seus ministros conselheiros. Quando Michel Legendre chegou a Brasília, queria fazer um jantar. Ele me disse para não convidar os funcionários brasileiros mais graduados porque não tinha ainda feito as visitas protocolares.

**Quem o senhor convidou?**

PA: Convidei os irmãos Paiva Chaves.

**Não era então um jantar para as autoridades do governo?**

PA: Não podia ser. Fui obrigado a convidar pessoas que tinham uma influência considerável, mas que não eram do governo.

**Eram todos brasileiros ou havia diplomatas estrangeiros?**

PA: Havia diplomatas estrangeiros, sobretudo um israelense e um libanês. Eu não os coloquei lado a lado pois eles teriam se matado... Não havia esse risco, eles eram amigos. Fizemos uma viagem organizada pelo Exército brasileiro a uma cidade do centro do país. Eu era muito amigo do adido militar de Israel, cujo nome era Saul. Ele me disse que Saul e Paul eram o mesmo nome.

**Sua amizade com o general Figueiredo, então chefe do SNI, era o fruto de relações próximas ou era uma relação formal entre militares que deveriam trabalhar juntos? O senhor foi realmente amigo pessoal de Figueiredo?**

PA: Foi desde o início uma amizade pessoal.

**O senhor pode traçar um perfil dos presidentes Ernesto Geisel, João Batista Figueiredo e Garrastazu Médici?**

PA: Ernesto Geisel era um homem de bom senso, de profunda moralidade. Ele tinha fé e respeitava as regras da moral cristã, que considera que os homens merecem viver numa atmosfera de ordem que lhes permita trabalhar, ajudar suas famílias. Ernesto Geisel era um homem que acreditava profundamente no aspecto moral da manutenção da ordem.

Emilio Garrastazu Médici governava o Brasil quando cheguei. Só tenho bons sentimentos em relação a ele. Eu o encontrei na embaixada da França e pude falar em português com ele. O embaixador o convidou a um jantar na embaixada e teve uma conversa muito agradável com ele. Michel Legendre perguntou o que ele pensava da Transamazônica. O presidente respondeu que essa estrada era indispensável para aumentar o nível de vida do povo brasileiro que vivia muito colado ao litoral. Ele queria levar o povo à ocupação das regiões mais distantes do litoral.

Mas a construção da Transamazônica tinha também por objetivo facilitar o combate contra os guerrilheiros que se abrigavam na selva. Era um projeto de estratégia militar...

PA: Sim, também.

E como o senhor define o presidente João Figueiredo?

PA: Adorável, muito sedutor. Era o chefe do SNI quando eu cheguei como adido militar. Eu o convidava com frequência às recepções da embaixada francesa, o que costumava irritar nosso caro embaixador. E Figueiredo se tornou um dos meus melhores amigos. Tínhamos o hábito de fazer longos passeios a cavalo. Como sou bom cavaleiro, ele me emprestava, o que não fazia com outros, seu cavalo alazão Comanche.

Então foi muito amigo dele...

PA: Muito amigo, muito amigo.

Ao voltar ao Brasil para vender armas, depois de se desligar do Exército, o senhor o encontrou?

PA: Claro, ele me recebeu em Brasília.

Para tratar da venda de armas?

PA: Sim, mas também como uma visita protocolar.

Qual o balanço de sua missão no Brasil, como adido militar, de 1973 a 1975?

PA: Acho que as autoridades brasileiras, sobretudo Figueiredo, apreciaram minha conduta em relação a elas. Minha contribuição foi considerada boa. Minha colaboração foi útil tanto a eles como a nós franceses.

## 14. O controle dos exilados brasileiros na França

De 1964 até 1973, ano de sua chegada ao Brasil, qual o papel da França no combate dos militares aos ativistas de esquerda chamados de "terroristas e subversivos"? Havia troca de informação, acordos diplomáticos ou militares?

PA: Contra os terroristas já havia um entendimento perfeito entre a França e o Brasil desde 1964.

E em que consistia esse entendimento perfeito?

PA: Consistia em dizer que os terroristas ativos no Brasil – uma vez que a França tinha uma atitude liberal com as pessoas mais ou menos marginais dando facilmente o direito de asilo – seriam controlados no território francês. Os terroristas brasileiros aproveitaram essa liberalidade e muitos vieram para a França.

Então o governo francês ajudava o governo brasileiro a controlar os brasileiros exilados em Paris?

PA: Exatamente. Os serviços secretos franceses trabalhavam de braços dados com os brasileiros desde o início. Mas isso era sigiloso e os serviços de Polícia franceses informavam aos serviços de informação brasileiros que tal terrorista procurado no Brasil estava em Paris e estava hospedado na casa de alguém, que estava sendo controlado.

No livro *Escadrons de la mort, l'école française*, o general Juan Manuel Contreras conta que "foram os franceses que nos informaram quando os exilados chilenos iniciaram a operação 'retorno', como os terroristas chamavam a tentativa de voltar ao Chile, entre 1978 e 1980".

A Direction de la Surveillance du Territoire, um serviço ligado ao Ministério do Interior francês, prevenia o general Contreras assim que um "terrorista" subia no avião na França (a maior parte das vezes, com documentos falsos). Contreras confirmou que tinha contatos estreitos com todos os serviços secretos latino-americanos. Ele mesmo foi o criador da internacional do terror, a Operação Condor, que reunia os serviços de informação de Chile, Uruguai, Argentina, Brasil, Paraguai e Bolívia. Essa operação conjunta de seis países tinha como modelo a Interpol e visava à troca de informação e eliminação física dos opositores políticos de todos os seis países.

E quando os franceses davam essa informação ao governo brasileiro a pessoa que chegara à França começava a ser seguida pelo serviço de informação francês?

PA: Os serviços de informação franceses são detalhistas e não costumavam perder as pistas. Nesses serviços, há uma continuidade e apesar das mudanças de governo na França havia uma constante luta contra os terroristas.

Argel e Paris e, até 1973, Santiago, entre outras capitais, representaram um porto seguro onde ancoraram milhares de exilados depois de 1964. Argel era, desde 1962, a capital da jovem república da Argélia, proclamada depois da guerra sangrenta contra a antiga potência colonizadora, que massacrou toda uma geração de nacionalistas argelinos. Foi em

## O CONTROLE DOS EXILADOS BRASILEIROS NA FRANÇA

Argel que Miguel Arraes viveu, impedido de morar na França, onde participou em janeiro de 1970 do ato de homenagem a Marighella e do lançamento da Frente Brasileira de Informação (FBI), em Paris, na Mutualité. Foi também em Argel que desembarcaram os quarenta prisioneiros políticos libertados com o sequestro do embaixador alemão, Ehrenfried Anton Theodor Ludwig Von Holleben, em julho de 1970. Diversos exilados que moraram na França confirmam o controle permanente de que eram alvo. Na Alemanha, Dora (Maria Auxiliadora Lara Barcellos) e Reinaldo Guarany Simões foram vítimas de permanentes provocações da Polícia e das autoridades. Em Bochum, onde graças à atuação de uma entidade religiosa frequentaram um curso intensivo de alemão, eles e outros exilados brasileiros foram obrigados a apresentar-se três vezes ao dia à Delegacia de Polícia mais próxima durante todo o período da Copa do Mundo de Futebol de 1974, realizada na Alemanha Ocidental. O que mostra que também os serviços de informação alemães colaboravam com a ditadura brasileira.

> E se a pessoa não fosse um "terrorista", isto é, se não tivesse participado de uma ação armada, mas fosse simplesmente um adversário da ditadura? Essa pessoa era também seguida?
>
> PA: O fato de ser um dissidente político não era bastante para ser considerado um terrorista.
>
> Mesmo os dissidentes políticos que não tinham participado da luta armada eram seguidos?
>
> PA: Eram seguidos e a informação era dada aos brasileiros. Os franceses informavam sobre seus passos na França.

É sabido que durante toda a ditadura as embaixadas brasileiras acolhiam agentes secretos do regime nas diferentes capitais do mundo. Elas utilizavam pressões diplomáticas e econômicas para proibir a entrada de ex-presos políticos brasileiros e controlar o deslocamento dos exilados. Apesar de condecorado com a Légion d'Honneur como herói da Segunda Guerra, Apolônio de Carvalho teve que esperar muito tempo em Argel até que o governo francês permitisse sua entrada legal na França. Tudo porque o Serviço Nacional de Informação exercia pressões. Com base em Argel, Miguel Arraes também ficou muito tempo proibido de entrar em território francês, por ordem do ministro do Interior Raymond Marcellin. O ex-governador de Pernambuco ajudara a organizar, em janeiro de 1970, a grande reunião na sala Mutualité, em Paris, para denunciar a ditadura e as torturas e isso desagradou aos governos brasileiro e francês.

As atividades deles na França eram livres? Havia total liberdade de reunião?

PA: Não, nós dizíamos que os tolerávamos na França, que eram refugiados políticos, mas na realidade os considerávamos terroristas. Se eles continuassem a ter atitudes favoráveis ao terrorismo, a França saberia como puni-los.

Eles tinham que pedir uma carteira de permanência na França todo ano?

PA: Eles tinham que justificar sua neutralidade política. Perguntávamos se o governo brasileiro os perseguia e então ameaçávamos enviá-los de volta ao Brasil.

E quando trabalhavam como porteiros, fazendo pequenos trabalhos legais, eram assim mesmo controlados pelos agentes brasileiros na França?

PA: Claro, o governo estava informado de tudo. E se os serviços de informação brasileiros diziam que havia alguém que incomodava, a gente se entendia.

Mas na França os exilados se mantinham distantes da política...

PA: Era o que fazia a maioria.

Pode-se dizer que os governos de Georges Pompidou (1969-1974) e de Giscard d'Estaing (1974-1981) colaboraram com a ditadura militar brasileira? O senhor era o adido militar, formava os militares em técnicas de interrogatórios "vigorosos" durante parte da Presidência deles. Os franceses vendiam armas à ditadura, trocavam informações. Seu trabalho era conhecido...

PA: Claro que o governo francês conhecia meu trabalho, ele conhecia também minha carreira e sabia qual era minha inclinação política, se eu tivesse feito uma carreira política.

Por que a França ao mesmo tempo colaborava com os militares brasileiros para a formação dos oficiais em Manaus, para os interrogatórios, na chamada "guerra contrarrevolucionária", e por outro lado dava asilo político aos perseguidos pela ditadura?

PA: Eu não saberia dizer por que, não sei explicar. Era um pouco por demagogia.

Por demagogia?

PA: Acho que sim.

Nas décadas de 1960 e 1970, a França viveu uma verdadeira esquizofrenia. Por um lado, colaborava com os ditadores latino-americanos, por outro, recebia os exilados brasileiros, chilenos e argentinos que fugiam do terror implantado em seus países.

Os serviços de informação franceses na Presidência do general De Gaulle (1958-1969), de Georges Pompidou (1969-1974) e de Valéry

Giscard d'Estaing (1974-1981) colaboravam estreitamente com as ditaduras do Cone Sul.

O general Ernesto Geisel foi recebido em visita oficial pelo presidente Giscard d'Estaing em Paris (abril de 1976). De Gaulle e Giscard visitaram o Brasil (em outubro de 1964 e agosto de 1978, respectivamente), recebidos por Castelo Branco (um dos militares brasileiros formados na França) e por Geisel, respectivamente. As relações diplomáticas eram estreitas e a França via no Brasil um mercado promissor para os produtos franceses, inclusive para a indústria de armamentos.

Valéry Giscard d'Estaing, ministro da Economia e das Finanças, em visita ao Brasil em 1971, não poupou elogios ao "fulgurante crescimento deste colosso do Novo Mundo: no Brasil, não é somente o ritmo do desenvolvimento, mas sobretudo a estabilidade na progressão que são surpreendentes nestes últimos anos. Por essa razão, creio no milagre brasileiro".[1]

Ele fazia total abstração do fato do "milagre" existir num país que instaurara uma ditadura sanguinária em 1964, na qual a tortura era uma arma para combater os resistentes de todas as correntes políticas. O que Giscard d'Estaing omitia era que desde 1968 o PIB brasileiro crescia 9% ao ano graças a um brutal arrocho salarial. Desde 1964, o custo de vida se multiplicara por dez enquanto os salários foram multiplicados por três. Em fevereiro de 1968, era necessário trabalhar 4.100 minutos para comprar a mesma quantidade de bens obtida com 2.370 minutos de trabalho, em março de 1964. Em maio de 1971, em relação aos indicadores de 1959, os salários haviam tido uma perda de 63,4% do poder de compra.

O milagre econômico tão caro a Giscard d'Estaing beneficiava aos investidores estrangeiros e a apenas 10% da população, que ganhava quase a metade do total da renda.

Em 1971, dom Ivo Lorscheider, secretário nacional da Conferência Nacional dos Bispos do Brasil, declarou corajosamente:

> Não podemos levar o povo à euforia e esconder dele as calamidades que ainda reinam em nosso território. O modelo brasileiro de desenvolvimento não nos satisfaz, pois o desenvolvimento de um país não se reduz ao aumento da renda per capita. O que lhe dá valor é a distribuição desta renda, mas o fato é que a participação do povo brasileiro no progresso econômico, na realidade, diminuiu.

Os opositores das ditaduras do Cone Sul, brasileiros, chilenos e argentinos, estavam salvos da prisão e da tortura, mas eram mantidos sob permanente controle dos serviços de informação franceses, que trabalhavam em sintonia com o SNI brasileiro e, mais tarde, com a Dina chilena e com os serviços secretos argentinos.

Um dos desaparecidos no Chile é o franco-chileno Jean-Yves Claudet-Fernandez, preso depois do golpe de Estado, em setembro de 1973 e libertado graças à sua nacionalidade francesa. Ele conseguiu voltar à França, onde continuou a militar para o Movimiento de Izquierda Revolucionaria [Movimento de Esquerda Revolucionária – MIR] chileno. Em 31 de outubro de 1975, viajou para Buenos Aires. No dia seguinte, informados por agentes franceses, agentes do serviço secreto argentino o prenderam no seu hotel. Claudet-Fernandez nunca mais foi visto.

O SNI tinha sua base na embaixada do Brasil em Roma e de lá monitorava seus agentes infiltrados no meio dos exilados e em nossas representações diplomáticas. As embaixadas brasileiras recebiam todos os brasileiros que viessem a seus serviços consulares, mas negava sistematicamente documentos para os que estivessem mencionados em listas elaboradas pelo SNI.

Dentro dessa lógica de controle no exterior dos brasileiros exilados, o general Lira Tavares – ex-membro da junta militar que governou o país de agosto a outubro de 1969, após impedimento do general Costa e Silva – foi designado embaixador em Paris no governo Médici. Ele foi embaixador de julho de 1970 a abril de 1973 e de sua embaixada o SNI monitorava os menores movimentos dos numerosos exilados.

Dia 6 de março de 1970, apenas dois meses depois do encontro na Mutualité, o ministro do Interior francês, Raymond Marcellin, proibiu a venda do livro de Carlos Marighella *Pour la libération du Brésil* (*Minimanual do guerrilheiro urbano*), depois de vendidos quatro mil exemplares. O livro, publicado pelas Éditions du Seuil, era apresentado como uma reunião de textos teóricos e manuais de guerrilha de Marighella.

Os exilados estavam começando a incomodar as autoridades francesas, perfeitamente alinhadas com os militares brasileiros. As razões invocadas para a censura do livro eram de segurança interna. Marcellin argumentara que as lições de guerrilha urbana poderiam dar ideias novas aos rebeldes estudantes franceses que haviam posto o país de cabeça para baixo, em maio de 1968. Naquele ano, a contestação estudantil se alastrou, o país viveu uma greve geral e a crise política quase desestabiliza seriamente a République e o governo do general De Gaulle.

No entanto, a causa real da interdição do livro de Marighella era econômica. Uma missão industrial francesa detectara grande interesse na volta do capital francês ao Brasil, após trinta anos de ausência. O relatório da missão garantia: o Brasil oferecia grande proteção aos investimentos estrangeiros. Era importante, pois, para a França estar em bons termos com a ditadura brasileira.

A missão francesa ficara de olho grande no que viu: entre 1950 e 1967, os Estados Unidos investiram na América Latina 4 bilhões de dólares, reinvestiram 3,5 bilhões e repatriaram 13 bilhões de dólares. Os franceses queriam uma parte do bolo e decidiram que era hora de voltar a investir maciçamente no Brasil.

Para isso, Delfim Netto, o ministro brasileiro da Economia, visitou a França, e seu colega francês, Valéry Giscard d'Estaing, viajou ao Brasil. Em 1971, a França organizou em São Paulo a exposição France 71 e Giscard viajou ao Brasil de Concorde. Declarou-se maravilhado com o "milagre econômico": "No Brasil, não é só o ritmo de desenvolvimento, mas sobretudo a estabilidade que são surpreendentes nestes últimos anos. Por essa razão, creio no milagre brasileiro", reproduziu o jornal *Témoignage Chrétien*.

O jornal relatou a visita de Giscard ao Brasil com o título: "A obra do século é a tortura... e não a Transamazônica."
As visitas selaram um estreitamento das relações. Com uma condição do lado brasileiro: a França deveria limitar ou sufocar as atividades dos brasileiros exilados, pois se originavam de Paris as denúncias de torturas. Era também em Paris que se realizavam os encontros e as conferências sobre o Brasil e onde se publicavam textos de apoio à resistência interna.[2]

O governo francês não era um pouco esquizofrênico? Ele colaborava estreitamente com os militares brasileiros, mas no mesmo governo havia simpatizantes de esquerda que ajudavam a receber os perseguidos...

PA: Os que foram recebidos eram nulidades, políticos de segunda classe.

Mas não havia somente políticos. Havia ativistas que eram perseguidos, intelectuais, professores universitários, ex-prisioneiros que tinham sido banidos...

PA: O governo brasileiro ficava contente de se livrar deles. O célebre escritor Frédéric Dard criou o comissário San Antonio que tem um auxiliar. Este costuma julgar alguns indivíduos chamando-os de pulhas. Ele diz: "Fulano é um pulha." Acho essa expressão muito forte. Eu diria que a maioria dos refugiados brasileiros na França eram "pulhas". O Brasil perseguiu-os pensando, "vamos nos livrar deles". Essa é minha opinião.

Alguns partiram do Brasil quando viram que estavam ameaçados. Eles temiam a repressão do regime...

PA: Havia um, que era escritor, muito célebre, que comprou um apartamento na ilha Saint-Louis... Ele era muito conhecido...

Jorge Amado?

PA: Esse mesmo.

Ele era um grande nome da literatura brasileira e fora membro do Partido Comunista. Seus livros eram best-sellers. Mas não era exatamente um exilado político depois do golpe de Estado, ele tinha a imunidade da unanimidade...

**O francês Tupamaro morto no Brasil**

O governo francês não levava a sério as denúncias feitas pelas organizações de direitos humanos, como a Igreja católica e outras instituições, que denunciavam a tortura enviando informações para o estrangeiro?

PA: Desde o fim do meu serviço militar ativo e até hoje nunca ouvi falar nisso.

Mas as instituições brasileiras de defesa dos direitos humanos faziam denúncias frequentes de tortura e os militares brasileiros negavam a tortura naquela época.

PA: Mas elas não eram levadas a sério.

Muitos jornalistas e diplomatas correram riscos porque enviavam informação sobre as torturas e os desaparecimentos. O governo francês não conhecia essas denúncias? Ele não as levava a sério?

PA: Isso mesmo, ele não levava em consideração.

Por quê? Era importante manter acordos comerciais com os militares brasileiros?

PA: Ora, o governo francês tinha franceses trabalhando no Brasil e eles sabiam o que se passava no Brasil...

O governo francês se interessava relativamente por essas denúncias porque ele tinha interesses comerciais importantes ou porque tinha a mesma ideologia anticomunista?

PA: Exatamente.

No Brasil, como na França, havia o medo do comunismo, era preciso combatê-lo a qualquer custo?

PA: Quando fui adido militar, via o embaixador todos os dias. Um dia, o embaixador Michel Legendre me disse: "O Quai d'Orsay está insistindo sobre o caso de um francês que estaria na prisão no Brasil e de quem não se tem notícias. O que você pensa?" Eu lhe disse que não estava a par. Mas na diplomacia francesa há a ação consular, e quando um francês tem um problema num país estrangeiro, o costume é que o governo do país previna as autoridades francesas. Era preciso perguntar aos cônsules.

Cada cônsul foi investigar junto às autoridades brasileiras para saber se elas tinham ouvido falar desse francês, se ele estava na prisão. Os cônsules responderam que não tiveram notícia.

O matemático Laurent Schwartz,[3] membro da Academia de Ciências, chegou ao Brasil logo depois. Ele esteve com o embaixador e contou a história de um francês que estaria preso no Brasil. Laurent Schwartz disse que ele estaria preso por ter "ideias liberais", ele não disse comunista, mas que "teria se juntado aos Tupamaros na Argentina". Mas como você sabe, a Argentina e o Brasil trabalharam juntos na época e esse francês estaria com os Tupamaros e talvez tenha ido ao Brasil em missão e foi preso como um Tupamaro.

Então o embaixador me disse: "Laurent Schwartz me pergunta se esse indivíduo procurado teria se juntado aos Tupamaros, feito uma missão no Brasil e teria sido preso." "O que você pensa?", me perguntou o embaixador. "Preciso falar com meu amigo Figueiredo. E talvez a melhor coisa seja convidá-lo a jantar na embaixada e lhe fazer a pergunta." Como éramos amigos, explicamos a Figueiredo que era esse o indivíduo que Laurent Schwartz procurava...

**Laurent Schwartz se interessava por esse francês porque o conhecia pessoalmente?**

PA: Não, ele não o conhecia. Mas Laurent Schwartz era de tendência comunista e o outro era um comunista. E como ele era um sábio, nós não podíamos lhe dizer: "Deixe-nos em paz." Como Laurent Schwartz foi à embaixada pedir notícias do jovem francês, era preciso tomar uma providência, mesmo tendo que incomodar Figueiredo. Eram autoridades francesas importantes que se interessavam por esse jovem. Figueiredo nos perguntou se pensávamos que o indivíduo tinha vindo ao Brasil. Eu lhe disse que não sabia. Se ele estava com os Tupamaros podia ter passado a fronteira. Figueiredo queria saber se pensávamos que ele tinha sido fuzilado. Nós não tínhamos ideia. Ele nos disse que ia se informar. No dia seguinte, fui vê-lo no SNI e ele mesmo me recebeu. Disse-me: "Nós sabíamos que esse indivíduo estava com os Tupamaros que preparavam (era o mês de novembro) uma ação no Brasil para assassinar o delegado Sérgio Fleury. Eles puseram o francês no grupo. E logo que atravessaram a fronteira foram todos presos." Eles estavam sendo seguidos pelos militares brasileiros. Figueiredo confirmou a morte do francês procurado por Laurent Schwartz: "Nós os deixamos entrar no Brasil. Meus homens pensaram que o francês era o chefe deles. Ele foi torturado e foi morto."

Na sua opinião, o SNI era um serviço de informação equivalente aos melhores do mundo? Ele era eficaz na luta contrarrevolucionária?

PA: Formidável.

E isso era graças a Figueiredo?

PA: Graças a ele. Eles eram bem organizados, tinham uma formidável rede. Dois dos contatos de Figueiredo eram o embaixador e o adido militar americano. Eles se entendiam muito bem.

E qual o papel do adido militar americano e do embaixador?

PA: O embaixador americano tinha as melhores relações com o Brasil. Nos anos que se seguiram a maio de 1968, os terroristas brasileiros tinham montado uma ação espetacular contra o embaixador americano. E o chefe dos terroristas brasileiros se chamava Marighella. Ele tinha concebido o sequestro do embaixador americano no Brasil para humilhar os Estados Unidos. Eles tinham mantido o embaixador sequestrado e exigido um pagamento em dólar e a liberdade para alguns prisioneiros políticos, além da leitura de uma declaração no rádio. Os Estados Unidos cederam à exigência, mas os militares brasileiros disseram: "Ele vai pagar por isto."

O general conta uma versão fantasiosa do sequestro do embaixador americano. Na realidade, não houve pedido de dinheiro para a libertação do embaixador, mas apenas a leitura de um manifesto e a libertação de 15 prisioneiros políticos. Além do mais, não foi Carlos Marighella quem organizou o sequestro, mas Joaquim Câmara Ferreira, o Toledo, seu braço direito na ALN, em ação conjunta com o Movimento Revolucionário Oito de Outubro (MR-8).

No momento do sequestro, eles decretaram a morte de Carlos Marighella...

PA: Ele foi fuzilado. Os serviços de informação foram muito eficientes no Brasil. Vou contar o que se passou. Carlos Marighella tinha passado uma temporada na Tchecoslováquia, onde tinha aprendido as teorias da "guerra subversiva". De volta ao Brasil, tinha redigido um manual de formação, criado seu partido (uma dissidência do Partido Comunista) e decidido fazer ações de guerrilha e promover a fuga de prisioneiros políticos. Ele teve sucesso em algumas ações, mas seu grande lance foi o sequestro do embaixador dos Estados Unidos, em 1969. A Polícia e o SNI receberam a ordem de neutralizar Marighella a qualquer preço, isto é, sem respeitar os direitos humanos e a Convenção de Genebra. Os informantes dos serviços secretos se mobilizaram na caça a Marighella. As denúncias foram inúmeras. Escutavam-se as conversas nos bares. Finalmente, em São Paulo, descobriram Marighella com um jovem muito bem-vestido. Era um filho de uma família burguesa da cidade, que morava num apartamento confortável alugado por seus pais. O misterioso esquadrão da morte, muito ativo, prendeu o jovem. Ele não falou. Os pais se ativaram para soltá-lo e a mãe, que conhecia um oficial, membro do esquadrão, foi procurá-lo. Ela disse que seu filho não tinha nenhuma simpatia pelos terroristas e que se foi visto com eles é porque estava sendo vítima de chantagem. O oficial aceitou essa mentira piedosa da mãe e foi com ela até o apartamento, com cachorros farejadores. No armário, encontraram roupas finas e outras sujas e velhas. Eles entenderam que as roupas usadas e velhas pertenciam a Marighella e que o estudante o vestira para que ele mudasse de aspecto. Os cães farejadores cheiraram as roupas velhas do armário e saíram com os policiais. Sérgio Fleury, que estava à frente da operação, foi criticado por não tê-lo capturado vivo. Mas os papéis encontrados no cadáver foram uma mina para os investigadores. Eles descobriram um monte de endereços que valiam todos os interrogatórios.

## 15. A Igreja sob a ditadura

No livro *Escadrons de la mort, l'école française*, Marie-Monique Robin diz que os setores progressistas da Igreja católica se tornaram, tanto no Brasil como nos outros países da América do Sul, um alvo privilegiado dos serviços de informação das ditaduras. A opção preferencial pelos pobres feita pela teologia da Libertação não está mais próxima do ensino de Cristo que a indiferença para com a pobreza?

PA: [Silêncio] Ah, não sei. [Silêncio] É normal que a Igreja católica, eu sou católico, se preocupe com a pobreza... Isso é normal.

Sim, mas os teólogos da Libertação que pregavam sobretudo uma opção pelos excluídos eram acusados de serem comunistas. Eles foram o alvo dos serviços de informação brasileiros. Alguns foram presos, os militares invadiram conventos. Era uma perseguição descabida, não?

PA: Não penso. Não creio que fosse.

Eles eram acusados de ser comunistas simplesmente porque se preocupavam com a pobreza e com os problemas sociais.

PA: Eu não sei, mas não creio...

Dom Hélder Câmara, arcebispo de Recife, foi perseguido. Não se podia falar dele nos jornais. A censura proibiu qualquer menção a seu nome. A Igreja católica progressista foi um alvo dos militares...

PA: Eu não sei. Não tenho certeza. Penso que é injusto acreditar que a Igreja católica foi perseguida...

> O próprio diretor da Operação Bandeirantes, o capitão Dalmo, e também o major Voldi me disseram que a Igreja é uma força muito grande e que precisa ser combatida. Precisam torturar os sacerdotes para que aprendam. A única coisa democrática no Brasil é a tortura porque existe indiscriminadamente para os operários, os sacerdotes, para os advogados e, enfim, para todas as categorias de pessoas.[1]

Não foi toda a Igreja que foi perseguida, apenas os católicos e os padres preocupados com os problemas sociais, engajados na luta contra a ditadura e a tortura...

PA: Ah, isso sim, talvez, mas não toda a Igreja.

Na Argentina, uma parte da Igreja católica colaborou com os militares porque ela era extremamente anticomunista. Mas havia uma pequena parte da Igreja que não colaborava, que se interessava pelos excluídos. A Igreja era muito dividida na época, nos países sul-americanos. O senhor conheceu esse problema?

PA: Não, desconheço.

## Católico e anticomunista
### "Não podíamos fazer outra coisa"

Por que, na sua opinião, a Argentina e o Chile tiveram muito maior número de desaparecidos durante as ditaduras que o Brasil? Como o senhor explica isso? Na Argentina, houve 30 mil mortos e desaparecidos.

PA: Não sei explicar. Mas não estou certo de que o número de desaparecidos tenha sido tão grande quanto o que foi informado pelos inimigos do governo no Chile. Na Argentina, houve muitos mortos, considerados desaparecidos, mas mortos em combate.

Mas seus corpos nunca foram encontrados. Era um combate peculiar que fazia os corpos desaparecerem...

PA: Sim, eles foram considerados desaparecidos, mas há muita propaganda mentirosa, criticaram o governo por coisas que ele nunca fez.

Em que país houve essa propaganda mentirosa?

PA: Na Argentina, onde havia organização muito importante contra o governo. Houve uma reação de defesa do governo, isso é certo. Mas talvez não tão feroz quanto a propaganda que fazem. No Chile, houve também uma ação terrorista, pode-se chamar assim, e houve uma reação bem menor do que a propaganda dos adversários alega.

O senhor contesta, então, os números da Anistia Internacional ou das ligas de direitos humanos?

PA: Ah, claro, eu os contesto.

O senhor foi sempre anticomunista?

PA: Sim. Eu não me vanglorio, mas também não nego. Eu era anticomunista.

Com a queda do muro de Berlim e o fim da URSS, qual seria, na sua opinião, o grande perigo para um país como a França? No seu livro, o senhor diz que os militares franceses pensavam que a União Soviética queria expandir seu domínio até a Europa Ocidental.

PA: Hoje o perigo seria a organização terrorista muçulmana, árabe, os islamistas radicais.

General, o senhor acredita em Deus?

PA: Sim.

O senhor tem uma religião?

PA: Sou católico.

Praticante?

PA: De longe, de longe.

O que o senhor pensa do papa Bento XVI?

PA: Não o conheço o bastante para julgá-lo.

Como se sabe, o cristianismo, que começou como uma religião de perseguidos e torturados, também torturou durante a Inquisição. Em 1252, o papa Inocêncio IV, através da bula *Ad extirpenda*, legitimou a tortura no contexto da Inquisição.

Antes de se tornar a religião do Império, o cristianismo foi perseguido pelos romanos que se serviam da tortura para arrancar confissões ou apostasia dos primeiros cristãos. Visto como uma "superstição execrável" por Tácito, Plínio o Jovem designa o monoteísmo cristão como uma "superstição irracional e sem medida", uma verdadeira excentricidade num contexto religioso politeísta.

Em carta a Plínio o Jovem, o imperador Trajano escreve:

> Se eles são denunciados e confessam, devem ser punidos. Aquele que negar ser cristão e provar sua afirmação por seus atos, isto é, se fizer súplicas a nossos deuses, será perdoado como recompensa a seu arrependimento, quaisquer que sejam as suspeitas que pesam sobre ele. Mas não podemos aceitar denúncias anônimas: é um procedimento execrável, indigno de nosso tempo.

Por pregarem a fraternidade universal e o culto a um Deus único, os cristãos eram vistos como potencialmente subversivos pelo Império, que os combateu até a conversão do imperador Constantino e a consequente liberdade de culto para os seguidores de Cristo (em 313). Antes de Constantino, ser acusado de "cristão" no Império Romano era tão perigoso quanto ser tachado de "comunista" ou de "subversivo" no Brasil dos generais.

Assim, os primeiros santos da Igreja foram mártires[2] sacrificados em torturas e suplícios atrozes por se recusarem a prestar culto e sacrifícios ao imperador e também por se recusarem a servir no Exército romano. No reinado de Diocleciano (245-313 d.C.) houve a última, mas também a mais importante, perseguição aos cristãos na Antiguidade.

Posteriormente, durante a Inquisição, a própria Igreja introduziu a tortura nos processos contra os que ela considerava hereges. Foi um dos momentos mais sombrios da história da Igreja.

Talvez a principal diferença entre as torturas infligidas aos cristãos durante o Império Romano e aquelas dirigidas contra os opositores políticos no século XX (nas ditaduras latino-americanas, por exemplo) seja o caráter secreto e clandestino da tortura moderna, condenada tanto pela Declaração Universal dos Direitos Humanos (10 de dezembro de 1948) quanto pela Convenção de Genebra (12 de agosto de 1949).

No Império Romano, os cristãos eram torturados publicamente, como um espetáculo, ou em ações de linchamento, como a morte de Santo Estêvão, considerado o primeiro mártir do cristianismo, apedrejado em Jerusalém no ano 35. O futuro apóstolo Paulo, então chamado Saulo, era um dos que participaram da lapidação de Estêvão, como ele mesmo conta no livro de Atos dos Apóstolos, capítulo 22, versículo 20: "E quando derramavam o sangue de Estêvão, tua testemunha, eu próprio estava presente, apoiando aqueles que o matavam, e mesmo guardando suas vestes."

Paulo, o apóstolo que lançou as bases do cristianismo, foi, portanto, um torturador convertido.

Em outro trecho dos Atos dos Apóstolos (capítulo 26, versículo 9 em diante), Paulo conta como perseguiu e torturou os primeiros cristãos, em nome do rigorismo da lei judaica: "Quanto a mim, parecia-me necessário fazer muitas coisas contra o nome de Jesus, o Nazareu. Foi o que fiz em Jerusalém: a muitos dentre os santos eu mesmo encerrei nas prisões, recebida a autorização dos chefes dos sacerdotes; e, quando eram mortos, eu contribuía com o meu voto. Muitas vezes, percorrendo todas as sinagogas, por meio de torturas quis forçá-los a blasfemar; e, no excesso do meu furor, cheguei a persegui-los até em cidades estrangeiras."[3]

Convertido ao cristianismo no caminho de Damasco, Saulo se torna Paulo, o apóstolo dos gentios, e passa de perseguidor a perseguido até sua morte como mártir, no ano 67. Um século depois, em 177, Santa Blandine foi degolada, em espetáculo público, em Lyon. Na longa lista de mártires cristãos, São Lourenço foi assado num instrumento de ferro ardente em 258.

Na ditadura brasileira, a "cadeira do dragão" também assava os opositores.

Na França do século xx, revoltados com relatos de tortura feitos por um pastor protestante italiano de volta do Vietnã do Sul, em 16 de junho de 1974, cerca de quarenta pessoas fundaram em Versalhes a Action des Chrétiens pour l'Abolition de la Torture. O pastor Tullio Vinay emocionou o auditório ao contar as torturas terríveis durante a Guerra no Vietnã. No final da conferência, ele perguntou: "Até quando nós, cristãos, deixaremos desfigurarem o rosto de Cristo sem reação?" Duas mulheres presentes à sua conferência, Hélène Engel e Edith du Tertre, membros da Igreja reformada da França, resolvem criar um movimento ecumênico para combater a tortura no mundo inteiro, por julgarem que essa prática é incompatível com a mensagem do Evangelho.

A Acat defende hoje, além da abolição da tortura, a abolição da pena de morte e a defesa do direito de asilo. Ela tem representação em dezenas de países, inclusive no Brasil.

**Quando o senhor olha seu passado hoje, pensa que pode dizer como Edith Piaf,** *"je ne regrette rien"* **[não me arrependo de nada]?**

PA: Sim, não me arrependo de nada. E recusei uma proposta quando me fizeram um processo na justiça francesa. Eu era acusado de fazer apologia da tortura, o que não é verdade. Meu advogado e o advogado de meu editor Plon me propuseram que eu declarasse que me arrependia do que eu fizera e do que escrevera. "Escreva que o senhor se arrepende e não haverá processo", me propuseram os advogados. "Não posso dizer que me arrependo, eu seria desprezado pela mulher com quem vou me casar." Eu me casei com uma outra, há cinquenta anos e ela era uma heroína da Resistência francesa, ferida em combate. Ela morreu e quando fiquei viúvo conheci Elvire e decidimos nos casar. Se eu escrevo que me arrependo, ela me desprezará. Recusei a proposta de arrependimento e fui condenado.

## Homem de direita, pró-americano e definitivamente anticomunista

O senhor acompanha a política atual pelos jornais e pela televisão?

PA: Claro.

O que o senhor pensa do Hamas e do Hezbollah? Considera-os organizações terroristas, como os Estados Unidos, ou pensa que devem fazer parte do jogo democrático, participar de eleições?

PA: Considero que são terroristas na pior acepção do termo. São terroristas por quem não se pode ter clemência.

O senhor acompanhou as eleições na América do Sul nos últimos anos?

PA: Não.

Vários países da América do Sul elegeram governos de esquerda, em eleições livres e democráticas. Como o senhor vê isso?

PA: Mal.

Por quê?

PA: Essa é minha opinião. Foi o que disse meu advogado, doutor Collard: "O senhor é considerado como alguém que tem ideias de direita, um homem de direita e pró-americano." Eu não posso dizer que tenho ideias comunistas...

Não, claro... O senhor concorda com o ex-chefe da Dina, Paul Shaeffer, que dizia: "O comunismo é o diabo e a tortura é a maneira de extirpá-lo"?

PA: Ai, ai, ai.

**O senhor poderia assinar essa frase? Concorda com Paul Shaeffer?**

PA: Sim, claro. Não posso dizer que não estou de acordo. Mas atenção, não estou de acordo com tudo o que fiz. Um aspirante alsaciano, André Zirnheld, escreveu uma prece chamada exatamente assim, "Prece". Ela é cheia de significação. Costumam dizer que é a prece dos paraquedistas, mas ele não era ainda paraquedista quando a escreveu. A prece diz: "Eu me dirijo a ti, meu Deus, porque somente tu dás o que não se pode obter. Dá-me, meu Deus, o que te sobra, dá-me o que ninguém te pede nunca. Eu não te peço o repouso nem a tranquilidade, nem a da alma nem a do corpo. Eu não peço a riqueza nem o sucesso, nem mesmo a saúde. Tudo isso, meu Deus, te pedem tanto que não deves ter mais. Dá-me, meu Deus, o que te sobra. Dá-me o que recusam. Quero a insegurança e o desassossego, quero o tormento, as brigas, e que me sejam dados, meu Deus, definitivamente. Que eu esteja certo de tê-los sempre. Porque não terei sempre a coragem de te pedir. Dá-me, meu Deus, o que te sobra. Dá-me o que os outros não querem. Mas dá-me também a coragem, a força e a Fé. Porque somente tu dás o que não se pode obter senão de si mesmo." Assinado André Zirnheld. Pensei em fazer uma pesquisa sobre a origem dessa prece porque ele foi morto durante a guerra.

**Hoje há certos políticos na França que defendem a "guerra preventiva", pregada pelos americanos contra os terroristas e até contra o Irã.**

PA: Sim. A identificação dos chefes inimigos e seus cúmplices...

**Em nome de que se faria essa guerra?**

PA: Em nome dos interesses de nosso país, evidentemente.

O conceito de "guerra preventiva" pode ser aceito pela ONU?

PA: Mas eles não fazem a guerra tradicional, esses canalhas! Será preciso que façamos uma guerra adaptada a seus métodos. Eles não fazem uma guerra tradicional, por que nós faríamos uma guerra tradicional? Eu sou um homem de direita, pró-americano e definitivamente anticomunista. Não lhe peço que concorde comigo, tanto faz.

"A subversão mata. Então é preciso matar"

Por que o senhor não disse "não" quando lhe deram missões difíceis como a tortura?

PA: Espere, espere. Em Philippeville, na Argélia, agi como oficial de informação. Fui informado do ataque de 20 de agosto de 1955 com dois meses de antecedência. Esse ataque seria realizado por 5 mil homens, dos quais 2 mil estavam armados. Os outros eram substitutos, acompanhavam os combatentes e tomavam a arma do combatente morto. Tive chefes que me disseram: "Ganhaste a batalha de Philippeville por teu trabalho de oficial de informação." Fui, então, enviado em missão à Inglaterra entre os militares que prepararam as operações do Canal de Suez, em 1956[4]. Com o passar do tempo, o governo francês decidiu tomar medidas drásticas contra o terrorismo que se desenvolvera fortemente na Argélia em 1956, depois do sucesso da campanha do Egito (do Canal de Suez). Massu foi então chamado pelo governador-geral da Argélia, Robert Lacoste, que lhe disse: "O presidente do Conselho Guy Mollet me disse: 'É preciso acabar com o terrorismo, erradicá-lo. Esse é um termo do francês antigo, *éradiquer*, significa arrancar pela raiz, no caso, o terrorismo da Argélia. Uma divisão de paraquedistas vai ser implantada na

Argélia.'" Massu tinha poderes superiores aos poderes normais de uma organização administrativa e militar.

Mas depois houve tortura e o senhor assumiu-as no livro *Services spéciaux*. Quais os fundamentos políticos ou morais que justificam o uso da tortura, como no caso do Brasil nos anos 1960 e 1970, no que chamavam de guerra contra a subversão?

PA: Penso que se é possível evitar a tortura nada a justifica.

E, na sua opinião, quando não se pode evitá-la?

PA: Quando a ação terrorista adversa procura efeitos de propaganda e faz vítimas inocentes, sobretudo mulheres e crianças. Então, penso que se a tortura pode evitar a morte de inocentes ela é justificada. Esse é meu ponto de vista. Eu não gosto dela, não gosto dela, não gosto dela.

Mas o senhor defende a tortura, mesmo dizendo que não gosta dela.

PA: Claro.

No seu livro, o senhor fala de sua grande admiração pelo general Jacques Pâris de Bollardière, seu superior na Indochina, um notório militante contra a tortura. O general Ernesto Geisel, numa entevista à historiadora Maria Celina D'Araujo, defendeu o uso da tortura. O que separa o general Jacques Pâris de Bollardière de Ernesto Geisel? Por que o senhor pode concordar com Geisel e admirar tanto o general de Bollardière que não admitia a tortura em nenhuma hipótese?

PA: Fui um assessor direto de Pâris de Bollardière na Indochina. Era um homem muito amável e corajoso. Vi Pâris de Bollardière em ações de combate na Indochina. Ele me parecia o arcanjo São Miguel que ataca o demônio. De Bollardière era magnífico em combate.

**Mas ele era contra a tortura...**

PA: Mas não havia esse problema naquele momento. Nem se falava disso na Indochina. Só começaram a falar de tortura na Argélia.

Conhecedor das atrocidades cometidas pelos nazistas contra alguns resistentes franceses, Jacques Pâris de Bollardière formou a convicção de que a tortura é um traço dos regimes autoritários. Ele foi o único oficial superior a condenar abertamente o uso da tortura durante a Guerra da Argélia ao denunciar a seus chefes alguns "procedimentos" praticados pelo Exército francês para obter informações e combater a guerrilha.

De Bollardière dizia que, do ponto de vista moral, a tortura era inaceitável, "pois éramos levados a praticar exatamente os métodos dos nazistas".

Por sua denúncia pública na revista *L'Express*, em março de 1957, recebeu como punição uma prisão de sessenta dias. Alguns anos mais tarde, escreveu: "Penso com um infinito respeito em meus irmãos árabes ou franceses, que morreram como Cristo, nas mãos de seus semelhantes, flagelados, torturados, desfigurados pelo desprezo dos homens."

Sobre a tortura, escreveu: "A tortura, esse diálogo no horror, é o avesso horrendo da comunicação fraterna. Ela é mais degradante para quem a pratica do que para a vítima. Ceder à violência e à tortura é renunciar à construção de um mundo mais humano, por impossibilidade de crer no homem."

Afastado de postos de comando, ele condenou a tentativa de golpe dos militares contra De Gaulle e deixou o Exército.

**E por que o senhor não o apoiou na Argélia, quando ele se declarou formalmente contra a tortura?**

PA: Depois da Indochina, fui para a Alemanha e quando a Guerra da Argélia começou fui nomeado oficial de informação no Exército normal, no Exército regular. Eu não estava mais nos Serviços Especiais (serviços de informação). Mas continuava em contato com meus antigos serviços de informação. Então, eu era oficial de informação em 1955 em Philippeville, na Argélia, e havia uma organização terrorista que queria obter o reconhecimento dos países estrangeiros. Estava previsto que a Argélia queria ter uma representação na Assembleia das Nações Unidas. E para isso os partidários da independência da Argélia tentaram realizar ações espetaculares, sobretudo o ataque e a ocupação de Philippeville, uma cidade de 21 mil habitantes. E eu tinha a missão de me informar sobre o que se preparava contra nós. Soube que haveria um ataque muito importante contra Philippeville no dia 20 de agosto de 1955. Pensei que o melhor que poderia fazer seria reunir todas as informações que me chegavam sobre as possibilidades de ataques à cidade pelas forças inimigas e consegui infiltrar alguns homens nas tropas dos partidários da independência. Consegui me informar do que se passava por dentro dessas tropas, mas por pessoas que eu nunca torturei. Pude prestar contas de tudo a meu chefe direto, que comandava Philippeville. Nessa cidade, havia 400 homens armados que estagiavam na escola de paraquedistas. E obtive a informação que 2 mil a 5 mil homens atacariam Philippeville. Tive essa informação, mas ela não foi obtida com o uso da tortura.

O general Paul Aussaresses só se refere ao FLN como organização terrorista. Havia uma estratégia do FLN de tomar a palavra na ONU para declarar a independência da Argélia. Os franceses queriam evitar isso a qualquer preço. Daí as ações dos militares numa escalada para desmantelar o plano.

Mas o senhor pensa que há momentos em que a tortura se impõe enquanto o general Pâris de Bollardière, que o senhor tanto admira, não aceitava a tortura de maneira nenhuma...

PA: Ele não aceitava mesmo, de maneira nenhuma, em nenhuma hipótese.

E como vocês puderam trabalhar juntos?

PA: Eu não tinha mais que trabalhar com ele, na Argélia. Ele tinha um comando do território que ficava no norte da Argélia, mas eu não tinha nenhum contato com seu comando. Como ele era vizinho do comando da região chamada Algérois, que pertencia a Massu, e como eles eram bastante próximos, ele vinha conversar com o general Massu.

E o senhor foi enviado com Massu?

PA: Massu estava na Argélia e fui enviado para a capital, Argel. Eu era o chefe do Estado-Maior do Regimento, adjunto do coronel do regimento com quem servi na Indochina. Massu me disse: "As autoridades de Paris me disseram para erradicar o terrorismo a qualquer preço." Eu lhe disse: "general, haveria ordens às quais temos o direito de desobedecer?" Massu respondeu com um muxoxo. "General, o que o senhor considera a qualquer preço estão incluídas a tortura e as execuções sumárias?" Massu não respondeu ainda a essa pergunta. Morreu sem tê-la respondido.

Mas seu silêncio lhe pareceu que sua resposta era "sim".

PA: Mas é claro. Quando lhe perguntei: "general, haverá ordens às quais posso desobedecer, quero dizer, a tortura e execuções sumárias". Ele disse: "Nós estamos em 8 de janeiro de 1957. No dia 28 haverá a reunião da ONU, em Nova York, e uma delegação de opositores da Argélia, do FLN, estará na reunião e usará a tribuna para dizer: 'Hoje, 28 de janeiro, o Front de Libération Nationale, partidária da independência da Argélia, decidiu provocar uma greve de insurreição.'" Massu nos deu a missão de fazer o possível para impedir a greve. Era preciso que eu me virasse. Eu disse a Massu: "general, para impedir uma greve de insurreição é preciso capturar e pôr na prisão os organizadores da greve". Ele respondeu: "Mas é claro. É preciso que vocês consigam o fichário dos serviços de Polícia franceses e a partir dele comecem a prender as pessoas fichadas. Não devem prendê-los 15 dias antes, mas na noite de 26 para 27 de janeiro, de modo que não tenham tempo de se reorganizar para as medidas que vão desencadear a greve prevista para o dia 28."

E vocês puderam evitar a greve insurrecional?

PA: Claro.

Quantas prisões foram realizadas?

PA: Prendemos 1.200 pessoas.

Como começou a intervenção do general Massu?

PA: Na época, quando a campanha do Canal de Suez, no Egito, terminou, uma das divisões, a comandada por Massu, foi designada para a região do Algérois onde havia muito terrorismo. Então foi a 10ª divisão que ficou encarregada de erradicar o terrorismo, mas não tinham ainda dado essa missão a Massu no Natal de 1956. Ele tinha sido convocado no início de 1957 pelo general Salan, comandante-chefe da Argélia. E o general Salan lhe disse que o governador-geral queria vê-lo. Ele foi ao palácio do governador-geral, Robert Lacoste, que lhe disse que fora chamado ao Conselho de ministros em Paris e o presidente do conselho Guy Mollet lhe disse que a população europeia da Argélia achava inadmissível que a rua pertencesse ao Front de Libération Nationale, isto é, aos terroristas. Todos os dias havia um atentado terrorista em Argel e à noite um europeu não podia andar nas ruas. A rua pertencia ao FLN. Os franceses da Argélia queriam criar uma força de Polícia para combater os terroristas. "Precisamos evitar isso", disse Guy Mollet. "Precisamos que você disponha de uma das duas divisões de paraquedistas para erradicar o terrorismo. O governo francês põe à sua disposição a 10ª divisão de paraquedistas comandada pelo general Massu e decide que ele tenha funções superiores a um emissário especial, espécie de secretário de Segurança. Ele será um supersecretário para erradicar o terrorismo por todos os meios." Os ministros aprovaram.

Eles compreenderam o que a expressão "por todos os meios" queria dizer?

PA: Guy Mollet, então presidente do conselho (hoje primeiro--ministro), decidiu que a missão de Massu seria a de um supe-remissário, com autoridade sobre todos os serviços de Polícia e também sobre a Justiça na manutenção da ordem. Ele deveria ir ver o Secretário de Segurança de Argel, Monsieur Barret. O secretário-geral da Préfecture chamava-se Paul Tetgen. O oficial superior que estaria em contato permanente com todos os serviços seria eu.

**O senhor e Massu ficaram juntos até o fim da Guerra da Argélia?**

PA: Sim, ficamos juntos.

**Massu e o senhor estavam sempre de acordo sobre os métodos de informação e de interrogatórios?**

PA: Totalmente de acordo. Eu soube dois meses antes do ataque a Philippeville no dia 20 de agosto. Me informei por meios de informações que não tinham nada a ver com a tortura. Por exemplo, o fato que uma mercearia que vendia normalmente por dia um quilo de farinha para fazer cuscuz passou a vender cinco quilos e não recebia em cheques mas em velhas cédulas. De onde vinham as cédulas? Vinham da França, da periferia de Paris, do pagamento de operários argelinos que trabalhavam em fábricas. Havia um arrecadador de fundos que passava no dia do pagamento. E havia notas falsas com as quais desconhecidos vinham comprar a farinha de cuscuz nas mercearias de Philippeville.

**Parece que foi assim, pela quantidade de víveres que eram comprados, que Che Guevara e seu grupo de guerrilheiros foram descobertos na Bolívia.**

PA: Penso que Che Guevara era um homem muito brilhante, muito inteligente, mas muito ambicioso. Ele quis ser o substituto de Fidel Castro, mas Castro não estava apressado em lhe dar o posto de chefe de Estado de seu país e enviou-o em missão à Bolívia com um outro homem muito brilhante que ainda está vivo. Régis Debray, que era um homem muito brilhante, que depois foi muito próximo do presidente da república francesa. Então, Fidel Castro quis ocupar esses homens brilhantes, Régis Debray e Che Guevara, e enviou-os em missão à Bolívia.

O senhor pensa que Fidel Castro armou uma cilada?

PA: Eles eram muito brilhantes, mas bebiam muito e seguramente os agentes de segurança de Fidel Castro ouviam o que diziam. E eles escreviam também, escreviam demais e quando partiram para a Bolívia as forças de segurança bolivianas sabiam de todos os detalhes de seus movimentos. Debray foi capturado rapidamente e depois encontraram com ele sua agenda, uma bela agenda de couro da marca Hermès.

E quem os denunciou?

PA: A tagarelice deles mesmo antes de partirem.

Mas a CIA estava na Bolívia...

PA: Claro que estava. Que dúvida!

Como o senhor justificaria a independência da Argélia? Por que De Gaulle deu a independência ao país uma vez que a França tinha vencido militarmente o FLN? Foi um gesto de um grande homem político?

PA: Penso que havia uma escolha a fazer entre várias soluções. O problema argelino era de grande complexidade. Havia várias soluções.

Quais?

PA: Uma delas era criar três repúblicas independentes.

E a solução de De Gaulle? Não foi a melhor?

PA: Foi a mais nobre. Ele confiou na Argélia. Foi a mais nobre.

A História deu, então, razão a De Gaulle? De Gaulle foi o homem político mais importante da história recente da França?

PA: Tenho uma admiração profunda por De Gaulle. Quando houve o problema das barricadas e quando um jornalista alemão, antigo paraquedista, entrevistou o general Massu, De Gaulle convocou-o para lhe dizer que ele não devia ter dito o que disse...

O que disse Massu?

PA: Ele disse que era preciso ser mais severo com o FLN e com os terroristas. Tínhamos ganho do ponto de vista militar...

De Gaulle censurou Massu por ter pedido mais repressão para o FLN, não?

PA: De Gaulle censurou Massu por suas posições e lhe disse que ele devia deixar a Argélia. Ele lhe deu ordens de vir para a França se instalar em Metz. Havia uma grande cerimônia no Mont Valérien, no subúrbio oeste de Paris. Todos os anos, no dia 18 de junho, há uma celebração da Convocação de De Gaulle e da criação da França Livre quando ele disse: "Convoco todos os franceses a pegarem em armas para lutar contra o invasor alemão." Em 18 de junho, houve uma cerimônia muito bonita no Mont Valérien e Massu, que era um "companheiro da Libertação", tinha recebido convite. Sua mulher Suzanne lhe disse: "Você deve ir." Ele respondeu: "Eles me mandaram embora, tiraram meu comando da Argélia." Contam que De Gaulle teria dito a Massu: "Então, Massu, sempre estúpido?" E Massu teria respondido: "Sim, general, sempre gaullista." Eu perguntei a Massu sobre essa história e ele me confirmou a veracidade dela. Da mesma forma, durante as barricadas em Argel, Massu foi convocado por De Gaulle no Palais de l'Élysée e o presidente lhe disse: "Esse alemão a quem você deu entrevista zombou de você. Você não compreendeu o que ele disse." Massu respondeu: "Mas ele me mandou o texto e eu o aprovei totalmente." Massu se despediu para sair do palácio. Havia pessoas que estavam na saída. Parece que Massu disse a De Gaulle: "E o senhor está cercado de babacas." De Gaulle lhe respondeu: "Eu sei." E na hora de sair, Massu se vira para os que olhavam e diz a De Gaulle: "E o De Gaulle de hoje não é mais o De Gaulle de junho de 1940." Eu fiquei muito amigo de Massu e ele me confirmou essas duas histórias.

O senhor sabe que na América do Sul a ordem era "erradicar a subversão"? Havia a mesma vontade de vencer os opositores a qualquer preço, como durante a Guerra da Argélia. Essa ordem era bem clara, não? O que isso quer dizer?

PA: A subversão não tem piedade, a subversão mata. Então, é preciso matar.

# ANEXOS

### "Mas então se tortura no Brasil?"
Depoimento inédito de Cecília Viveiros de Castro

No dia 4 de setembro de 1986, como repórter de uma revista semanal, entrevistei Cecília Viveiros de Castro (1923-2013), uma das últimas pessoas a verem Rubens Paiva com vida. Esse depoimento inédito revela como agiam os serviços de informação da ditadura infiltrados entre os exilados no Chile. Ali recolheram informações sobre cartas trazidas ao deputado Rubens Paiva.

Cecília Viveiros de Castro fora ao Chile, em dezembro de 1970, visitar o filho Luiz Rodolfo Viveiros de Castro, exilado em Santiago por ter sido militante de uma dissidência do Partido Comunista Brasileiro, Dissidência Comunista da Guanabara, depois MR-8. Luiz Rodolfo saiu do Brasil em agosto de 1970.

Ao voltar de Santiago em 19 de janeiro de 1971, dona Cecília estava acompanhada da irmã de sua nora, Marilene Corona, e levava cartas de diversos exilados brasileiros. Entre as cartas, havia uma de Helena Bocayuva Cunha para o ex-deputado Rubens Paiva. Helena era filha do ex-deputado Luiz Fernando (Baby) Bocayuva Cunha e fora militante do MR-8. Em 1969, havia sido fiadora da casa onde o grupo guerrilheiro esconedu o embaixador americano.

No Chile, Cecília conhecera alguns dos setenta brasileiros banidos, trocados pelo embaixador suíço, que chegaram a Santiago em janeiro de 1971.

Presas ainda no Galeão, Cecília e Marilene foram levadas para a 3ª Zona Aérea, no Santos Dumont, e em seguida, para o quartel da Polícia do Exército, na Barão de Mesquita, sede do DOI-Codi.

Na carta interceptada pelos militares, Helena falava a Rubens Paiva de um certo "Adriano", codinome de Carlos Alberto Vieira Muniz. No dia seguinte à chegada da carta, 20 da janeiro, o ex-deputado foi preso. Cecília o viu na 3ª Zona Aérea, mas não se falaram. Ela conhecia Rubens Paiva por ser professora no Colégio Sion de duas filhas do ex-deputado. Uma das filhas de Paiva foi depois madrinha de casamento de Ana Rosa Viveiros de Castro, filha de Cecília.

O depoimento inédito de Cecília Viveiros de Castro, na primeira pessoa, reconstitui nos menores detalhes o clima do Brasil sob o governo do general Médici, cujo slogan da propaganda oficial convidava os brasileiros a aceitarem o *statu quo* ou se autoexilarem: "Brasil, ame-o ou deixe-o."

Coincidência ou identificação ideológica, a extrema direita de Jean-Marie Le Pen utilizou durante a campanha eleitoral de 2002, esse mesmo slogan: "*La France, soit on l'aime soit on la quitte* [A França: ame-a ou deixe-a]."

Cecília Viveiros de Castro testemunhou, sem se dar conta, os últimos momentos de vida de Rubens Paiva.

> Meu filho saiu do Brasil depois de algumas prisões. De repente, vinha gente aqui de madrugada de metralhadora. Eles me davam parabéns porque meu filho não era um sequestrador. Uma vez, ele estava dormindo e o levaram preso numa operação chamada "pente-fino". Eu chorava, meu marido tentava negociar. Houve a Marinha, houve o Exército. Eu era professora de História e Geografia. Uma vez, eles encontraram um livro chamado *Memórias de um revolucionário*, de João Alberto Lins de Barros, sobre a Revolução de 1930. O oficial explicou ao soldado que era apenas sobre a Revolução de 1930.
>
> Vimos que meu filho não podia acordar de vez em quando com um revólver encostado na cabeça. Ele tinha sido fichado no Congresso de Ibiúna, onde fizera parte da representação carioca. Foi para o Chile, ainda no governo do Eduardo Frei, com passaporte, de maneira legal. Embarcou no dia 5 de agosto

de 1970 e o calendário, a folhinha, de nossa casa ficou nesse dia até quando ele voltou, em 1978.

Meu marido foi visitá-lo no Natal e eu fui no ano-novo. Fomos separados para o caso de acontecer algo, pois tínhamos mais três filhos. Do Chile, telefonei para casa dizendo que chegaria dia 19 de janeiro. Enquanto estávamos lá, chegaram os setenta banidos, trocados pelo embaixador suíço. Foi essa a nossa tragédia: o Allende assumira a Presidência e os banidos tinham acabado de chegar.

Como o correio era muito irregular e as cartas do meu filho, como de outros exilados, nunca chegavam, era comum as pessoas trazerem cartas, que eram postas no correio no Rio. Na hora em que eu ia entrando no carro para ir para o aeroporto de Santiago, um rapaz que conhecia meu filho me pediu para eu trazer um postal. Era de um banido, sem envelope e começava xingando a ditadura, o que me fez desconfiar que fosse de uma pessoa que vivesse lá como exilado, mas que era espião. Não posso ter certeza. Meu filho disse que eu não trouxesse aquele postal um tanto suspeito.

E eu tinha tanto receio que nem fora receber os banidos em Santiago, com medo de ser fotografada. Todos os brasileiros se reuniram para aprender o hino do Chile e recepcionar os banidos, mas eu não fui. Tinha o maior cuidado. Tomamos o avião, com a família avisada de nossa chegada. Mas no aeroporto fomos retiradas de dentro do avião por dois homens vestidos com roupas coloridas, que disseram que nos levariam para uma conversa de rotina. Eles eram cabeludos e nos levaram num jipe para uma sala no antigo Galeão. Nos enfiaram capuzes e nos separaram, pegaram as malas, inclusive um pôster do Guevara trazido de presente para minha filha. Encontraram as cartas e me levaram para um lugar onde me xingaram. Eu não estava preparada para isso, era uma professora acostumada a ser chamada de "senhora" e de repente me chamavam de "cadela comunista", "filha da...". Fizeram-me tirar a roupa e depois disso eu já estava um trapo.

Eu acho que quem trazia a carta da Helena Bocayuva era a irmã da minha nora, Marilene. Essa, coitada, era ainda mais boba do que eu. Foi torturada no Codi com choques elétricos no bico do seio e diziam a ela: "d. Cecília já confessou, confesse sua organização". Ela, desesperada, perguntou quais os nomes das organizações, como se fosse um cardápio. Ela escolheu VAR-Palmares [Vanguarda Armada Revolucionária Palmares], porque era parecido com Valparaíso, onde tínhamos feito um passeio. Nessa hora, você diz até que matou a mãe.

Dormi lá no Galeão e no dia seguinte apareceram uns homens que se chamavam "doutor" e eu, ingenuamente, pensei que fossem médicos. Começaram a me interrogar e quando eu disse que era "diretora de treinamento", um deles chegou a dizer: "Viu, ela é quem comanda o treinamento." Só que eu era diretora de treinamento de funcionários públicos, escriturários, uma espécie de administração de recursos humanos. Nessa ocasião, me disseram que não adiantava eu esconder nada, que minhas filhas estavam dentro de um camburão com seis homens – uma filha de 13 anos e outra de 16 – com ordem de fazerem o que quisessem com elas e que meu marido já estava preso, que nunca mais íamos ter emprego.

Depois, no dia seguinte, 20 de janeiro, nos botaram num carro, separadamente. O carro não tinha sistema de rádio. Levaram-nos para a 3ª zona aérea, perto do Aeroporto Santos Dumont. Fiquei numa sala, onde não fui torturada, não entrei sequer em sala de tortura e foi aí que encontrei o marido de minha prima, Nereu de Mattos Peixoto, chefe de gabinete do brigadeiro Burnier. Me deixaram sentada numa cadeira e um deles me ofereceu cigarro. Eles estavam animados, falavam no telefone. Foi então que comecei a ouvir gritos que pareciam de um homem, que eu não podia ver. Vi a irmã de minha nora, mas nos colocaram distantes uma da outra. Passou o marido de minha prima e me abracei a ele. Nereu me disse que aquilo deveria ser algum equívoco, tudo ia se resolver. Perguntou se eu queria um cigarro. Aceitei e outro militar disse: "Cigarro americano, hein, capitalista? Vai fazer mal."

Em seguida, compreendi que eles estavam atrapalhados com problemas de viaturas. Era o enterro do ex-ministro da Aeronáutica, Márcio de Sousa e Melo, e eles estavam com poucos carros e por isso fui colocada no mesmo carro que Rubens Paiva para irmos ao que eles chamavam de "aparelhão", o DOI-Codi, na rua Barão de Mesquita. Eles não sabiam que nos conhecíamos, pois eu era professora de duas de suas filhas no Colégio Sion.

O Rubens Paiva estava sentado ao meu lado. Não posso esquecer aqueles olhos. Ele era um tipo claro, sanguíneo. Tinha os olhos dilatados naquele dia. Estava sentado com as mãos amarradas e sangrando. Vi que eles estavam preocupados com a procissão de São Sebastião, era 20 de janeiro. Estávamos sem capuz no carro, mas quando chegamos perto do quartel nos deram toalhas para tapar o rosto. Quando acabamos de entrar, nos deram um capuz escuro e malcheiroso e mandaram encostar na parede. Acho que devem ter feito o mesmo com a irmã da minha nora e com Rubens Paiva, mas eu já não via mais nada. Apenas ouvi alguém perguntar o nome e ele responder. Ele soletrava o nome do meio Rubens Beyrodt Paiva. Eu estava muito tensa, nervosa, sem me alimentar e desmaiei. Acordei com a blusa levantada. Tenho a impressão de que fui arrastada até a cadeira onde acordei. Tiraram minha pressão e me deram uma injeção. Havia luzes fortes e um deles perguntou: "Ela aguenta?" "É melhor esperar para amanhã", disse o outro.

Em seguida, ainda de capuz, me mandaram para uma parede, para ficar com as mãos para o alto. Eu ficava meio desequilibrada e passavam jovens que latiam e miavam nos meus ouvidos. Numa hora perguntei a um deles que tinha a voz bem jovem: "Você é jovem, você não tem mãe?" Ele respondeu: "Eu tenho, mas comunista não tem mãe." Se eu encostava o braço na parede, eles diziam: "Tira o braço da parede que ela está pintada."

Fui levada para uma sala onde começaram a conversar comigo, eu sem capuz, eles também sem capuz. Por isso pude ver que um deles que tinha o nome da camisa coberto com um esparadrapo, tinha cara de oficial nazista, era louro de olhos azuis. Começaram a perguntar sobre organização e eu disse que só tinha ido ver meu filho. Eles me diziam que se eu fosse boazinha e colaborasse não aconteceria nada. Se não colaborasse, eles me mostrariam o que poderia acontecer. E me mostraram o instrumento para dar choque elétrico, um pau atravessado e me disseram que era o pau de arara.

Eu perguntei: "Mas então se tortura no Brasil?" O louro me disse: "Não, repita comigo: Não há tortura no Brasil." Ele me fez repetir essa frase várias vezes. "Isto é uma guerra", disse ele.

A gente ouvia falar, mas não acreditava muito, nem mesmo quando estava muito próximo da gente. Você passa a acreditar quando vê. Achava que comigo não ia acontecer aquilo. Com jovens, com estudantes, a gente sabia. Eles me disseram que eu cometera um crime pois quando existe correio é um crime postal trazer carta.

De vez em quando vinham uns bonzinhos e me diziam: "Mas a senhora, professora do Colégio Sion! Minha mulher estudou lá." Depois meu filho me disse que é o sistema: um tenta conseguir por bem, depois vêm os que torturam. Eles se alternam. Em dado momento, me colocaram diante de uma porta para reconhecimento. Eu não via as pessoas, mas elas me viam. Eu era baixa para ser vista e me colocaram sobre um degrau. Depois de algum tempo, veio um dos que dirigiam o interrogatório dizendo que eu havia sido reconhecida como "correio" por uma moça que, segundo ele, estava colaborando. Era a irmã do poeta Tiago de Melo, que estava no Chile. Depois que a trouxeram mais perto ela disse que se enganara, não era eu. Acho que ela quis dar um passeio, que estava querendo sair da cela. Tenho a impressão que as pessoas que eles tentavam fazer me reconhecer tinham sido buscadas em casa através das cartas. Nenhum me reconheceu.

Eles me ameaçaram dizendo que no dia seguinte eu deveria colaborar. Logo em seguida, me colocaram em uma cela onde havia um colchão, um vaso sanitário, uma porta de ferro. Tiraram-me relógio, sapatos e óculos. Trouxeram-me uma espécie de comida fria e horrível que não comi. De vez em quando, durante a noite, eles abriam a portinhola e perguntavam o nome. Eu dizia: "Cecília." De quê? "Viveiros de Castro." "Está faltando." Então eu dizia meu nome completo, que é enorme. Ficava atenta para ouvir o nome da Marilene. Ela devia estar longe pois não ouvia.

Foi então que ouvi: "Rubens Paiva." "Está faltando." "Rubens Beyrodt Paiva." Ele devia estar próximo. Isto era a noite de 20 para 21 de janeiro. Em seguida, escutei uma voz: "Quero água." "Chamem um médico." Acho que era ele porque foi o nome dele que eu ouvi quando passava o holofote nos iluminando para dizermos o nome. No dia seguinte, veio o café da manhã. Veio um pão grande, comi um pedacinho e guardei o resto. Eu tinha a noção de que não podia me deixar morrer por causa dos meus filhos. À tarde, eles abriram a porta, me disseram para colocar o sapato, me encapuzaram e disseram: "Tudo seu está aqui. Mala, óculos e bolsas." Assinei um recibo num papel onde tinha meu nome, o de Marilene e o de um homem, que vim a saber ser de um médico anestesista. Colocaram a gente num camburão com o médico preso e torturado sob suspeita de ter feito operação de cabeça de um terrorista. Ele era inocente e estava indo para o quartel do Leblon com a gente, para engordar e se recuperar. Meu irmão era médico e depois me disse que esse médico não tinha nada a ver com a história.

Gostei de ver no quartel a farda do Exército brasileiro. Estava cansada de ver gente torturando à paisana. No Codi, não vi ninguém de uniforme. Vi o primeiro oficial do Exército fardado entre os que foram nos buscar no camburão do Exército.

Meu marido havia procurado uma porção de gente e entre eles um coronel (cujo nome não posso revelar). Esse coronel nos tirou do Codi e nos levou para o 8º Batalhão, na rua Bartolomeu Mitre. No carro, Marilene e eu chorávamos baixinho, pensando que o homem magro que estava conosco era da repressão. Haviam nos dado uma porção de álbuns para eu reconhecer gente. Eles perguntavam onde tinha encontrado. Eu dizia, numa feijoada, ou na casa do meu filho no Chile. Não sabia dos nomes, mas conhecia a fisionomia.

Nessa tarde em que deixamos o Codi levei o pão na mão pensando que poderia receber novamente aquela comida horrível. Estávamos nos abraçando e trocando confidências quando vimos que estávamos atravessando o Rebouças: ficou escuro, ficou claro e depois escuro de novo. Quando chegamos ao quartel no Leblon, um oficial me perguntou para que eu guardara o pão e eu lhe disse que era para comer. Ele disse que eu estava no quartel do Exército brasileiro e que iria ser bem alimentada.

Pensei que estavam me tratando bem e depois começaria tudo de novo. Me levaram para a suíte do subcomandante, me chamavam de senhora e todos estavam fardados. Apareceu um oficial com o nome escrito no peito e me disse que iam nos dar a bagagem. Pedimos nossa bolsa e ficamos as duas sozinhas, mas muito inseguras. A porta ficava trancada. Veio um oficial me chamar para uma sala onde havia um senhor de terno. Ele disse que queria que eu contasse toda a história, que ele gravaria. Eu estava nervosa e perguntava se tudo ia começar de novo, se ali também se torturava. Ele me ofereceu um café e disse que o presidente não sabia daquilo tudo. "Nós criamos um monstro e não o controlamos mais", disse. Contei tudo a ele, inclusive a tortura da moça que me acompanhava.

Na noite do mesmo dia chamaram a Marilene e fiquei sozinha no quarto. Olhava pela janela e via um soldadinho andando de um lado para o outro. Como não me chamaram e vieram trazer a comida comecei a gritar e perguntar o que estavam fazendo com ela, se a estavam torturando. Apareceu então o oficial que me entrevistara e me disse que me preparasse para uma surpresa agradável. Marilene disse que estava bem. Quando fui saindo, apoiada, me deparei com o coronel, amigo nosso, responsável pela nossa saída do Codi. Ele me tranquilizou me dizendo que tudo estava terminado e telefonou para o médico do quartel me examinar. Fez-me jantar depois de examinada e disse que eu falaria com meu marido. O coronel, cujo nome não posso revelar, disse que ia ver se conseguia que meu marido fosse me visitar. Ele passou a ir todos os dias. Logo em seguida soltaram a Marilene. Depois eu soube que a ideia era me trocar por meu filho que morava no Chile, devia ter muitos relacionamentos, conhecer muitas coisas. Meu marido foi ao Chile propor a vinda de Luiz Rodolfo, mas nem ele nem o grupo acreditou na proposta dos militares de que nos liberariam aos dois. Me pediram inclusive para ligar para ele convencendo-o a vir. Eu me neguei categoricamente, dizendo que tinha dado a vida a ele e não ia contribuir para que ela lhe fosse tirada. Eu disse que se eles quisessem me matassem porque depois do que eu vi não chamaria meu filho de volta para morrer.

Eu sabia que a primeira coisa que fariam seria afastar o coronel amigo da família do processo e torturar o filho na frente da mãe e a mãe na frente do filho. Meu filho se dispôs a falar no Chile, se eles quisessem mandar alguém interrogá-lo lá. Quando meu marido chegou ao Galeão de volta do Chile onde tinha ido fazer a proposta a Luiz Rodolfo, o grupo do DOI-Codi se antecipou aos militares enviados pelo coronel e o prenderam. Ele foi liberado pelos militares depois de ameaça com armas. O que nos faz pensar que se ele voltasse com Luiz Rodolfo, os pegariam na hora e afastariam o coronel amigo da família.

Ninguém me dava a mão até que entrou um oficial e me estendeu a mão e me chamou de senhora. Eu me sentia como uma leprosa. Ninguém, exceto o coronel, me falava ou me apertava a mão. Foi o primeiro que me considerou um ser humano. Até o dia em que resolveram me soltar e fui entregue em casa num carro do Exército.

Aquela foi a primeira viagem que fiz ao Chile e a única em que trouxe correspondência. Nas outras, só trazia retrato da família. Tomei tanto horror do Galeão que da outra vez que fui ao Chile desci em Campinas.

No mesmo ano de minha prisão (1971), fui ao Sion e contei às freiras o que sabia sobre Rubens Paiva. Depois de ver o noticiário sobre o suposto sequestro dele, as freiras do Sion contaram a dona Eunice Paiva, que apareceu um dia lá em casa com o advogado Lino Machado Filho, que defendia muitos presos políticos. Perguntaram-me se eu podia dar uma carta a dona Eunice Paiva para ser enviada ao Conselho de Defesa dos Direitos da Pessoa Humana. Conversei com meu marido dizendo que iria dar a carta porque senão não poderia me olhar no espelho. Depois de falar que encontrara Rubens Paiva na 3ª Zona Aérea, digo na carta que desejo que brevemente a família estivesse reunida.

Meu marido avisou ao major, ajudante de ordens do coronel nosso amigo, que eu ia escrever a carta. O major perguntou se era uma consulta ou uma comunicação. Meu marido disse que era uma comunicação e ele respondeu: "Se vocês fizerem a carta, muitas cabeças vão rolar."

O caso Rubens Paiva foi arquivado porque o Sizeno Sarmento dizia que ele não estava em nenhuma dependência do Exército. Foi então que o Benjamim Algagli declarou à revista *Afinal* que não podia acreditar que um general mentisse. Ele morreu, mas, se eu o encontrasse, eu lhe diria que a mentira existe muitas vezes até com fins nobres. Mas o que ele não poderia fazer era concluir que um general não mente e que uma professora mente porque eu havia afirmado que vira Rubens Paiva com vida, tanto na 3ª Zona Aérea quanto no DOI-Codi.

Fiquei muitos anos sem querer comungar até que fui procurar um padre e lhe disse: "Não posso ver o rosto de Cristo no rosto de um torturador." Ele disse que eu poderia voltar a comungar e que não fosse tão rigorosa porque aos poucos eu perdoaria.

## Entrevista com Henri Alleg*

Como o senhor recebeu as revelações do general Aussaresses, feitas no primeiro livro *Services spéciaux – Algérie 1955-1957*, publicado em 2001, no qual ele admitiu que durante a Guerra da Argélia a tortura foi utilizada como uma arma de guerra? O senhor ficou surpreso com o livro?

HENRI ALLEG: Para mim não foi uma surpresa, para os argelinos também não, eles não se mostraram indignados, todos sabiam. Entre os militares mais graduados, que participavam dos interrogatórios, era considerada uma coisa normal. Em todos os países onde estavam implantados, os franceses diziam que só tinham um objetivo, mostrar a grandeza da França. Para os argelinos, que um oficial francês admitisse que se torturava não era novidade. Na França, ainda não se admitia. As autoridades diziam que estavam na Argélia, como no Vietnã e em outros lugares, para defender essa ideia de uma França responsável contra nativos bárbaros que demonstravam vontade de independência mas, na realidade, não podiam ser responsáveis por um país que ia ser independente, não estavam à altura.

Para os argelinos, as "revelações" de Aussaresses não revelaram nada de novo. Mas a gente pensava que Aussaresses era incapaz de escrever e fora alguém que escrevera o livro.

---

* Entrevista feita pela autora em 14 de dezembro de 2011, em Palaiseau, *banlieue* no sul de Paris.

## A TORTURA COMO ARMA DE GUERRA — DA ARGÉLIA AO BRASIL

A tortura durante a Guerra da Argélia era uma política de Estado ou um desvio? Aussaresses diz no livro que os políticos de Paris e o presidente do Conselho (primeiro-ministro) estavam a par dessa prática, os militares obedeciam a ordens de Paris.

HA: Realmente, eles obedeciam a ordens. Ele se sentia bem em dizer que o que faziam era obedecer a ordens que vinham de cima. Na verdade, as autoridades em Paris sabiam e apoiavam o que os militares faziam. As autoridades civis diziam que não davam ordem nesse sentido, mas não somente sabiam como apoiavam. Sabe-se que Robert Lacoste, governador-geral da Argélia, foi incensado pelos militares e os que defendiam a Argélia francesa também davam força aos militares.

O senhor foi preso no dia 12 de junho de 1957 e torturado. Escapou à morte, mas o professor e militante comunista Maurice Audin, preso 24 horas antes, foi morto, provavelmente sob tortura. O senhor foi a última pessoa a vê-lo vivo na prisão. O que se passou com ele, na sua opinião? Seu desaparecimento já teve várias versões.

HA: Houve um grande choque na França com o desaparecimento de Maurice Audin. Por diversas razões. Ele era um professor universitário da Universidade de Argel. Sabendo do desaparecimento dele, pessoas de grande reputação intelectual como o professor Laurent Schwartz e outros organizaram um grande encontro e criaram o Comitê Maurice Audin, que existe até hoje. O desaparecimento de um intelectual de alto nível, morto em circunstâncias obscuras, foi importante para que na França começasse um movimento de luta contra a guerra.

Quando o senhor estava ainda na prisão soube que ele tinha sido morto, provavelmente sob tortura?

HA: Não sabia oficialmente. Sabia-se que quando os militares anunciavam que alguém estava desaparecido ou tinha se evadido é porque tinha sido morto. Uma coisa que se precisa saber é que a prática de tortura existia na Argélia mesmo antes da guerra. Era uma prática dos franceses. Na diretoria do jornal *Alger Républicain* tínhamos frequentemente informações de pessoas que nos contavam que tinham sido presas e submetidas a torturas com choques elétricos e afogamento em banheira. Isso muito antes da guerra.

E o que o jornal fazia com essa informação?

HA: Não podíamos publicar. Houve tentativas de publicação que acabaram com a apreensão do jornal e com a perseguição não aos acusados de torturar, mas aos que ousavam publicar as denúncias.

Eram as vítimas e os jornalistas que pagavam por denunciar a tortura?

HA: Antes da guerra, fui preso, mas nunca sofri tortura. Um dia, saindo do jornal, dois policiais me pegaram e me levaram à delegacia com dois outros jornalistas que tentaram me livrar das mãos deles. Foram presos juntamente comigo. Um dos policiais, conhecido da gente como torturador, começou a nos fazer perguntas. Disse-lhe que não responderia a nenhuma pergunta. Na folha que me deram para assinar, estava escrito que me prenderam porque dias antes eu batera num policial. E que foi de uma violência tão grande que ele tinha tido uma licença médica de oito dias para se recuperar. E fui condenado a três meses de prisão. Foi a primeira vez que fui preso. Isso foi antes do início da guerra.

Na sua opinião, qual o destino de Maurice Audin? Foi morto sob tortura?

HA: Não sabemos. O que é certo é que os militares que o prenderam sabem, mas não dizem.

Perguntei ao general Aussaresses, mas ele não respondeu.

HA: A única certeza que temos é que Maurice Audin não reapareceu porque foi morto. A versão da evasão era uma farsa. Enquanto houver governos como os que temos na França eles vão guardar o segredo porque pensam que os franceses aceitam. Aussaresses tem coragem de se vangloriar do que fez porque as autoridades francesas tinham necessidade de tipos como ele, mesmo após a guerra.

O senhor foi o primeiro a testemunhar sobre a tortura na Argélia e ficou como uma espécie de símbolo. Sabe em quantas línguas o seu livro foi traduzido? O senhor deve ter consciência da importância do livro para a luta contra a tortura no mundo.

HA: Claro. Não sei para quantas línguas foi traduzido. Foram feitas traduções piratas e outras com contrato com a editora. Foi traduzido em Portugal, mas não no Brasil. Fiquei diversos anos na prisão na Argélia e depois fui transferido para a França. A regra não é manter presas sem processo pessoas que têm implicação como nós, os que tínhamos envolvimento com Audin e com o Parti Communiste Algérien. Mas as autoridades não tinham vontade de fazer um processo no qual teríamos de falar de Maurice Audin e de seu assassinato. O governo francês não queria que se falasse disso. Por isso, nos deixaram na prisão, esquecidos, sem nenhum processo.

**Havia tribunais de exceção durante a guerra? Os independentistas eram julgados por um tribunal militar ou pelas leis civis?**

HA: Éramos julgados por tribunais militares. Em princípio, esses tribunais deveriam julgar nosso caso. Um juiz deveria instruir o processo e nos enviar ao tribunal. Mas o juiz era como civil o que Aussaresses era como militar. Ele não nos deixava contar as torturas. O juiz me conhecia bem, pois, a cada vez que eu tinha um problema como diretor do jornal *Alger Républicain*, ele me chamava para depor. Ele havia ordenado diversas apreensões do jornal. Era um tipo infecto, seu papel era justificar as prisões, a ação dos militares.

**Quando o senhor foi preso o Parti Communiste Algérien estava na clandestinidade?**

HA: O jornal fora interditado em setembro de 1955 e a guerra começou em novembro de 1954. Mas antes de ser totalmente proibido, o jornal já tinha tido várias edições apreendidas. O Partido Comunista não estava clandestino, estava na mesma situação que diferentes grupos de combatentes nacionalistas e comunistas. Mas a partir de setembro de 1955, quando o jornal foi interditado, a gente começou a ser procurado e caímos na clandestinidade para não ser presos. Quando Maurice Audin foi preso ele não estava na clandestinidade, tinha vida normal de professor universitário.

**Por que o senhor não foi morto, como Maurice Audin e outros? Seria pelo fato de ser muito conhecido na França e na Argélia? Maurice Audin foi morto de propósito, foi executado?**

HA: Creio que sim, foi executado. Os advogados disseram que se eu tivesse sido morto na tortura, do ponto de vista militar e político teria sido menos grave para eles que a morte de Audin. Ele era professor universitário enquanto eu tinha escolhido meu lado. Os militares diziam que não era possível aceitar que a Argélia pudesse viver com tais atrocidades, consequências da luta pela independência. Houve alguém que afirmou que eles mataram Audin por engano. No momento em que eles disseram: "Tragam-no", teriam levado o preso errado. Em vez de mim, teriam ido buscar Audin. Não sei. Não se saberá nunca, talvez, se ele morreu de uma crise cardíaca ou se foi executado.

Mas há alguém que sabe, Aussaresses. Ele era o chefe de todo o bando de torturadores e não se pode pensar que os paraquedistas tomaram a decisão de assassinar um professor universitário sem que pessoas como Aussaresses ou Massu estivessem sabendo. Aussaresses sabe.

Em fevereiro de 1958, François Mauriac escreveu na revista *L'Express*: "O testemunho sóbrio de Henri Alleg tem o tom neutro da História." Como o senhor decidiu escrever seu testemunho publicado sob o título *La question*? Como pôde descrever os sofrimentos atrozes com esse tom neutro? O senhor imaginava que estava escrevendo uma página fundamental da história da França contemporânea?

HA: Não. Sempre fiquei surpreso com as perguntas que me eram feitas a propósito do livro, da decisão de publicá-lo, da repercussão que teve. Muitas pessoas me falam da publicação com simpatia como se eu tivesse escrito na minha cela tranquilamente e dado a meu advogado depois de tudo pronto com a recomendação de publicar depois de ler.

O senhor o publicou pouco tempo após as torturas. Foi muito complicado para escrever o relato e fazê-lo sair da prisão?

HA: Escrevi poucos meses depois. Era muito complicado para mandar para fora os originais. Nunca tinha pensado em escrever o livro. Era complicado para mim e perigoso para os companheiros que estavam na minha cela. Durante um mês fiquei nas mãos dos paraquedistas numa casa que era um daqueles locais adaptados para a tortura e os interrogatórios. Lá pela meia-noite, os paraquedistas saíam com caminhões para irem prender os argelinos na *casbah*. Prendiam 50, 60, 80 ou 100 pessoas, homens e mulheres. Os homens eram trazidos de pijama, as mulheres, de camisola. Colocavam todos nessa casa e eram imediatamente interrogados e torturados. Era um método. O que já tinha passado pela tortura ouvia a noite toda as pessoas que tinham sido presas uma ou duas horas antes, mulheres que gritavam sob tortura.

**Isso era o que Aussaresses chama de *"interrogatoires musclés"*. Ele foi adido militar no Brasil e deu cursos sobre essas técnicas da Batalha de Argel. Como surgiu a ideia do livro?**

HA: Fiquei um mês nessa casa de tortura. E, um dia, me tiraram do lugar onde eu estava, não era uma cela, estava sozinho no que era um lugar que teria sido um banheiro. Mas não tinha nada dentro, somente um saco com capim para servir de colchão. Lá eu ouvia as torturas. No final de um mês, decidiram me tirar de lá e me botaram num caminhão militar e me levaram a um campo de concentração a oitenta quilômetros de Argel. O campo se chamava Lodi. Cheguei com a cabeça completamente oca. Para mim, já era uma espécie de vitória porque temia que durante o trajeto eles me matassem. Um paraquedista mais graduado disse ao soldado jovem que me acompanharia numa pequena caminhonete sem nenhuma identificação como se fosse de uma mercearia. Ele disse: "Você está a par das ordens." Eu pensei que era um mau sinal. Pensei comigo que tinha que tentar fazer amizade com o soldado porque se ele tivesse que me matar seria mais difícil se tivéssemos conversado um pouco. Mas ele tinha ordens de não dizer uma palavra. De Argel a Lodi havia uma estrada que contornava uma montanha, com um rio embaixo. A estrada era bem estreita. Todas as semanas havia emboscadas de independentistas contra os soldados franceses e esses carros disfarçados de viaturas comerciais. Quando chegamos ao campo de concentração, respirei porque cheguei vivo. O que o oficial tinha dito sobre as ordens era que em caso de ataque era preciso matar o prisioneiro para que não fugisse. No campo de concentração, encontrei um camarada que era um dos responsáveis sindicais do Hospital psiquiátrico de Blida. Ele me disse: "Henri, você vai comer um bife." Ele falava sério. Pude comer um bife de verdade.

**E foi nesse campo de concentração que o senhor decidiu escrever o livro?**

HA: As pessoas nesse campo podiam ouvir o rádio. Eles me disseram que ouviram numa rádio a notícia que na França tinham comentado a prisão do diretor do jornal, Henri Alleg. Pensei que eles talvez tentassem me matar lá e era preciso escrever a Paris dizendo onde eu me encontrava. Havia sempre o risco de ser mandado de volta aos paraquedistas. Pensei que tinha de divulgar que corria o risco de ser assassinado pelos paraquedistas. Era preciso que houvesse um movimento na França para que eu fosse julgado e posto numa prisão, em segurança. Alguns camaradas do Partido me disseram que era preciso fazer um pedido de julgamento. Fiz uma carta ao procurador da República. Pensei que somente daria a carta à direção do campo se a do procurador tivesse chegado a ele e a notícia tivesse saído na imprensa. O procurador era um tipo que acabara de chegar da França e tentava fazer um trabalho correto. Pedi a amigos para fazerem umas cinco ou seis cópias da carta e guardarem. Dois ou três dias depois eles deveriam divulgar que Alleg tinha escrito ao procurador da República. Os jornalistas foram perguntar se ele tinha recebido a carta e ele disse que não. O procurador ligou ao diretor do campo e pediu a carta. Este lhe disse que eu não tinha dado a ele nenhuma carta para ser enviada ao procurador. Foi então que eu a entreguei ao diretor. A publicidade feita por jornais sobre uma carta que eu não enviara era a garantia de que o procurador iria recebê-la.

**Quando surge a ideia de escrever o livro?**

HA: Esta carta que tinha sido enviada em cinco cópias não tinha chegado ao procurador. O que provava que mesmo no correio de Argel havia censura. Havia mulheres que vinham visitar os maridos e eram militantes também. Pedi que uma delas enviasse a carta a minha mulher em Paris. Foi ela quem bateu à máquina e enviou aos jornais *Le Monde*, *Libération* (que era outro com o mesmo nome) e *L'Humanité*. Estes dois últimos a publicaram. Os outros jornais publicaram apenas a história de uma carta enviada e que a publicação tinha valido a apreensão do *L'Humanité* e do *Libération*. A carta era minha garantia de proteção. Depois de alguns dias, uma viatura veio me buscar com mais dois carros e dois motociclistas para me acompanhar a uma prisão chamada Barberousse. Fiquei lá por três anos. Foi então que meu advogado, Leo Matarasso, que também era advogado do nosso jornal *Alger Républicain*, pediu para vir me ver. Ele me disse: "Você tem que escrever muito rapidamente o que viveu e as torturas que sofreu. Fui revistado na entrada e vou ser de novo na saída." Disse-lhe que era impossível, os guardas nos revistavam nas celas duas vezes por dia. Ele me disse que mesmo correndo risco era preciso, pois nenhum dos outros torturados tinha condições de fazê-lo, eram mais vulneráveis que eu, que era francês e jornalista. A maioria dos prisioneiros não sabia nem ler nem escrever. Meus amigos da cela reforçaram a ideia de tornar público um relato das torturas.

Fui enviando as folhas aos poucos, dissimulando-as para evitar que fossem descobertas. Meu advogado as enviava cuidadosamente a Paris e Gilberte, minha mulher, batia à máquina o texto manuscrito. Depois de acabado, o advogado foi ver alguns editores. Disseram que era importante publicar, mas que eles eram responsáveis por muitos empregos e não podiam se arriscar. Ele foi então procurar Jérôme Lindon, diretor das Éditions de Minuit. Ele já publicara textos antinazistas e anti-Pétain. Leu o texto e garantiu que o publicaria. O livro foi proibido, a melhor coisa que eles poderiam fazer. Todo mundo queria ter um exemplar para divulgar. Fizeram diversas edições piratas. E na Suíça uma nova editora reeditou-o logo em seguida.

O tom sóbrio e neutro elogiado por Mauriac foi muito trabalhado ou saiu logo de imediato assim?

HA: Foi o texto original, sem retoques. Tinha decidido que só escreveria um relato objetivo, sem julgamento ou declarações políticas.

Sartre escreveu: "Alleg pagou o preço mais elevado pelo simples direito de se manter um homem." Uma nova edição de *La question* foi novamente censurada em 1959. Mas nem os torturadores nem o editor foram incomodados. A discussão foi abafada. O senhor foi condenado por "reconstituição de linhas jurídicas dissolvidas", referência ao Parti Communiste Algérien, e "atentado à segurança do Estado". Sua condenação foi proferida em Argel: dez anos de prisão em 1960. O senhor foge em 1961 e parte para a Suíça e depois para a Tchecoslováquia. E seus torturadores?

HA: Uns eram simples executores e outros eram oficiais graduados. Eu sabia que quando saísse da prisão poderia encontrar esses facínoras. Sabia que era a guerra e que esses tipos não valiam a pena que me interessasse por eles individualmente. Mas eles tinham cúmplices entre os ministros e os militares.

Eles nunca foram acusados e julgados?

HA: Os argelinos tentaram condenar pessoas como Aussaresses. Os jornais noticiaram e os intelectuais franceses lutaram para que a verdade fosse conhecida e para que houvesse sanções contra os torturadores. Nada foi feito.

Para os militares franceses, os militantes da Frente de Libertação Nacional eram terroristas que deviam ser eliminados. Para o ocupante alemão, os resistentes também eram terroristas. Para o ocupante israelense, os resistentes palestinos são terroristas que Israel combate com uma repressão violenta. Na ditadura brasileira, os resistentes eram chamados de terroristas e foram presos e torturados. Centenas de jovens que participaram da luta armada foram mortos por militares no Brasil, na Argentina e no Chile. Qual a constante dessas lutas?

HA: Acho que é a mesma utilização pelos dirigentes dos mesmos argumentos, já que querem se ver livres para torturar. Infelizmente, acho que o que não mudou também foi a hipocrisia dos que nos dirigem, que fazem crer que são contra a tortura, mas não têm como impedi-la.

## A TORTURA COMO ARMA DE GUERRA — DA ARGÉLIA AO BRASIL

**Como explicar que o Exército francês tenha usado a tortura na Argélia? Ela já tinha começado na Indochina, segundo o coronel Bigeard...**

HA: Existem textos clássicos da época da conquista da Argélia, em 1830, que contam como os soldados e oficiais franceses puderam esmagar o sentimento de revolta dos argelinos. São coisas que não se ensinam nas universidades nem nos liceus, infelizmente. E há também textos de oficiais franceses que escreviam a suas noivas ou namoradas, nos quais explicavam como conseguiam superar o sentimento de solidão ou mesmo de saudade. Um deles diz: "Quando me sinto triste e solitário tenho sempre a possibilidade de mandar cortar a cabeça de três ou quatro árabes." Existem muitos. Maupassant escreveu um livro sobre o que a conquista da Argélia trouxe aos franceses e conta como os franceses torturaram os argelinos. É um livro clássico. Desses textos fala-se muito pouco. A colonização não teve somente aspectos positivos como nos livros escolares. A tortura, da qual não se falava na França, era um método de pessoas que pretendiam trazer a civilização.

**Em seu livro de 2001, *Services spéciaux – Algérie 1955-1957*, Aussaresses assume a tortura e conta a Batalha de Argel. No livro de 2008, *Je n'ai pas tout dit*, ele conta em um dos capítulos seu trabalho como adido militar no Brasil. O senhor sabia que ele tinha sido conselheiro e professor dos militares brasileiros?**

HA: Aussaresses era conhecido de pessoas como eu, que conhecem a história da Guerra da Argélia. O que existia era uma hipocrisia de Estado extraordinária. O fato que pessoas como Aussaresses tenham ido para a América do Norte e depois para a América do Sul com a conivência das autoridades francesas prova que agiam com a cumplicidade das autoridades que eram aliadas dos americanos. Depois, por hipocrisia, e peso minhas palavras, a França recebia os exilados das ditaduras da América do Sul.

## Entrevista com Josette Audin*

A senhora acredita que o general Aussaresses contou toda a verdade no livro que saiu em janeiro deste ano, *La vérité sur la mort de Maurice Audin*?

JOSETTE AUDIN: Não, ele contou a verdade dele, que não é necessariamente a verdade. Houve diferentes versões, ele tem uma, mas não dou a ela mais crédito que às outras. Todas são horríveis. Fica difícil saber o que se passou quando se ouvem diferentes versões. De qualquer forma, é um horror.

Mas esta foi a primeira vez que o general Aussaresses deu uma versão. Antes havia a hipótese do historiador Vidal-Naquet e de outros que levavam a crer que Maurice Audin tinha sido morto sob tortura. No livro que saiu este ano, Aussaresses diz que ele foi executado.

JA: Talvez seja a verdade, não sei, mas tenho muitas dúvidas sobre o que este senhor contou, ele passou sua vida a mentir a todo mundo. Por que antes de morrer ele não continuaria a mentir, não sei... Não tenho nenhum tipo de estima ou respeito por essa pessoa, por isso sei que meu marido foi morto de maneira horrível.

---

\* Entrevista feita pela autora em 24 de junho de 2014, em Lilas, *banlieue* no nordeste de Paris.

O que a senhora pensa da confissão tardia de Aussaresses? Ele queria ter a última palavra sobre o desaparecimento de Maurice Audin?

JA: Não tenho nenhuma ideia de qual poderia ser a intenção dele. Era uma pessoa sem nenhuma moral e eu pessoalmente não posso dar crédito ao que ele diz.

A senhora pensa que o que ele contou sobre o período em que morou no Brasil é verdadeiro ou deve haver mentiras?

JA: Não sei. Acho que alguém que contou uma mentira pode ser sempre suspeito de mentir.

O que ele contou que foi comprovado como falso?

JA: Ele recusou-se a responder a perguntas, dizendo coisas vagas. Havia outras pessoas, superiores hierárquicos que davam ordens. Havia pessoas e ideologias que justificavam os horrores que eles fizeram.

Militares como Aussaresses e Massu, e todos os outros, só cumpriam as ordens dos civis de Paris? São os políticos os verdadeiros responsáveis?

JA: Os ministros mudavam várias vezes por ano, havia uma grande instabilidade política. E todos os diferentes governos estavam de acordo em dar plenos poderes ao Exército francês. Os responsáveis foram os governantes civis e as forças armadas também. Eu pedi ao presidente François Hollande que reconheça a responsabilidade e ele não quis fazê-lo. Uma vez mais ele deixou passar a ocasião. Não quis falar.

**A senhora se refere à visita dele à Argélia, em dezembro de 2012?**

JA: Depois da visita dele a Argel, escrevi ao presidente pedindo que ele reconhecesse que o governo francês tinha ordenado ao Exército francês métodos de guerra como as técnicas de tortura e de execuções sumárias. E pedi-lhe que condenasse tanto a tortura quanto as execuções sumárias. O que ele não fez.

**Ele lhe respondeu?**

JA: Respondeu-me pedindo que fosse vê-lo no Palais de l'Élysée. Fui recebida por ele na véspera do Prêmio Maurice Audin deste ano, dia 17 de junho de 2014. A associação Maurice Audin lhe tinha escrito diversas vezes, eu também, para lhe pedir para reconhecer a mesma coisa e convidá-lo a comparecer à entrega do prêmio Audin de Matemática. Isso foi durante a campanha eleitoral de 2012. Ele respondeu fazendo o que fez durante a campanha, fazendo promessas que não cumpriu. Ele respondeu durante a campanha que cabia à República responder à nossa demanda. Durante nosso encontro este ano, há poucos dias, pedi-lhe para cumprir suas promessas.

Ele disse que como no dia seguinte haveria a entrega do Prêmio Maurice Audin ele nos enviaria uma carta ao comitê do prêmio, na qual diria o que acabava de me dizer. Ora, ele tinha dito um certo número de coisas que naturalmente não confirmou na carta.

**A senhora estava sozinha quando foi recebida por François Hollande?**

JA: Estava com meu filho e um cineasta que fez um documentário sobre o desaparecimento de Maurice Audin. Mas quando o presidente chegou ele me convidou para entrar com meu filho no seu gabinete. Somente meu filho e eu. Ele mostrou não estar de acordo com o que foi feito na Argélia, mas no momento de escrever não confirmou o que nos disse.

O que a senhora espera da República e de François Hollande?

JA: Na Libertação da França, os governos que sucederam Pétain condenaram o marechal Pétain e tudo o que tinha sido feito em nome da França. Acho que seria preciso que um dia, Hollande ou seu sucessor reconheça o que foi feito e condene o emprego da tortura e das execuções sumárias praticadas na Argélia. Ainda teve muito mais coisas, as populações que foram dispersas, os desaparecidos...

Como se pode compreender o silêncio da França? Seria falta de vontade política, de grandeza?

JA: Não sei. Talvez seja uma relação de forças, não sei. Eu disse ao presidente Hollande que Chirac tinha reconhecido a responsabilidade da França na deportação dos judeus e pedi que ele faça a mesma coisa para a Argélia.

A senhora vai tomar uma iniciativa para encontrar o corpo de seu marido agora que existe essa versão contada por Aussaresses no livro *La vérité sur la mort de Maurice Audin*?

JA: Não, nunca farei isso.

Na sua opinião, a França vai tomar alguma iniciativa para tentar encontrar o corpo de seu marido?

JA: Acho que há coisas mais importantes que fazer buscas de corpos. Eu nunca pediria isso. O mais importante é reconhecer o que se passou.

# Notas

## Introdução

1. Paul Aussaresses, *Services spéciaux – Algérie 1955-1957*, Paris, 2001.
2. Marie-Monique Robin, *Escadrons de la mort, l'école française*, 2004.
3. Paul Aussaresses, *Services spéciaux*, pp. 14-15.
4. *Ibidem*, pp. 123-124.

## Capítulo 1

1. A Doutrina de Segurança Nacional (DSN) que fundamenta a Lei de Segurança Nacional foi exportada pelos EUA no pós-guerra, e foi base para a criação da Escola Superior de Guerra brasileira (1949). Segundo essa doutrina, o inimigo não é mais externo (que caberia, por definição e princípio, ser combatido pelas Forças Armadas), mas está "infiltrado, no interior das nossas fronteiras": o inimigo é o povo organizado, lutando por seus direitos. A DSN surgiu como instrumento do anticomunismo e nasceu da Guerra Fria e do antagonismo Leste-Oeste.
2. *Jornal da Tarde* de 10 de setembro de 1973, citado no Relatório Azul, de 1997, realizado pela Comissão de Cidadania e Direitos Humanos da Assembleia do Rio Grande do Sul e organizações não governamentais atuantes no domínio dos Direitos Humanos no Estado do Rio Grande do Sul.
3. João Roberto Martins Filho, "A influência doutrinária francesa sobre os militares brasileiros nos anos de 1960", *Revista Brasileira de Ciências Sociais*, v. 23, n. 67, jun. 2008.
4. Marie-Monique Robin, *Escadrons de la mort, l'école française*, 2004, p. 106.
5. Rodrigo Nabuco de Araújo, "L'Art Français de la guerre: Transferts de la doctrine de la guerre révolutionnaire au Brésil (1958-1974)", p. 39-58.

6. Patrick Rotman, *L'Ennemi Intime*, Paris, 2002, citado por Marie-Monique Robin, *op. cit.* p. 120.
7. *La Question*, Lausanne, E. La Cité, 1958; Paris, Éditions de Minuit, 1961.
8. Os livros de História mostram que na Idade Média a Igreja defendeu posições muito pouco edificantes em relação à tortura. Em 1252, o papa Inocêncio IV decidiu, através da bula *Ad extirpenda*, legitimar a tortura no contexto da Inquisição, que a Igreja adjetivava de Santa. Justificava-se a tortura dos supostos hereges para levá-los a confessar suas práticas e a denunciar outros praticantes das heresias perseguidas pela Igreja. Essa legitimação da tortura foi um marco, pois até então a Igreja hesitava em usar da força contra as doutrinas consideradas heréticas.
9. Entrevista exclusiva com Henri Alleg, na página 267 deste livro.
10. Chico de Assis, Cristina Tavares, Gilvandro Filho, Glória Brandão, Jodeval Duarte, Nagib Jorge Neto, *Onde está meu filho?*, 2011.
11. João Roberto Martins Filho, "A influência doutrinária francesa sobre os militares brasileiros nos anos de 1960", *Revista Brasileira de Ciências Sociais*, v. 23, n. 67, jun. 2008.
12. Rodrigo Nabuco de Araújo, "L'Art Français de la guerre: Transferts de la doctrine de la guerre révolutionnaire au Brésil (1958-1974)", pp. 39-58. Em 2011, o historiador defendeu a tese de doutorado intitulada "Conquête des Esprits et commerce des armes: La diplomatie militaire française au Brésil (1945-1974)", na Université de Toulouse.
13. Michel Terestchenko, *Du bon usage de la torture ou Comment les démocraties justifient l'injustifiable*, 2008.
14. *Boletim número 1* do Front Brésilien d'Information, Paris, 1970, p. 25.
15. Paul Aussaresses, *Services spéciaux – Algérie 1955-1957*, 2001, p. 83.
16. Michel Terestchenko, *Du bon usage de la torture ou comment les démocraties justifient l'ijustifiable*, 2008, p. 17.
17. A terceira Convenção de Genebra, o conjunto de leis e costumes da guerra moderna entre Estados civilizados, foi escrita em 1929 e teve como objetivo definir o tratamento de prisioneiros de guerra. O termo *prisioneiro de guerra* é definido nesta Convenção: É reconhecido como tal todo combatente capturado, podendo este ser um soldado de um exército, um membro de uma milícia ou até mesmo um civil, como os resistentes. Essa Convenção fixa igualmente os limites do tratamento geral de prisioneiros, como: a obrigação de tratar os prisioneiros humanamente, sendo a tortura e quaisquer atos de pressão física ou psicológica proibidos; obrigações sanitárias, seja ao nível da higiene ou da alimentação; o respeito da religião dos prisioneiros.

18. Frei Betto, *Diário de Fernando: nos cárceres da ditadura militar brasileira*, 2009.
19. Em junho de 2008, a DST fundiu-se com a Direction Centrale des Renseignements Généraux [Direção Central de Informações Gerais] passando a se chamar Direction Centrale du Renseignement intérieur [Direção Central de Informação Interna – DCRI] que se tornou depois, em 2014, Direction générale de la Sécurité intérieure [Direção Geral da Segurança Interna – DGSI].
20. *O Globo*, "Adidos militares delatavam diplomatas", 28 de junho de 2009.
21. *Témoignage Chrétien*, março de 1970.
22. Marie-Monique Robin, *Escadrons de la mort, l'école française*, 2004, p. 21.
23. *Ibidem*, p. 42.
24. Paul Aussaresses, *Je n'ai pas tout dit*, 2008.
25. *Ibidem*.
26. *Le Monde Magazine*, 9 de abril de 2005.
27. *Ibidem*.
28. Artigo "Anistia, uma revisão", publicado no jornal *O Globo*, 14 de janeiro de 2010.
29. *Témoignage Chrétien*, outubro de 1972.
30. *Témoignage Chrétien*, 13 de dezembro de 1973.
31. Michel Terestchenko, *Du bon usage de la torture ou comment les démocraties justifient l'injustifiable*, 2008.
32. Darius Rejali, *Torture and Democracy*, 2007.
33. Michel Terestchenko, *Du bon usage de la torture*, 2008, p. 194.

**Capítulo 2**

1. Rodrigo Nabuco de Araújo, *Guerra revolucionária: afinidades eletivas entre oficiais brasileiros e a ideologia francesa (1957-1972)*, 2008, pp. 189-204.
2. Marie-Monique Robin, *Escadrons de la mort, l'école française*, 2004, p. 134.
3. Rodrigo Nabuco de Araújo, "L'art français de la guerre: transferts de la doctrine de la guerre révolutionnaire au Brésil (1958-1974)", pp. 39-58.
4. *Ibid*.
5. Gabriel Bonnet, *Guerrilhas e revoluções da Antiguidade aos nossos dias*, 1963.

6. Mariana Joffily, "No centro da engrenagem. Os interrogatórios na Operação Bandeirante e no DOI de São Paulo (1969-1975)", 2008.
7. Disponível em: <http://www.documentosrevelados.com.br/wp-content/uploads/2014/12/torturadorespdf.pdf>.
8. Disponível em: <http://www.desaparecidos.org/brazil/tort/pequena.html>.
9. Disponível em: <http://advivo.com.br/node/1034385>.
10. Disponível em: <http://docvirt.com/docreader.net/DocReader.aspx?bib=hemerobnm&pagfis=8538&pesq=>.
11. Disponível em: <http://www.ternuma.com.br/index.php/component/content/category/18-o-bau-da-verdade>.
12. Disponível em: <http://horaciocb.blogspot.com.br/2014/08/tortura--gen-ex-armando-luiz-malan-de.html>.
13. Maria Celina D'Araujo e Celso Castro, *Ernesto Geisel*, 1997.
14. Elzita Santos de Santa Cruz Oliveira nasceu em 14 de outubro de 1913.
15. Jacques Massu, *La Vraie Bataille d'Alger*, 1971.

## Capítulo 3

1. Citado em: Rodrigo Nabuco de Araújo, *Guerra revolucionária: afinidades eletivas entre oficiais brasileiros e a ideologia francesa (1957-1972)*, 2008, pp. 189-204.
2. A Delegacia Especial de Segurança Política e Social foi criada em 10 de janeiro de 1933 pelo Decreto n° 22.332 com o objetivo de entrever e coibir comportamentos políticos divergentes, considerados capazes de comprometer "a ordem e a segurança pública". Era diretamente subordinada à Chefia de Polícia do Distrito Federal e possuía uma tropa de elite, a Polícia Especial. Constavam de suas atribuições examinar publicações nacionais e estrangeiras e manter dossiês de todas as organizações políticas e indivíduos considerados suspeitos. Fonte: CPDOC da Fundação Getulio Vargas.
3. Leila Duarte, *A incrível história de João de Mattos. Das cartas de alforria à repressão do DOPS*, 2015.
4. Paul Aussaresses, *Services spéciaux – Algérie 1955-1957*, 2001, p. 88.
5. Marie-Monique Robin, *Escadrons de la mort, l'école française*, 2004, p. 78.
6. *Le Monde – Hors série, Guerre d'Algérie, Mémoires parallèles*, março 2012.

NOTAS

7. A OAS era formada por militares e por civis e tinha por objetivo manter a Argélia como parte da França. Naquela região, considerada como um departamento francês, viviam 1 milhão de europeus e 8 milhões de árabes muçulmanos. A OAS se opunha à política de autodeterminação iniciada pelo general De Gaulle a partir do fim de 1959.
8. Carlos Eugênio Paz, *Viagem à luta armada – Memórias da guerrilha*, 2008, p.110.
9. Michel Terestchenko, *Le bon usage de la torture*, p. 150.
10. *Ibidem*, p. 149.
11. Jornal *Témoignage Chrétien*, 13 de dezembro de 1973.

Capítulo 4

1. "Guerra revolucionária: afinidades eletivas entre oficiais brasileiros e a ideologia francesa" (1957-1972), *in* Maria Celina D'Araujo *et alii* (orgs.), *Defesa, segurança internacional e Forças Armadas*, 2008, pp. 189-204.
2. Algumas palavras desse relatório estão grafadas com todas as letras em maiúscula no original.
3. Marie-Monique Robin, *Escadrons de la mort, l'école française*, 2004, p. 202.
4. *Ibidem*, p. 212.
5. Publicado no jornal *Le Monde*, 18 de abril de 2012.

Capítulo 5

1. Pierre Vidal-Naquet, *Les Crimes de l'armée française, Algérie 1954-1962*, 1975.
2. Jornal *Témoignage Chrétien*, setembro de 1971.
3. *Um breviário da Lei de Segurança Nacional (LSN): do Estado Novo aos primeiros anos do Regime Militar (1930-1969)*. Disponível em: <http://diversitas.fflch.usp.br/node/2474>
4. *L'Humanité*, edição de 9, 10 e 11 de maio de 2014.
5. Marie-Monique Robin, *Escadrons de la mort, l'école française*, 2004, p. 241.
6. O termo Viet-Cong foi utilizado pelo regime de Saigon para designar os combatentes da Frente Nacional de Libertação, criada em 20 de dezembro de 1960, ligada ao governo de Ho Chi Minh, no Vietnã do Norte.

7. Marie-Monique Robin, *Escadrons de la mort, l'école française*, 2004, p. 252.
8. Maria Celina D'Araujo e Celso Castro, *Ernesto Geisel*, 1997.

## Capítulo 6

1. Paul Aussaresses, *Services spéciaux – Algérie 1955-1957*, 2001, pp. 44-45.
2. *Ibidem*, pp. 28, 33 e 34.
3. *Ibidem*, p. 31.
4. *Ibidem*, p. 35.
5. Primeiro-ministro (Partido Socialista), cargo denominado, então, presidente do conselho.
6. Paul Aussaresses, *Services spéciaux – Algérie 1955-1957*.
7. Marie-Monique Robin, *Escadrons de la mort, l'école française*, 2004, p. 119.
8. "O grande mudo"; *Armée*, "Exército", é uma palavra feminina.

## Capítulo 7

1. Michèle Audin, *Une vie brève*, 2013, p. 165.
2. Jornal *Libération*, de 12 de janeiro de 1998.
3. Paul Aussaresses, *Services spéciaux – Algérie 1955-1957*, 2001, p. 130.

## Capítulo 8

1. Citado no livro *Du bon usage de la torture*, p. 75.
2. Citado por Marie-Monique Robin, *Escadrons de la mort, l'école française*, p. 125.

## Capítulo 9

1. Ver entrevista exclusiva com Josette Audin na página 279 deste livro.

## Capítulo 10

1. *Escadrons de la mort, l'école française*, 2004, p. 275.
2. *Je n'ai pas tout dit*, 2008, p. 148.

3. La Maison é como os agentes secretos se referem à sede do SDECE, o serviço de informação francês.
4. Tradução de LDP.
5. Michel Terestchenko, *Du bon usage de la torture ou comment les démocraties justifient l'injustifiable*, 2008, p. 76.

## Capítulo 11

1. Paul Aussaresses, *Je n'ai pas tout dit*, p. 49.
2. *Ibidem*.
3. Jean-Charles Deniau, *La vérité sur la mort de Maurice Audin*, 2014.
4. Ler na página 257 deste livro o depoimento inédito de Cecília Viveiros de Castro sobre Rubens Paiva à autora.
5. O general Aussaresses demonstra satisfação em atribuir a responsabilidade da tortura na Argélia aos políticos socialistas que governavam a França na época da Batalha de Argel.
6. O general Paul Aussaresses refere-se ao livro de Yves Courrière, *La Guerre d'Algérie – Tome II: Le temps des léopards*, Paris, Fayard, 2001.
7. Paul Teitgen era secretário-geral da Prefeitura de Polícia. Como o general de Bollardière, ele pensava que o uso da tortura não era apenas um "excesso", mas havia se transformado em razão de Estado. O ex-deportado dos campos de concentração nazistas pediu demissão denunciando "o anonimato e a irresponsabilidade que só podem levar aos crimes de guerra".

## Capítulo 12

1. Provavelmente o general Bignone se referia a textos sobre técnicas de interrogatório de Israel.
2. Michel Terestchenko, *op. cit*.

## Capítulo 14

1. Jornal *Témoignage Chrétien*, setembro de 1971.
2. Leneide Duarte-Plon e Clarisse Meirelles, *Um homem torturado: nos passos de frei Tito de Alencar*, 2014, pp. 277-279.
3. O matemático Laurent Schwartz (5 de março de 1915-4 de julho de 2002) ex-aluno da Escola Normal Superior, foi o primeiro francês a obter a prestigiosa Medalha Fields e trouxe uma contribuição fundamental a vários campos da matemática, sobretudo ao estabelecer a

célebre teoria das distribuições. Mas além de cientista excepcional, foi um defensor dos direitos humanos e teve papel importante na reforma das universidades e das grandes escolas. Foi um dos criadores, juntamente com o cientista Luc Montagnier (descobridor do vírus da aids e Prêmio Nobel de Medicina em 2008), do Comitê Audin, criado para investigar a morte do professor de matemática Maurice Audin, desaparecido em Argel, em 1957, nas masmorras de Aussaresses.

## Capítulo 15

1. Depoimento de frei Tito de Alencar Lima ao documentário *Brazil: a Report on Torture*, de 1971, dirigido por Saul Landau e Haskel Wexler.
2. Essa palavra pertence originalmente ao vocabulário cristão. A palavra *mártir* é empregada para designar quem foi torturado ou morto pela fé cristã.
3. A Bíblia de Jerusalém, 1995.
4. De acordo com Alexandra de Mello e Silva, no verbete "A crise do Canal de Suez", no site do CPDOC da Fundação Getulio Vargas: "A crise se iniciou em julho de 1956, quando o presidente egípcio Gamal Abdel Nasser decidiu nacionalizar o Canal de Suez, única ligação entre o Mediterrâneo e o mar Vermelho e principal escoadouro de petróleo dos países árabes para a Europa, que até então estivera sob o controle de capitais privados de origem principalmente britânica e francesa. Insatisfeitos com a decisão, e temerosos do nacionalismo pan-árabe defendido por Nasser, França e Grã-Bretanha decidiram fazer uma intervenção militar punitiva na região, contando para tanto com a ajuda de Israel. Assim, em outubro de 1956, Israel invadiu o Sinai, península pertencente ao Egito, e em novembro tropas britânicas e francesas ocuparam a região e assumiram o controle militar sobre o canal. Contudo, a manobra, que possuía clara motivação colonialista, repercutiu muito mal junto à opinião pública mundial, particularmente junto aos EUA. Ainda durante os meses de outubro e novembro de 1956, o Conselho de Segurança da ONU exigiu, com os votos favoráveis dos EUA e da URSS, a retirada militar da França, Grã-Bretanha e Israel, e decidiu enviar uma Força Internacional de Paz ao canal, que foi reaberto em 1957." Disponível em: <https://cpdoc.fgv.br/producao/dossies/JK/artigos/PoliticaExterna/CanalSuez>.

# Referências bibliográficas

## Livros

ALLEG, Henri. *La question*. Lausanne: E. La Cité, 1958; Paris: Éditions de Minuit, 1961.
ASSIS, Chico de *et alii*. *Onde está meu filho?* Recife: Cepe Editora, 2011.
AUDIN, Michèle. *Une vie brève*. Paris: Gallimard, 2013.
AUSSARESSES, Paul. *Services spéciaux – Algérie 1955-1957*. Paris: Éditions Perrin, 2001.
AUSSARESSES, Paul; DENIAU, Jean-Charles. *Je n'ai pas tout dit*. Paris: Éditions du Rocher, 2008.
Bíblia de Jerusalém. São Paulo: Sociedade Bíblica e Católica Internacional e Paulus, 1995.
BONNET, Gabriel. *Guerrilhas e revoluções da Antiguidade aos nossos dias*. Rio de Janeiro: Civilização Brasileira, 1963.
D'ARAUJO, Maria Celina; CASTRO, Celso. *Ernesto Geisel*. Rio de Janeiro: FGV Editora, 1997.
D'ARAUJO, Maria Celina *et alii* (orgs.). *Defesa, segurança internacional e Forças Armadas*. Campinas: Mercado de Letras, 2008.
DENIAU, Jean-Charles. *La vérité sur la mort de Maurice Audin*. Paris: Équateurs Documents, 2014.
Diversos autores. *Contre la torture: Une anthologie présentée par Emmanuel Blanchard*. Paris: Société Éditrice du Monde, 2013. (Collection Les Rebelles.)
DUARTE, Leila. *A incrível história de João de Mattos. Das cartas de alforria à repressão do Dops*. (E-book). Amazon, 2015.

DUARTE-PLON, Leneide; MEIRELES, Clarisse. *Um homem torturado:Nos passos de frei Tito de Alencar.* Rio de Janeiro: Civilização Brasileira, 2014.

FANON, Frantz. *Les damnés de la terre.* Paris: La Découverte, 2002.

FREI BETTO. *Diário de Fernando: Nos cárceres da ditadura militar brasileira.* Rio de Janeiro: Rocco, 2009.

JOFFILY, Mariana. *No centro da engrenagem. Os interrogatórios da Operação Bandeirante e no DOI de São Paulo (1969-1975).* São Paulo: USP, 2008.

MASSU, Jacques. *La vraie Bataille d'Alger.* Evreux: Plon, 1971.

PAZ, Carlos Eugênio. *Viagem à luta armada: Memórias da guerrilha.* Rio de Janeiro: BestBolso, 2008.

ROBIN, Marie-Monique. *Escadrons de la mort, l'école française.* Paris: La Découverte, 2004.

TERESTCHENKO, Michel. *Du bon usage de la torture ou Comment les démocraties justifient l'injustifiable.* Paris: La Découverte, 2008.

VIDAL-NAQUET. *Les crimes de l'armée française, Algérie 1954-1962.* Paris: Maspéro, 1975.

## Artigos, teses, jornais, revistas, arquivos e documentos eletrônicos

AARÃO REIS, Daniel. "Anistia, uma revisão", *O Globo*, 14 de janeiro de 2010.

Arquivos secretos do Ministère de la Défense, Château de Vincennes, Paris-França.

Arquivos do jornal *Le Monde*.

*Boletim número 1* do Front Brésilien d'Information, Paris, 1970.

DUARTE-PLON, Leneide. "A tortura se justifica quando pode evitar a morte de inocentes". *Folha de S.Paulo*, 4 de maio de 2008, p. A10.

DUARTE-PLON, Leneide. "Tortura à francesa". *Carta Capital*, 16 de fevereiro de 2005, pp. 34-36.

DUARTE-PLON, Leneide. "Professor em tortura". *Carta Capital*, 25 de dezembro de 2013, pp. 46-49.

JORNAL DA TARDE de 10 de setembro de 1973.

## REFERÊNCIAS BIBLIOGRÁFICAS

L'HUMANITÉ. Edição de fim de semana: 9-11 de maio de 2014.
LIBÉRATION de 12 de janeiro de 1998.
LE MONDE MAGAZINE de 9 de abril de 2005.
LE MONDE (Hors série). *Guerre d'Algérie, mémoires parallèles*, março 2012.
MARTINS FILHO, João Roberto. "A influência doutrinária francesa sobre os militares brasileiros nos anos de 1960". *Revista Brasileira de Ciências Sociais*, vol. 23, n° 67, junho de 2008.
NABUCO DE ARAÚJO, Rodrigo. "L'art français de la guerre: transferts de la doctrine de la guerre révolutionnaire au Brésil (1958-1974)", *Cahier des Amériques Latines*, Paris, IHEAL, n° 70, 2012/2, pp. 39-58.

_____. "Guerra revolucionária: afinidades eletivas entre oficiais brasileiros e a ideologia francesa (1957-1972)". *In*: D'ARAUJO Maria Celina *et alii* (orgs.). *Defesa, segurança internacional e Forças Armadas*. Campinas: Mercado de Letras, 2008, pp. 189-204.

_____. "Conquête des esprits et commerce des armes: la diplomatie militaire française au Brésil (1945-1974)", Tese de doutorado. Toulouse: Université de Toulouse: 2011.

O GLOBO. "Adidos militares delatavam diplomatas", 28 de junho de 2009.
TÉMOIGNAGE CHRÉTIEN de março de 1970; setembro de 1971; outubro de 1972; dezembro de 1973.
*Um breviário da Lei de Segurança Nacional (LSN): Do Estado Novo aos primeiros anos do Regime Militar (1930-1969)*. Disponível em: <http://diversitas.fflch.usp.br/node/2474>.
MELLO E SILVA, Alexandra de. A crise do Canal de Suez. In: CPDOC da Fundação Getulio Vargas. Disponível em: <https://cpdoc.fgv.br/producao/dossies/JK/artigos/PoliticaExterna/CanalSuez>. Acesso em 12 abr. 2016.

*O texto deste livro foi composto em
Sabon LT Std, corpo 11/16.*

*A impressão se deu sobre papel off-white
pelo Sistema Cameron da Divisão Gráfica
da Distribuidora Record.*